南门太守 著

星漢燦爛

三國史 卷二

初平：汉末群雄混战

190—195

生活·讀書·新知 三联书店 生活書店出版有限公司

图书在版编目（CIP）数据

初平：汉末群雄混战：190–195 / 南门太守著 . --
北京：生活书店出版有限公司，2023.12
ISBN 978-7-80768-425-1

Ⅰ . ①初… Ⅱ . ①南… Ⅲ . ①中国历史—东汉时代—通俗读物 Ⅳ . ① K234.209

中国国家版本馆 CIP 数据核字 (2023) 第 142618 号

责任编辑　张　健
特邀编辑　王历炫
装帧设计　赵　欣
责任印制　孙　明
出版发行　生活书店出版有限公司
（北京市东城区美术馆东街22号）
邮　　编　100010
印　　刷　北京启航东方印刷有限公司
版　　次　2024 年 10 月北京第 1 版
2024 年 10 月北京第 1 次印刷
开　　本　880毫米 × 1230毫米 1/32　印张 12.25
字　　数　253 千字　图 11 幅
印　　数　0,001–5,000 册
定　　价　49.00 元
（印装查询：010–64004884；邮购查询：010–84010542）

目次

历史地图简目

李青淼 绘

序言 是人性的贪婪，还是历史的宿命？

初平，是汉献帝刘协使用的第二个年号，时间是190年至193年。之后汉献帝改年号为兴平，使用了两年。从190年到195年，这六年中虽然都强调一个“平”字，但百姓并不平安、国家并不平静，这是东汉王朝进一步走向分裂的时期，也是汉末群雄纷纷崛起的开始。

群雄逐鹿，“鹿”为何物？《史记·淮阴侯列传》称“秦失其鹿，天下共逐之”，“鹿”是天子的宝座，是帝王的江山社稷，是最高权力的归属，故而也是最大的诱惑。在东汉末年，随着皇权一步步式微，养在皇家深苑中的这只“鹿”变得骚动不宁，终于冲出藩篱，失去控制，引来了无数追逐者。

乱世里的人们更渴望天下太平，期盼国家统一，但将愿望变为结果往往需要一个漫长过程，需要付出巨大代价。初平至兴平年间，历史的车头被巨大的惯性所裹挟，冲向无边的暗夜。在这里，人性的贪婪与丑恶更容易被放大，人们为追逐权势往往更加不择手段，留在史书中的是大段的血淋淋的文字。

这是一段不堪回首的记忆：朝廷成为摆设，皇帝成为傀儡，强人当权；各地的实力派以讨伐逆贼为口号起兵，私下里打的却是保存实力的主意，为争夺地盘展开无情厮杀；被众人所深恶痛绝的贼臣虽然死了，但一切也回不去了，天子血染归途，为了生存不得不向昔日追剿过的"匪寇"求援；另一边，群雄们大打出手，展开了一场场混战，几乎没有人再关心国家的前途和百姓的死活。

有人从战争中受益，但那只是极少数，绝大多数人是战争的受害者，尤其是那些普通百姓。曹操在《蒿里行》中写"白骨露于野，千里无鸡鸣。生民百遗一，念之断人肠"，王粲在《七哀诗》中写"出门无所见，白骨蔽平原"，这些创作于初平、兴平前后的诗句反映的正是残酷而真实的社会现实。战乱夹杂着瘟疫，将无数无辜的生命撕得粉碎，即使在军队里也时常出现极端缺粮的情况，不得不以"人脯"充当军粮。普通百姓更不用说了，《后汉书》《三国志》等史书中就有许多"人相食"的记载。

走过黑暗终将迎来光明，但黑暗所留下的记忆是刻骨铭心的。回顾初平、兴平年间的历史，在感受伤痛的同时也感受到历史变化的迅疾与神秘莫测。这六年间，发生了许多重大历史事件：关东联军讨董卓，孙坚诛华雄，汉献帝西迁，袁绍夺取冀州，袁绍与公孙瓒界桥之战，曹操崛起于兖州并两征徐州，董卓之死，凉州军乱长安，汉献帝浴血东归……

在这些事件背后，萦绕的是许多谜团：声势浩大的关东联军为什么打不过董卓？董卓为什么放弃洛阳？韩馥为什么心甘情愿放弃冀州？袁绍在界桥之战中为什么能以少胜多？吕布为什么杀董卓？贾诩是不是历史的罪人？荀彧为什么选择曹操？张邈、陈宫为什么背叛曹操？刘备为什么离开公孙瓒？搞清楚这些问题的来龙去脉，找到合理的答案，才能找出历史发展的规律，从而读透这段历史。

本书是“星汉灿烂三国史”系列的第二卷，以初平元年（190）至兴平二年（195）为时间坐标，集合与这段历史有关的第一手史料，详细解说历史，厘清历史的发展线索与逻辑，解开历史谜团。本书以时间为写作顺序，为使书中的时间线索不发生混乱，凡涉及的月份如无特别注明均依据史书原文呈现。为更好地还原历史，书中使用了一些汉末三国时期通用的度量衡单位，如“斤”“里”“石”等，并在必要处进行了古今换算。特此说明。

南门太守

2023年10月

第一章

关东联军

190年

一、酸枣会盟

对东汉王朝来说，中平六年（189）可谓多灾多难。这一年，汉灵帝刘宏驾崩，大将军何进及其妹妹、母亲、弟弟等接连惨死，数十年里掌握着军政大权的一众宦官头领们纷纷灰飞烟灭，汉灵帝的继任者刘辩只当了几个月的皇帝便被废掉，董卓趁乱窃取了朝政大权……

这一年总算熬过去了。刚过了年，被董卓扶持继位的汉献帝刘协下诏改年号为初平，大赦天下。初平，仍然强调的是“平”。那时没有年度汉字评选，如果有的话，这个“平”字大概将会连续多年名列榜首，“中平”“初平”之后还有“兴平”。人们渴望太平，即便残暴如董卓，这时渴望的恐怕也是平平安安吧。不过，有很多人并不希望董卓也能过上平安的日子，在他们看来，此时朝廷不平安，天子不平安，百姓也不平安，而这些都是董卓造成的。要想让大汉社稷中兴，让百姓过上太平的日子，只有除掉董卓，而且刻不容缓。为此，他们从中平六年年底开始不断率领人马拥入兖州刺史部的东郡，在该郡酸枣县（县治在今河南省延津县西南）附近集结。

酸枣县夏朝时属豫州，春秋时属郑国，当时便有“酸枣”的地名，因此地盛产酸枣得名。《水经注·济水》记载：“昔天子建国名都，或以令名，或以山林，故豫章以树氏郡，酸枣以棘名邦，故曰酸枣也。”《元和郡县志》也记载：“以地多酸枣，其仁入药用，故为名。”《左传·襄公三十年》记载：“（郑游吉）奔晋，驷带追之，及酸枣。”秦朝时酸枣始置县，其地距黄河较近，多河患。《汉书·沟洫志》记载，汉文帝十二年（前168）“河决酸枣，东溃金堤”。

这时，主张讨伐董卓的重要人物有袁绍、袁术、张邈、张超、王匡、曹操等，他们并不都在酸枣县，为什么这里能成为讨伐军的大本营呢？这主要是由酸枣县特殊的地理位置决定的。酸枣县位于豫、兖、冀三州交界处，自古以来便是兵家必争之地。这里交通便利，又靠近黄河，附近还有秦汉时期开挖的若干条运河，水运也方便，所以众人选这里作为集结地。张邈是讨伐军的核心人物之一，他是陈留郡太守，按理说陈留郡也可以作为集结地，但站在张邈的角度看，若干支人马一下子拥入自己的地盘或许并不是一件好事，所以他不会主动提出让其他队伍来陈留郡。

初平元年（190）正月，能来到酸枣的人马基本上都到了，来不了的只能在原地起兵。这是一件大事，众人决定举行一个隆重的仪式，于是在酸枣设立了坛场，准备举行盟誓。誓词写好了，可让谁来宣读却成了一个问题。如果袁绍在酸枣，那自然好办，他来读这篇誓词是众望所归。可袁绍不在这里，还在冀州。众人于是互相谦让起来，都不敢上台。让来让去，众人最后一致推举臧洪来读。

臧洪字子源，广陵郡人，父亲臧旻担任过太原郡太守、扬州刺史，为官有声誉，在任时提拔过孙坚，那时孙坚刚刚出仕，平乱有功，臧旻向朝廷呈报后任命其为盐渎县丞。《三国志·孙坚传》记载："坚以郡司马募召精勇，得千余人，与州郡合讨破之。是岁，熹平元年也。刺史臧旻列上功状，诏书除坚盐渎丞，数岁徙盱眙丞，又徙下邳丞。"

臧洪这时还不到30岁，体貌魁梧，任广陵郡功曹。臧洪虽然职务不高，论品秩其一生最高职务只是郡太守，但在《三国志》中他却与吕布合为一传。《三国志》中许多十分重要的人物往往"挤"在一篇传记里，比如"董二袁刘传"（董卓、袁绍、袁术、刘表）、"二公孙陶四张传"（公孙瓒、公孙度、陶谦、张杨、张燕、张绣、张鲁），臧洪与吕布构成了一篇传记，说明臧洪绝对不是一个简单的人物。臧洪上过太学，举过孝廉，担任功曹前当过县长，看到天下已乱，他辞官回家，被张超聘用。臧洪分析了天下形势，劝说张超为国效命，动员全郡之力诛除国贼。张超认为有道理，于是带着臧洪来到陈留郡，与兄长张邈一拍即合。《三国志·臧洪传》记载：

董卓杀帝，图危社稷，洪说超曰："明府历世受恩，兄弟并据大郡，今王室将危，贼臣未枭，此诚天下义烈报恩效命之秋也。今郡境尚全，吏民殷富，若动枹鼓，可得二万人，以此诛除国贼，为天下倡先，义之大者也。”超然其言，与洪西至陈留，见兄邈计事。邈亦素有心，会于酸枣，邈谓超曰：“闻弟为郡守，政教威恩，不由己出，动任臧洪，洪者何人？”超曰：“洪才略智数优超，超甚爱之，海内奇士也。”邈即引见洪，与语大异之。

这段记载反映了酸枣会盟的酝酿过程，不过其中存在两个问题：一是，酸枣会盟发生在前，“董卓杀帝”在后，与臧洪所说不符；二是，如果仅依据上面这段记载，臧洪才是酸枣会盟的最早发起人，也是最积极的策划者，这也与事实不相符，因为在幕后推动了这场会盟的最关键人物应该是袁绍，他还在洛阳时就已经策划这场行动了，那时他一边与董卓展开面对面的斗争，一边将可以信赖的人纷纷派往各地，包括张邈等人在内都是袁绍布下的局，众人决心合力讨伐董卓，并不是出于臧洪的策动，而是出于对董卓的义愤以及袁绍在其中的筹划。当然，臧洪在酝酿此次会盟中也起到了重要作用，至少推动了张超的北上。张超、臧洪率军北上后，广陵郡的事务交由袁绥处理。袁绥事迹不详，只知道他曾是太傅袁隗的属下。裴松之注《三国志·陆瑁传》：“迪父绥为太傅掾，张超之讨董卓，以绥领广陵事。”裴松之多次引用过的《献帝春秋》一书，有人认为其作者为袁晔，是袁绥的曾孙。

被众人一致推举，臧洪也不推让，于是走上坛场。《三国志·臧洪传》记载：“洪乃升坛操槃歃血而盟。”古代诸侯盟誓时要用珠槃玉敦，《周礼·天官冢宰》记载："若合诸侯，则共珠槃玉敦。"郑玄注："敦，槃类，珠玉以为饰。古者以槃盛血，以敦盛食。合诸侯者必割牛耳，取其血歃之以盟。珠槃以盛牛耳，尸盟者执之。"而"歃血"是指在嘴边涂上牲口的血，以示诚意。之后，臧洪宣讲誓词。誓词中说汉室遭遇不幸，贼臣董卓趁机作乱，弑杀天子，残害百姓，我们非常担心他会灭亡整个国家，颠覆天下，所以有志之士聚合天下义军，共赴国难，凡是参加结盟的人都要齐心协力，以臣子应有的节操抛头颅、洒热血，绝无二心，如果违背了盟约，不但让他丧命，还要让他断子绝孙。据《三国志·臧洪传》记载，誓词原文是：

汉室不幸，皇纲失统，贼臣董卓乘衅纵害，祸加至尊，虐流百姓，大惧沦丧社稷，翦覆四海。兖州刺史岱、豫州刺史伷、陈留太守邈、东郡太守瑁、广陵太守超等，纠合义兵，并赴国难。凡我同盟，齐心勠力，以致臣节，殒首丧元，必无二志。有渝此盟，俾坠其命，无克遗育。皇天后土，祖宗明灵，实皆鉴之！

这篇誓词写得言简意赅、掷地有声，臧洪读得辞气慷慨、涕泣横下，产生了极大的感染力。在场的人，无论是将校还是普通士兵都万分激动，为莫大的正义感所激励，决心以身赴死。《三国志·臧洪传》记载："洪辞气慷慨，涕泣横下，闻其言者，虽卒伍厮养，莫不激扬，人思致节。"

二、究竟多少路“诸侯”

酸枣会盟是当时的一个重大事件，对汉末历史走向产生了深远影响，后世也有“十八路诸侯讨董卓”的说法。这里的“诸侯”，指的是风云人物，而并非拥有侯爵的人。《三国演义》第五回讲到曹操“发矫诏”号召天下兴义师讨伐董卓时说，“檄文去后，各镇诸侯皆起兵相应”，一下子来了十七支人马：“第一镇，后将军、南阳太守袁术；第二镇，冀州刺史韩馥；第三镇，豫州刺史孔伷；第四镇，兖州刺史刘岱；第五镇，河内郡太守王匡；第六镇，陈留太守张邈；第七镇，东郡太守桥瑁；第八镇，山阳太守袁遗；第九镇，济北相鲍信；第十镇，北海太守孔融；第十一镇，广陵太守张超；第十二镇，徐州刺史陶谦；第十三镇，西凉太守马腾；第十四镇，北平太守公孙瓒；第十五镇，上党太守张杨；第十六镇，乌程侯、长沙太守孙坚；第十七镇，祁乡侯、渤海太守袁绍。”以上十七路人马，加上曹操自己一共是十八路。

按照《三国演义》的说法，讨伐董卓的发起人是曹操，这当然是不对的。《三国演义》还说各路人马“多少不等，有三万者，有一二万者”，这些首领们“各领文官武将，投洛阳来”。按照这个说法，讨董联军的总兵力应该在三十万人左右。三十万大军，里面有曹操、袁绍、公孙瓒、孙坚、马腾、陶谦，还有在他们手下效力的刘备、关羽、张飞、赵云、马超，共同对付一个董卓，肯定不在话下，但这也是不符合史实的。

所谓“十八路诸侯”，其实并没有那么多，在臧洪宣读的誓词里只提到兖州刺史刘岱、豫州刺史孔伷、陈留郡太守张邈、东郡太守桥瑁、广陵郡太守张超等五个人，与“十八路”相差甚远。那么，究竟有多少路人马参加了讨伐董卓的联合行动呢？对此，史书有不同记载，分别有十路、十一路、十二路等说法：

（十路说）初平元年春正月，后将军袁术、冀州牧韩馥、豫州刺史孔伷、兖州刺史刘岱、河内太守王匡、勃海太守袁绍、陈留太守张邈、东郡太守桥瑁、山阳太守袁遗、济北相鲍信同时俱起兵，众各数万。（《三国志·武帝纪》）

（十一路说）初平元年，绍遂以勃海起兵，与从弟后将军术、冀州牧韩馥、豫州刺史孔伷、兖州刺史刘岱、陈留太守张邈、广陵太守张超、河内太守王匡、山阳太守袁遗、东郡太守桥瑁、济北相鲍信等同时俱起，众各数万。（《后汉书·袁绍传》）

（十一路说）是时冀州刺史韩馥、豫州刺史孔伷、兖州刺史刘岱、陈留太守张邈、勃海太守袁绍、东海太守乔〔桥〕瑁、山阳太守袁遗、河南太守王匡、济北相鲍信、后将军袁术、议郎曹操等并兴义兵，将以诛卓，众各数万人。（《后汉纪·孝献皇帝纪》）

（十二路说）绍与河内太守王匡屯河内，冀州牧韩馥留邺，给其军粮，豫州刺史孔伷屯颍川，兖州刺史刘岱、陈留太守张邈、邈弟广陵太守超、东郡太守桥瑁、山阳太守袁遗、

济北相鲍信与曹操俱屯酸枣，后将军袁术屯鲁阳，众各数万。(《资治通鉴·汉纪五十一》)

以上这些记载中均提到了袁绍、袁术、韩馥、孔伷、刘岱、王匡、张邈、桥瑁、袁遗和鲍信等人，张超、曹操等也分别有提及，“十八路诸侯”中的孔融、陶谦、马腾、公孙瓒、张杨、孙坚则没有被提及。孔融此时已赴北海国上任，任北海国相，他也是反对董卓的，本应参加联军，只是他一上任就与北海国的黄巾军余部展开了苦战，无法抽身；马腾与联军首领们往来较少，又远在凉州，没有参加联军属于正常；公孙瓒、陶谦、张杨在地方上有一定实力，但他们对于讨伐董卓这件事持观望态度，既不公开反对董卓，也不公开与联军作对。还有刘表，《魏氏春秋》认为他也参加了关东联军，裴松之则认为这个记载不准确：“于时此盟止有刘岱等五人而已。《魏氏春秋》横内刘表等数人，皆非事实。表保据江、汉，身未尝出境，何由得与洪同坛而盟乎？”事实上，刘表确实没有出现在酸枣会盟的名单中，但原因并非裴松之所说，而是此时的刘表尚未赴荆州上任。《后汉书·刘表传》记载：“初平元年，长沙太守孙坚杀荆州刺史王叡，诏书以表为荆州刺史。”这里明确记载，刘表上任于初平元年，考虑到酸枣会盟发生在本年正月，可以推断会盟时刘表尚未到达荆州，最多也只是在赶往荆州的路上。

以上几处记载中提到袁绍一律称他为“勃海太守”，此处“勃海”即“渤海”，这个职务是董卓以朝廷的名义任命的。董卓还任命袁绍为前将军，但袁绍没有接受。酸枣会盟后，联军首领们推举袁绍为盟主，袁绍对外自称车骑将军，以此身份发布命令。《三国志·袁绍传》记载："绍自号车骑将军，主盟。"《后汉纪·孝献皇帝纪》提到曹操时称他为"议郎"，这是曹操之前担任过的职务，曹操后来担任典军校尉、骁骑校尉等，大约被朝廷通缉时已被免职，此时还没有得到新的任命。尽管曹操也参加了酸枣会盟且资历并不比其他几位首领浅，但会盟誓词中没有提到他。袁绍自称车骑将军后任命曹操代理奋武将军一职，用的仍是"表奏"的方式。

以上名单中，孔伷、袁遗在之前还没有做过介绍。豫州刺史孔伷字公绪，陈留郡人，曾被名士符融举荐，在陈留郡太守冯岱手下任上计吏，"伷"音"胄"，有的地方也记作"孔胄"。山阳郡太守袁遗字伯业，是袁绍的从兄，作为汝南郡袁氏家族的成员，他很早就走上仕途，曾任长安县令，后任山阳郡太守，张超曾向名将朱儁推荐过他，称他"有冠世之懿，干时之量"。曹丕后来在《典论》中透露，曹操曾说过："长大而能勤学者，唯吾与袁伯业耳。"可以看出曹操对袁遗很熟悉，对他评价颇高。

按照《资治通鉴》的说法，关东联军共有十二路人马，不过这也未能涵盖此时参加讨伐董卓的所有军队。长沙郡太守孙坚自不用说，他的讨董热情一向很高，行动也极为积极，虽然依附于袁术，但以他的资历与能力，自然应该视为独立且重要的一路。除此之外，青州刺史焦和、西河郡太守崔钧、陈国相许玚、犍为郡太守任岐、前安喜县尉刘备等也参加了此次讨董行动。史书分别有如下记载：

前刺史焦和好立虚誉，能清谈。时黄巾群盗处处飙起，而青部殷实，军革尚众。和欲与诸同盟西赴京师，未及得行，而贼已屠城邑。(《后汉书·臧洪传》)

钧少交结英豪，有名称，为西河太守。献帝初，钧与袁绍俱起兵山东，董卓以是收烈付郿狱。(《后汉书·崔寔传》)

靖从兄陈相玚，又与伷合规，靖惧诛，奔伷。(《三国志·许靖传》)

刘焉起兵，不与天下讨董卓，保州自守。犍为太守任岐自称将军，与从事陈超举兵击焉，焉击破之。(《三国志·刘二牧传》裴松之注引《英雄记》)

会灵帝崩，天下大乱，备亦起军从讨董卓。(《三国志·先主传》裴松之注引《英雄记》)

崔钧的父亲崔烈曾任太尉，后被免职，因为崔钧也参加了讨董行动，崔烈被董卓抓进了监狱。焦和、崔钧、许玚等人虽然也是州刺史、郡太守、国相，但他们或者由于实际力量太弱，或者由于面临其他问题，在之后的讨董行动中没能发挥出重要作用，故而《资治通鉴》没有提到他们。算起来，关东联军的主力应为十三路，分别是：渤海郡太守袁绍、后将军袁术、长沙郡太守孙坚、冀州牧韩馥、豫州刺史孔伷、兖州刺史刘岱、河内太守王匡、陈留郡太守张邈、东郡太守桥瑁、山阳郡太守袁遗、济北相鲍信、代理奋武将军曹操、广陵郡太守张超。以

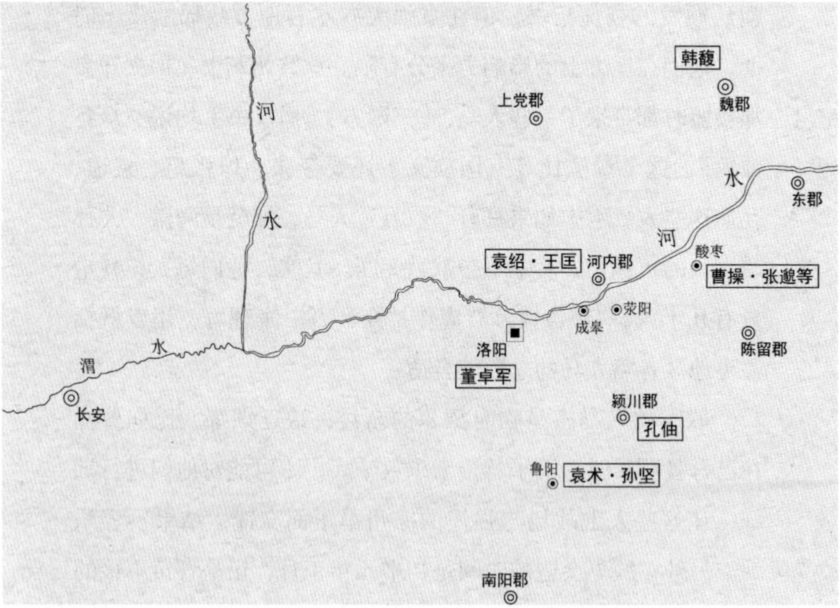

图1　关东联军讨董卓示意图

上十三路人马，驻扎在四个方向：一是冀州方向，冀州牧韩馥屯邺县，袁绍与河内郡太守王匡屯河内郡；二是酸枣方向，兖州刺史刘岱、陈留郡太守张邈、广陵郡太守张超、东郡太守桥瑁、山阳郡太守袁遗、济北国相鲍信、代理奋武将军曹操，各部屯酸枣；三是豫州方向，豫州刺史孔伷屯颍川郡；四是南阳郡方向，后将军袁术屯鲁阳，长沙郡太守孙坚屯宛县。以上四个方向自北向南连成一线，对洛阳构成了一个“C形包围圈”。

关东联军首领们的职务多是州刺史、郡太守，这些职务是不久前何进、袁绍为在地方夺权而任命的，任职时间稍长一些的韩馥，到任也至多一年，其他人多是几个月，他们虽然有朝廷颁发的委任诏书，但在豪强大族左右地方政局的汉末时期，他们在地方上的影响力十分有限。这些州刺史、郡太守参加会盟时都带来了一些人马，《三国志》《后汉书》均说“众各数万”，这个说法比《三国演义》还要夸张，像张超、袁遗、孔伷这些人，手中如果真有“数万”人马，那就是陶谦、公孙瓒一级的角色了，后来不会默默无闻。其实，他们每人充其量只有几千人，“众各数万”应作“众数万”来理解，用以概括酸枣地区各路人马的总数较合适。

联军的人马多是临时招募的新兵，缺乏训练，比如曹操在己吾县募兵时一下子就招来了数千人，不可能对他们进行训练，让这些人上战场与强悍的凉州军正面交锋，结果不容乐观。另外，酸枣会盟的时间是初平元年正月，正是青黄不接的时候，突然有许多人马聚集在一块，军粮供应就是个难题。联军首领大多缺乏自身积累，他们只能依靠冀州牧韩馥、陈留郡太守张邈以及作为“东道主”的兖州刺史刘岱、东郡太守桥瑁提供后勤补给，供应短缺势所难免，也会产生分配不均的问题。所有这些，都为联军迎战强悍的董卓军团埋下了隐患。

三、董卓的报复

关东联军在多处同时起事，声势固然浩大，但也害了仍身在洛阳的一些人。首先是周毖和伍琼，他们潜伏在董卓身边，骗取了董卓的信任，一直在帮袁绍、袁术、韩馥、张邈等人说好话，帮助他们取得了合法地位。现在，袁绍等人公开造反，董卓的愤怒可想而知。

最令董卓伤心的人是周毖，由于是凉州同乡，董卓对周毖一向信任，把人事大权几乎都交给了他。《三国志·许靖传》记载："灵帝崩，董卓秉政，以汉阳周毖为吏部尚书，与靖共议谋，进退天下之士。"这里称周毖为"吏部尚书"，但这个职务正式出现要晚一些，曹魏后期在司马师执政时任命山涛为尚书吏部郎，西晋建立后改为吏部尚书，这是此职首次出现。清代学者钱大昭指出："西汉置尚书四人，分为四曹，曰常侍曹、曰二千石曹、曰民曹、曰客曹。灵帝以侍中梁鹄为选部尚书，非吏部也。"周毖所任的应该是主管二千石曹的尚书，负责品秩二千石左右的高级官员的任免与考核。

关东联军起事的消息传到洛阳时，董卓正与周毖议事。听到消息，董卓大为震惊，对周毖咆哮道，自己刚到洛阳时，你们劝我擢用能人志士，我一一听从，可这些人一上任就公开起兵反抗我，我董卓为何要起用这些忘恩负义之徒！董卓越说越生气，呵斥周毖，让他出去，之后命人将周毖处斩。《三国志·许靖传》记载：

馥等到官，各举兵还向京都，欲以诛卓。卓怒毖曰："诸君言当拔用善士，卓从君计，不欲违天下人心。而诸君所用人，至官之日，还来相图。卓何用相负！"叱毖令出，于外斩之。

与周毖一同被处斩的还有城门校尉伍琼，时间在初平元年二月十日。《三国志·董卓传》记载：“初，卓信任尚书周毖、城门校尉伍琼等，用其所举韩馥、刘岱、孔伷、张咨、张邈等出宰州郡。而馥等至官，皆合兵将以讨卓。卓闻之，以为毖、琼等通情卖己，皆斩之。”伍琼是“奔走之友”成员，这个组织的骨干人物还有何颙、许攸、张邈等，许攸这时在袁绍身边，张邈在酸枣，而何颙仍在洛阳。董卓没杀何颙，原因是何颙隐藏得好，他没有像周毖、伍琼那样充分暴露在董卓面前。董卓秉政后也听说何颙名气很大，想重用他，任命他为自己的长史，这是一个相当于“秘书长”的角色，较之周毖、伍琼担任的职务更为重要，但何颙放弃了这个机会，以有病为由拒绝了。《后汉书·党锢列传》记载：“及董卓秉政，逼颙以为长史，托疾不就。”

周毖、伍琼被杀，许靖也受到株连。汉末时许靖的名气很大，他是汝南郡人，与袁绍、袁术是同乡，以善于品评人物著称。许靖与从弟许劭主持了著名的“月旦评”，对当时人物或诗文字画等进行品评、褒贬，常在每月初一发表，故称“月旦评”。无论是谁，一经品评便身价百倍，世俗流传，以为美谈。许靖与许劭一同成名，但二人私下里关系并不好，许劭任汝南郡功曹时排斥许靖，使之不能被录用，许靖只好通过替人磨粮来养活自己。《三国志·许靖传》记载：“许靖字文休，汝南平舆人。少与从弟劭俱知名，并有人伦臧否之称，而私情不协。劭为郡功曹，排摈靖不得齿叙，以马磨自给。”后来颍川郡人刘翊担任汝南郡太守，才推荐许靖为计吏。许靖有机会赴洛阳上计，从而引起朝廷的关注，出任尚书郎，掌管官员选用。

许靖作为周毖的主要助手，经手办理过一批地方官员的任命，包括冀州牧韩馥、兖州刺史刘岱、南阳郡太守张咨、豫州刺史孔伷、陈留郡太守张邈等。许靖本人也被任命为巴郡太守，还没有来得及上任，周毖就被杀了。董卓大概对许靖也产生了怀疑，不敢让他再经手官员的任命，升他为御史中丞。许靖深感担忧，加上他的从兄陈国相许玚与豫州刺史孔伷关系密切，也参加了讨董行动，许靖怕受到株连，于是找了个机会逃出洛阳，前往豫州投奔孔伷。不巧的是，孔伷不久后因病去世，许靖又前往扬州，投奔刺史陈温（一作“陈祎”）。对于这段逃难经历，许靖后来在一份奏表中有所描述，称自己无法在董卓这样的奸贼手下求生，又害怕受到迫害，所以才四处逃难。这份奏表存于《蜀记》一书中，其中写道：“党贼求生，情所不忍；守官自危，死不成义。窃念古人当难诡常，权以济其道。”

关东联军公推袁绍为盟主，袁绍欣然接受，并自称车骑将军，对外发号施令。袁术以后将军的身份在南阳郡起兵，指使孙坚向凉州军展开攻击。袁绍、袁术干得热火朝天，却害苦了仍在洛阳的袁氏族人。自从袁绍、袁术逃出洛阳，留在洛阳的袁氏族人都过上了提心吊胆的日子，生怕遭到董卓的报复。后来董卓撤销了对袁绍、袁术的通缉令，重新任命袁绍官职，还给袁绍封了侯爵，袁氏族人才稍微松了一口气。可是，袁绍、袁术还是公开造了反，族人们绝望了。

袁绍离开洛阳时还较为从容，那时似乎有机会把族人带出去，至少把袁隗、袁基等主要族人带走，但他没有这样做。后来董卓对袁绍、袁术改变了态度，试图招抚，这与袁隗、袁基等人仍控制在董卓手中有关。在董卓看来，别人也许会造反，但袁绍、袁术是不会的，因为有人质在自己手中。可是，董卓并不了解袁绍、袁术，正如袁绍、袁术也不了解他一样。袁绍、袁术不顾族人安危执意起兵，董卓在愤怒之余展开了另一场报复，他下令司隶校尉宣播，将在洛阳的袁氏一族全部抓起来，之后诛杀，无论男女老幼，一个不留。《后汉书·袁绍传》记载："董卓闻绍起山东，乃诛绍叔父隗，及宗族在京师者，尽灭之。"被杀的有五十多人，包括太傅袁隗、太仆袁基等。袁隗是袁绍、袁术的叔父，袁基是袁绍的弟弟、袁术的哥哥。袁绍、袁基、袁术三人的生父袁逢已去世，袁绍的生母也去世了，只有袁术的生母仍在。袁术的生母与哥哥、姐妹虽不姓袁，但也一同被杀。《后汉书·袁绍传》李贤等注引《献帝春秋》记载："太傅袁隗，太仆袁基，术之母兄，卓使司隶宣播尽口收之，母及姊妹婴孩以上五十余人下狱死。"不过，也有另外的记载，认为袁氏一族被害的只有二十多人。《后汉书·袁隗传》记载："董卓忿绍、术背己，遂诛隗及术兄基男女二十余人。"数字之所以不同，可能是统计标准的问题，被杀的确实有五十多人，但其中有一些并不姓袁，如袁术的母族。

袁氏一族被抓，时间应该在初平元年的正月或二月，而被杀害的时间则是这一年三月。《后汉书·献帝纪》记载：

“（三月）戊午，董卓杀太傅袁隗、太仆袁基，夷其族。”这时，董卓已决定放弃洛阳，并为此进行准备，袁氏族人并没有在洛阳被杀，而是先转移到了长安，在那里董卓把他们杀了，将他们分别埋在青城门外和东都门内，之后觉得不安全，将他们送往别处藏起来。《后汉书·袁绍传》李贤等注引《卓别传》记载：

悉埋青城门外东都门内，而加书焉。又恐有盗取者，复以尸送郿藏之。

青城门指的是长安城的霸城门，是南面第一门。《三辅黄图》记载：“长安城东出南头第一门曰霸城门，民见门色青，名曰青城门，或曰青门。”东都门指的是长安城宣平门，是长安东出北头的第一门。《三辅黄图》记载：“长安城东出北头第一门曰宣平门，民间所谓东都门。”董卓知道袁氏影响力巨大，门生故吏遍天下，担心有人把袁隗、袁基等人的尸体盗走，所以才藏起来。

董卓是“袁氏故吏”，公然向昔日的“政治恩主”下手，手段如此凶残，确实令当时的很多人愤怒，认为董卓是一个彻底不讲政治伦理的野蛮人。然而，在这件事情上袁绍、袁术也有一定责任，明知几十位亲人在董卓手中，还大张旗鼓地与董卓对着干，似乎并不明智。不过，这件事情发生后世人对袁绍、袁术多持同情态度，尤其是袁绍，刚刚就任关东联军的盟主，家族便惨遭横祸，这成为董卓残害忠良的又一铁证，起兵反董的那些人于是打出了为袁氏报仇的旗号。《后汉书·袁绍传》记载："是时豪杰既多附绍，且感其家祸，人思为报，州郡蜂起，莫不以袁氏为名。"

四、弘农王之死

袁绍、袁术、曹操等人都曾是朝廷正式任命的官员，现在公然起兵，无视朝廷与天子，这让董卓十分郁闷。酸枣会盟的誓词中说"乘衅纵害，祸加至尊"，说的是董卓擅自废帝立帝之事。董卓认为，这些人大概对自己拥立的汉献帝并不服气，他隐隐地感到，一旦这些人成功了，说不定还会改立已经被废掉的少帝刘辩。想到这里，董卓决定把刘辩除掉。刘辩刚被废为弘农王，董卓就命李儒出面，给刘辩献上毒药，逼其自杀。

在《三国演义》中李儒是一个重要角色。他是董卓的谋士，也是心腹，董卓有大小事情均与他商量，堪称智囊。董卓乱中夺权、说降吕布、废立皇帝、迁都长安等均为李儒所参谋，少帝刘辩也是他所杀。后来王允使"连环计"离间董卓和吕布，李儒看出问题，劝董卓放弃貂蝉换取吕布的效忠，但董卓没有听从。董卓死时李儒卧病在家，被家仆捆绑献出，处斩于市曹。然而，历史上的李儒却没有这样的经历，他不是董卓从凉州带来的，而是司隶校尉部左冯翊郃阳县（今陕西省合阳县）人，曾做过太学博士，算是一名学者，袁崧的《后汉书》称他为“李孝儒”，之前与董卓并无渊源。

人们为什么会将李儒看作董卓的心腹呢？大概与他亲自出面杀害了刘辩有关。有人可能认为，这是一件重大且机密的事情，董卓肯定会交给最信任的人去办，其实这是误解。让李儒出面杀刘辩，是因为李儒此时担任的职务。《后汉书·皇后纪》称李儒此时担任郎中令，该职始置于秦朝，为九卿之一，掌宫廷侍卫，后改为执金吾。汉末时，郎中令既已改名，《后汉书》为什么不直接说李儒担任的是执金吾呢？这在袁崧《后汉书》中给出了答案，该书记载李儒的准确职务是“弘农郎中令”。刘辩被降为弘农王，属藩王，按制度可以有王宫以及设置若干王国官职，其中负责王宫侍卫的是郎中令，大概怕与朝廷的执金吾混淆，所以王国仍称郎中令。

李儒负责弘农王刘辩的安全保卫工作，当然这是董卓安排的。李儒虽不是董卓旧部，但他甘心被驱遣，从而被董卓看中，让他负责监视刘辩。袁崧《后汉书》记载，李儒见到刘辩，献上毒药，骗他说服下此药可以驱病。刘辩没有生病，当然不信，知道是毒药，不肯喝，李儒强迫他非喝下不可。刘辩知道死期已至，于是要求与心爱的妃子唐姬最后再饮一次酒。席间，刘辩悲伤地唱道：

天道易兮我何艰，弃万乘兮退守藩。
逆臣见迫兮命不延，逝将弃尔兮适幽玄。

唐姬闻听起舞，边舞边唱：

皇天崩兮后土颓，身为帝王兮命夭摧。

死生路异兮从此乖，悼我茕独兮中心哀。

刘辩唱的是：天道变了啊，我是多么艰难；舍去了天子的地位啊，退归王藩；我被叛臣逼迫啊，生命无法续延；将要离开你啊，前往阴间。唐姬唱的是：皇天分崩啊，江山不再；身为皇帝啊，性命却危在旦夕；到了生死诀别的时候啊，从此不再相见；如此孤独啊，心中泛起无限的哀伤。歌声凄婉，周围的人听到无不流泪。袁崧《后汉书》记载，刘辩最后对唐姬说："卿故王者妃，势不复为吏民妻也。行矣，自爱。从此长辞！"说罢，饮鸩酒而死。刘辩是汉灵帝刘宏的长子，死于初平元年正月，死时十五岁。刘辩只当了不到七个月的皇帝，在他被废前后，除弟弟刘协外，他在这个世界上所有的亲人几乎都死于非命，命运十分凄惨。

刘辩死得仓促，甚至来不及准备陵园，已故宦官头目赵忠在洛阳附近有一处现成的墓穴，赵忠生前想必花了很多精力和财力进行准备，想等自己死后好好享用，但他没有这个福气，这个墓园让刘辩用了。《后汉书·皇后纪》记载："初平元年二月，葬弘农王于故中常侍赵忠成圹中。"作为灵帝"十常侍"之一的赵忠，在去年洛阳宫变中死于袁绍之手，原本为自己修建的墓穴变成了空墓，没想到这座"宦官墓"最后给了曾经的少年天子。

刘辩安葬时，朝廷给了一个怀王的谥号，这样做的目的是向外界说明刘辩是自然死亡，不存在弑君的问题，至于有多少人相信，那就不管了。唐姬没有死，她后来回到了老家颍川郡。至于李儒，他以后随汉献帝西迁长安，董卓死后李傕等人专权，想推荐李儒当侍中，汉献帝因为他毒杀了自己的哥哥，坚决不同意，还要治他的罪。

站在董卓的立场上看，及时出手杀了刘辩在政治上倒也算高明的一招，因为那些口口声声反对他废帝的人，不少人心里确实想着要恢复刘辩的帝位，现在主角没了，戏自然没法唱了。果然，消息传出，袁绍等人悲痛不已，而关东联军阵营中的大多数人都认为既然汉灵帝的长子刘辩死了，次子刘协做皇帝就是顺理成章的事了。这是袁绍最不愿意看到的结局，他一向不愿意承认汉献帝的合法地位，他对刘辩的感情更深。

五、新的潜伏者

周毖、伍琼的死是关东联军的一个重大损失，没有他们在董卓身边做卧底，袁绍等人便失去了主动性。董卓之前接连犯错，周毖、伍琼有很大“功劳”。二人死后，董卓似乎一下子变聪明了，杀掉前少帝刘辩就是例证。不过，另一个人很快补了上来，接替周毖、伍琼的位置，继续充当董卓身边卧底的角色。

这个人就是郑泰，时任侍御史。作为一名党人，作为当初何进、袁绍征辟的名士，郑泰不仅痛恨宦官，也痛恨董卓这样的独夫民贼。郑泰是一个有眼光、有谋略的人，与何颙一样都喜欢结交天下豪杰，当年他家很富有，拥有四百顷田地，却时常感到经济紧张，就是因为要接济的人很多。董卓看到关东联军势力很大，想调整战略部署，把主要兵力调集到东边来对付关东联军。郑泰知道后，深为关东联军忧虑，他知道联军组建的时间不长，很多队伍刚刚完成长途跋涉，需要休整才能形成战斗力，这个时候董卓真的动用重兵征讨，联军肯定吃大亏。《后汉书·郑泰传》记载，郑泰跑到董卓那里，对他说了一席话，大意是说政治成败取决于恩德，而不取决于武力，所以讨伐无益。董卓听了有些不高兴，反问道，按照你的说法要军队就没有用了吗？郑泰不着急，对董卓说，关东方面不值得您动用这么多的兵力，如果不信，请让我为明公陈述原因。于是，郑泰一口气说出了十条论据，以证明自己的观点：

非谓无用，以为山东不足加大兵耳。如有不信，试为明公略陈其要。今山东合谋，州郡连结，人庶相动，非不强盛。然光武以来，中国无警，百姓优逸，忘战日久。仲尼有言："不教人战，是谓弃之。"其众虽多，不能为害。一也。

明公出自西州，少为国将，闲习军事，数践战场，名振当世，人怀慑服。二也。

袁本初公卿子弟，生处京师。张孟卓东平长者，坐不窥堂。孔公绪清谈高论，嘘枯吹生。并无军旅之才、执锐之干，临锋决敌，非公之俦。三也。

山东之士，素乏精悍。未有孟贲之勇，庆忌之捷，聊城之守，良、平之谋，可任以偏师，责以成功。四也。

就有其人，而尊卑无序，王爵不加，若恃众怙力，将各基〔綦〕峙，以观成败，不肯同心共胆，与齐进退。五也。

关西诸郡，颇习兵事，自顷以来，数与羌战，妇女犹戴戟操矛，挟弓负矢，况其壮勇之士，以当妄战之人乎！其胜可必。六也。

且天下强勇，百姓所畏者，有并、凉之人，及匈奴、屠各、湟中义从、西羌八种，而明公拥之，以为爪牙，譬驱虎兕以赴犬羊。七也。

又明公将帅，皆中表腹心，周旋日久，恩信淳著，忠诚可任，智谋可恃。以胶固之众，当解合之执，犹以烈风扫彼枯叶。八也。

夫战有三亡，以乱攻理者亡，以邪攻正者亡，以逆攻顺者亡。今明公秉国平正，讨灭宦竖，忠义克立。以此三德，待彼三亡，奉辞伐罪，谁敢御之！九也。

东州郑玄学该古今，北海邴原清高直亮，皆儒生所仰，群士楷式。彼诸将若询其计画，足知强弱。且燕、赵、齐、梁非不盛也，终灭于秦；吴、楚七国非不众也，卒败荥阳。况今德政赫赫，股肱惟良，彼岂赞成其谋，造乱长寇哉？其不然。十也。

郑泰说：现在关东合谋，州郡联结，百姓团结一致，不可说不强盛，然而自从光武帝以来国家平安无事，百姓生活富裕，对战争早已淡忘，孔子说过不教导人民而让他们自己去作战是抛弃人民，所以他们的人数虽然众多，但不足以为害，这是第一点；您出身西州，年轻时即为国家的将帅，熟习军事，多次参加战斗，名震当世，人人怕您、服从您，这是第二点；袁绍是公卿子弟，生长于京师，张邈不过是东平国的一个忠厚长者，端方守礼，孔伷只喜欢清谈高论，没什么见地，这些人都没有军事才能和打仗的经验，临阵决战根本不是您的敌手，这是第三点；关东那边的人向来不勇敢，没有孟贲那样的勇力、庆忌那样的敏捷，没有燕将在聊城那样坚固的防守，张良、陈平那样的谋略，所以是不会成功的，这是第四点；即使那边有可任用的人，也是尊卑不分，国家的爵位不会颁给他们，他们依恃的人再多，也会各自迟疑不前，坐观成败，不肯齐心协力，同进同退，这是第五点；关西各郡多熟习军事，近年来多次与羌人作战，妇女都带戟持矛、弯弓负矢，何况以壮勇的军士来抵挡没有受过训练的人呢，所以胜利是必然的，这是第六点；老百姓所怕的有并州、凉州人，以及匈奴、屠各、湟中义从、西羌八种等，这些您全都拥有，以他们为爪牙，犹如驱虎以赴羊群，所向无敌，这是第七点；您手下的将领要么是您的亲戚，要么是您的心腹，都跟随您很久了，您对他们有恩有信，忠诚可任，智谋可恃，可以团结一心，以此对付当前散乱之敌，正如劲风扫枯叶，这是第八点；战争有“三亡”，即用乱攻理的亡、用邪攻正的亡、用逆攻顺的亡，现在您治国平正，讨灭宦官，忠义已立，以此三德对付他们的“三亡”，奉朝廷之命，讨伐有罪之人，无人敢抵抗，这是第九点；郑玄学问涵盖古今，邴原清廉正直，他们都是儒生所崇仰的，也是士人的楷模，关东联军的将领们也许会向郑玄、邴原请教，但现在德政昭彰，郑玄、邴原绝不会赞成他们叛乱，一定不会给他们出主意，这是第十点。郑泰最后总结说：如果我上面所说的还有一点点值得采纳，那就不要征兵以惊扰天下，也不要让害怕兵役的百姓们集合在一起为非作歹，千万不能弃德恃众，自己亏损威名啊！

郑泰在士人中享有盛名，这名声不是白来的，他的这一番话虽然空洞，很多内容属于东拉西扯，却能正好切中董卓的心理，让董卓听得入了迷。董卓本来就不想打，他有更重要的事情要做，比如要对付白波军，还要对付关中的皇甫嵩。所以，听完郑泰的建议，董卓决定取消以重兵讨伐关东联军的打算。

董卓发现，郑泰原来是个人才。董卓一高兴，直接任命郑泰为将军，让他指挥各部人马去阻击关东联军。《后汉书·郑泰传》记载：“卓乃悦，以公业为将军，使统诸军讨击关东。”如果郑泰掌握了凉州军的前敌指挥权，董卓会死得很快。好在有人及时提醒：“郑公业智略过人，而结谋外寇，今资之士马，就其党羽，窃为明公惧之。”董卓这才想起，郑泰有着党人的背景，与关东那些人的关系也有些说不清楚，给他军权确实十分危险。董卓清醒过来，赶紧收回成命，改任郑泰为议郎。

六、白鹄救主战汴水

虽然不加重兵讨伐，但董卓仍加紧了军事准备，将凉州军主力调往洛阳以东，自北向南分三路进行布防，与关东联军的主力形成对峙：北路以牛辅为主将，对抗河东郡、河内郡的联军以及白波军；中路以徐荣为主将，对抗酸枣方面的联军；南路以胡轸为主将，吕布、华雄辅助，对抗南阳郡的袁术和孙坚。自北向南，这条战线长达上千里，中间有河内、酸枣、荥阳、阳翟、鲁阳等要地。

在河内郡屯驻的袁绍、王匡离前线最近，他们的驻扎地在黄河北岸的怀县，与洛阳的直线距离不过百里，轻骑兵半天即可到达。王匡手下有一支劲旅，招募自泰山郡，以擅使弓弩见长，王匡命他们驻守在黄河岸边的河阳。凉州军要进攻河阳，有两个渡口可选择，一个是“洛阳八关”之一的小平津关，另一个是其西边的平阴渡口。袁绍、王匡判断凉州军肯定会从平阴渡口渡河，因为要从小平津渡河的话，就要先穿越洛阳以北的邙山，凉州军以骑兵为主，行进起来不如从洛阳西边方便。基于这样的判断，袁绍、王匡将防守的重点放在了平阴方向。

但是，牛辅只派出一支人马佯攻平阴，主力穿过邙山，从东边的小平津关渡过了黄河。凉州军过河后，绕到河阳的侧后，抄了王匡的后路。这一仗王匡部损失惨重，布置在黄河防线的守军几乎损失殆尽。王匡只得退回怀县与袁绍会合，不再出战。

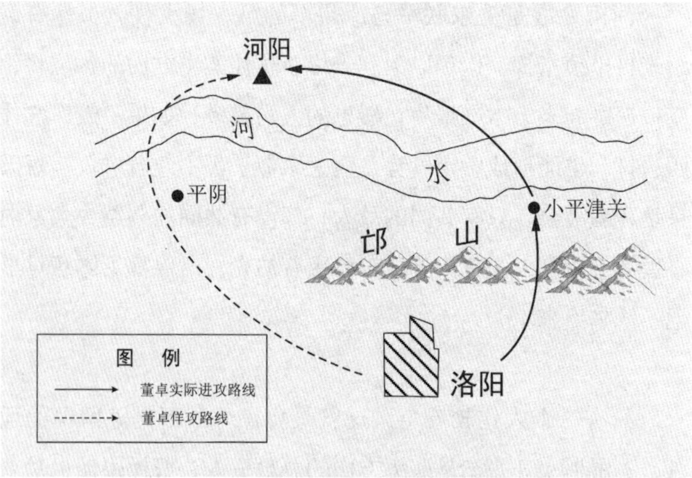

图2　凉州军打败王匡示意图

此战中，王匡手下的从事韩浩率兵守盟津，该地即孟津，在小平津以东。韩浩的舅舅杜阳时任河阴县令，也在凉州军进攻的路线上。凉州军攻破河阴，将杜阳抓了起来，让他出面招降韩浩，韩浩坚决不从。韩浩由此知名，到后面群雄混战的阶段，韩浩曾短暂效力于袁术，被任命为骑都尉，后来又成为夏侯惇的部将。《三国志·夏侯惇传》裴松之注引《魏书》记载：

汉末起兵，县近山薮，多寇，浩聚徒众为县藩卫。太守王匡以为从事，将兵拒董卓于盟津。时浩舅杜阳为河阴令，卓执之，使招浩，浩不从。袁术闻而壮之，以为骑都尉。夏侯惇闻其名，请与相见，大奇之，使领兵从征伐。

河阳之战是关东联军与凉州军的第一场大仗，虽然有袁绍亲自坐镇指挥，但仍以失利告终，这让酸枣方面的各位将领变得迟疑起来。本来聚集在酸枣的人马最多，如果一鼓作气往西边打，也能形成一定气势，但大家似乎都不急着进攻，每天只是置酒高会。只有共同的敌人，却没有共同的利益，大家内心里都想让别人去打头阵，自己跟着沾光，所以都不愿意早早把本钱拿出来。

只有一个人比较着急，这就是曹操。酸枣是陈留郡的地盘，陈留郡太守张邈是酸枣方面的总负责人，曹操跟他也是老朋友了，多次向他请求发起进攻。《三国志·武帝纪》记载，曹操对张邈等人道："举义兵以诛暴乱，大众已合，诸君何疑？向使董卓闻山东兵起，倚王室之重，据二周之险，东向以临天下；虽以无道行之，犹足为患。今焚烧宫室，劫迁天子，海内震动，不知所归，此天亡之时也。一战而天下定矣，不可失也。"

曹操为什么比别人着急？除了他更具有事业心并一贯积极外，现实的问题也是原因之一。与其他人不同，曹操既没有现成的地盘也没有正式的官职，手下五千多人每天都要吃要穿，虽说联军提供统一的物资供应，但这么拖下去对他最为不利，如果将来大家一哄而散，各回各家，他就没地方去了。所以，曹操比别人更迫切地希望尽快打起来。对曹操的这种想法，张邈不便于明确反对，但也不给予实际支持。

曹操转而向其他几路联军求助，他与济北国相鲍信也是老熟人，就跑去找鲍信，希望他能与自己一块行动。鲍信是一个有眼光、有胆识的人，这一点从当初他劝袁绍铲除董卓一事上就可以看出来。经过曹操的劝说，鲍信愿意跟弟弟鲍韬一起听从曹操的指挥。鲍氏兄弟有一万多人，有他们的加入，曹操手里就有了一支将近两万人的队伍，人数不算少了。

曹操率领这支人马从酸枣西进，首先进入阳武县，这里已归司隶校尉部所属的河南尹管辖。联军没有遇到抵抗，阳武县以及附近的原武县等连地方官都找不到了。凉州军还没有占领这些地方，这些地方的官员都是朝廷以前任命的，他们不敢得罪董卓，也不愿意跟关东联军为敌，所以溜之大吉。

一直到了中牟县，才遇到一个名叫任峻的人，带着一支队伍没有走。《三国志・任峻传》记载，任峻字伯达，是中牟县本地人，县令名叫杨原，本来也打算弃官逃命，任峻劝他不要这样做："董卓首乱，天下莫不侧目，然而未有先发者，非无其心也，势未敢耳。明府若能唱之，必有和者。"杨原问，那应该怎么做。任峻说："今关东有十余县，能胜兵者不减万人，若权行河南尹事，总而用之，无不济矣。"杨原一听有道理，决定不走了，就在中牟县自称河南尹，任命任峻为主簿，把邻近几个县都接管起来，招集散勇，扩充人马。

正在这时，曹操率领的联军来了。中牟县已集结起一部分人马，下一步该怎么办，大家的意见却不统一，任峻和本地另一个知名人士张奋主张加入曹操的队伍，但这个提议并没有获得其他人的支持，最后任峻、张奋率数百人投奔了曹操。自称河南尹的杨原没有一块来，关于他的事情后面也再无记载。

得到了任峻等地方人士的支持，曹操很高兴，觉得这是一个好兆头，就表奏任峻为骑都尉。任峻加入曹操阵营后深得信任，后来曹操把一个表妹嫁给了他。任峻以后主要负责后勤工作，是曹魏搞屯田的早期负责人之一。

队伍继续前进，很快到达荥阳、成皋一带。附近有一条汴水，是一条人工运河，可以连接起北方的黄河水系和南方的淮河水系，东南各郡的物资通过这条运河能很便捷地运输。所以，从秦朝开始就在附近的敖山上修建了一处仓库，用来囤积粮食等物资，也囤积一些军械，这就是著名的敖仓。曹操率军一路西进，当然不能放过敖仓，如果把这里占领，不仅一举解决了后勤保障问题，也会产生很大的影响。曹操率领队伍渡过汴水，敖山的影子隐约都能看到了。大家都很兴奋，以为大功即将告成。那里有吃不完的粮食，用不完的军械，只要到了那里，一切唾手可得。然而，等待曹操等人的却是一场惨败。

联军一路西进，如入无人之境，这其实都是假象，制造这个假象的人就是徐荣。在董卓手下的将领中，徐荣虽然不是最重要的将领，但却是一个不折不扣的厉害角色，他不仅能打，而且肯动脑筋，这一点与其他凉州军将领有所不同。董卓手下现在大约有十万人，大部分是他的凉州军，也有一小部分是并州军等新归附的部队，论人数不算太多，但战斗力却极强，凉州军个个都是精兵悍将，在战场上足可以一当十。他们都是职业军人，出生在边地，由于各民族混居形成的基因优势，个个身体强壮。他们身经百战，战场经验丰富，家属子女又都在老家，打起仗来没拖累，一上战场就死拼。他们还有一个优势，那就是战马。战车退出战争主角地位后，战马成为冷兵器时代最重要的装备。衡量一支队伍的战斗力，要看它骑兵人数的占比，以及马匹品种是否优良。在这个方面，凉州军无疑占有绝对优势。

董卓的凉州军最早也是朝廷的部队，但董卓抓队伍很有一套，在他的调教下，这支队伍慢慢地只效忠于董卓个人，成为董卓的私人武装。董卓在凉州时最高军职为四方将军之一的前将军，他利用这一职务疯狂扩军，手下人马迅速扩张，到底有多少人马，朝廷并不掌握。如果把现在的凉州军看作一个兵团，兵团司令就是董卓，下面至少有三个军长一级的将领，分别是牛辅、李傕、郭汜。牛辅是董卓的女婿，能力一般，但地位特殊；李傕字稚然，凉州刺史部北地郡人，作战勇猛，诡谲残忍；郭汜又名郭多，也出身于凉州，是一名悍将。在牛辅手下比较有名的将领有张济等人；在李傕手下，比较有名的将领有李暹、李利、张苞等人。还有一部分将领由董卓直接指挥，有徐荣、董越、段煨、胡轸、杨定、李蒙、樊稠等。作为非凉州籍的将领，徐荣在凉州军中显得有些特殊，他本是朝廷军队里的下级军官，在凉州作战时因为勇猛而不断晋升，后来归董卓指挥，由于有勇有谋，所以深得董卓的信任。

现在，徐荣看到联军队伍冲自己而来，考虑到自己在人数上不占优势，不宜把战线拉得太长，所以主动放弃了前沿的阳武、原武、中牟等据点，把重兵布防在成皋一带，在此以逸待劳。曹操率领的联军刚渡过汴水，即遭到了凉州军的突然攻击。联军在人数上虽有优势，但战斗力却相差悬殊。

联军的士兵多是新招募的，虽然也经过一些训练，但时间仓促，战场经验几乎空白，手里的武器装备也很差。凉州军不仅骑兵人数多，而且在此等候多时，在他们的进攻面前，联军瞬间大乱。

但是，让凉州军也略感吃惊的是，这支很不齐整的队伍却没有望风而逃，而是展开了拼死血战。战斗进行得异常激烈，联军一方处于下风。《三国志·曹洪传》记载，混战当中，曹操的战马被乱箭射死了，曹操从马上摔了下来。战场上失去战马，危险系数将大增。紧要关头，有个人过来把自己的战马让给曹操骑。曹操一看，是曹洪。曹操不愿意骑，曹洪急了，恳求道："天下可无洪，不可无君！"曹操这才上马。曹操拼命杀出重围，保住了性命。曹洪后来也侥幸脱险，与曹操会合。曹洪让给曹操的这匹战马立下了大功，这匹马的名字叫白鹄，也有史书称白鹤，是一匹名马，骑上它如乘风而行，闭上眼只听见风声在耳，好像马蹄不曾着地一样。《三国志集解》注引王嘉《拾遗记》记载：

曹洪，武帝从弟，家盈产业，骏马成群。武帝讨董卓，夜行失马，洪以其所乘马让帝。其马号曰"白鹄"，此马走时惟觉耳中风声，足似不践地。至汴水，洪不能渡，帝引洪上马共济，行数百里，瞬息而至，马足毛不湿。时人谓乘风而行，亦一代神骏也。谚曰："凭空虚跃，曹家白鹄。"

联军重新退至汴水边，却发现无法渡河，他们找不到之前过渡所乘的船只。一个可能是，乱战下来只顾逃命，来到的不是之前存放船只的地方；另一个可能是，曹操为激励众人斗志，过河以后来了一个“破釜沉舟”，把船毁了。现在，水深无法渡河，追兵很快将到达，情况万分危急。最后，刚刚归队的曹洪解决了这个问题。《三国志·曹洪传》记载：“遂步从到汴水，水深不得渡，洪循水得船，与太祖俱济。”

过了河，安全了一些。曹操把人聚拢起来清点，卫兹、鲍韬战死，自己和鲍信都负了伤，所幸曹洪、曹仁、曹纯以及夏侯惇、夏侯渊、任峻等没有什么大碍。这是一场惨败，带来的队伍被打散了，没有死在战场上的士卒大部分都开了小差，几乎可以用全军覆没来形容。曹操的身边只有从谯县带出来的人还紧紧相随，这里离谯县不远，曹操就带着他们先回了一趟谯县，之后又回到酸枣。

七、曹操南下募兵

曹操、鲍信带着队伍回到酸枣时，看到的景象让人既愤怒又伤心。在他们浴血奋战的时候，张邈等人还在醉生梦死，压根没有人关心前线的战事。曹操心里很着急，多次找张邈等人陈述自己的用兵计划，张邈虽然能听进去一些，但此时驻扎在酸枣的人马并不全听他的指挥，所以等于白说。曹操又找到桥瑁等人分别做工作，但成效不大。曹操、鲍信的遭遇让酸枣的其他首领更加坚信不能盲动，他们甚至会想，幸好当时没有像曹操那样冲动。否则的话，今天将是鲍信那样的下场：部队基本上打光了，还搭上自己的弟弟。

在一次会议上，曹操建议采取以下军事部署：袁绍从河内郡进攻，逼近黄河上的孟津渡口；酸枣的各路联军攻击成皋，占领敖仓，封锁轩辕关和太谷关，控制各战略要地；袁术率领南阳郡的大军进攻丹水和淅县，攻入武关，扰动关中。以上各路大军实现第一步目标后，高筑壁垒，不与敌人作战，多布疑兵，发动舆论战和思想攻势，以正义之师讨伐叛逆，天下即可平定。曹操甚至说：如果我们迟疑不敢进攻，天下人将失望，我也为诸位感到羞耻！曹操提出的行动计划很具体，也很现实，这个计划并不是冒险强攻，而是“以时间换空间”，关键要同时行动，给敌人造成首尾难顾的态势。从当时的形势来看，这是最有效的方案，后世的胡三省、何焯、卢弼等人均给予高度评价：

观操之计，但欲形格势禁，待其变起于下耳，非主于战也。（胡三省）

此项羽战河北，高祖西入关之势也。卓兵方盛，未挫于外，故坚壁勿战，待内衅作而后乘之。（何焯）

魏武此策，取三面合围之计，当时地利、兵谋了如指掌，此习读书传、究心兵略之效，所以为一世之雄。惜其无周公、管仲之志耳。（卢弼）

可惜的是，众人并没有认识到这一点。虽然曹操把话说到了快翻脸的程度，但刘岱、桥瑁、袁遗等人还是不表态，张邈也束手无策。这不由得让人想起了郑泰的话，他对关东联军的首领们评价很低，虽然是用来麻痹董卓的，但有些话说得还挺准。曹操失望已极，决定离开酸枣，到外地重新募兵，以图东山再起。在这段时间里，曹操与鲍信结下了深厚友谊，在曹操看来，鲍信与桥瑁、刘岱等人不同，是一个有远见的人。经过汴水激战，鲍信对曹操也有了更多了解，虽然失去了弟弟，但他对曹操的敬佩之情始终不渝。二人在酸枣告别，相约重新招人马、拉队伍。鲍信重回济北国，他在那里还有些基础，再拉起一支队伍来问题不大。曹操决定带着曹洪等人前往南方的扬州刺史部，在那里招募人马。

汴水失利让曹操认识到兵源的素质至关重要。一支队伍不在于人数多少，而在于士兵的身体素质、训练水平和战斗意志。为了能招募到素质精良的兵卒，曹操南下丹阳郡，在那里募兵。丹阳郡属扬州刺史部，治所在宛陵县（今安徽省宣城市），所辖范围大体包括现在的皖南、苏南的一部和浙江省西部，今天的南京、铜陵、芜湖和黄山都在其中。这一带多山地，长期生活在这里的山民身体强健，好武习战，自古即是出精兵的地方。“丹阳兵”成为一个专有名词，自秦汉以来就扬名疆场。

汉武帝天汉二年（前99）秋天，贰师将军李广利率骑兵三万出征匈奴，在天山与右贤王相遇，发生激战，汉武帝命令李陵出击辅助李广利的正面作战，当时战马不足，李陵只率五千名步兵出征，在大漠旷野之上，面对匈奴的铁骑，步兵单独出战只能是送死，但这次却不那么简单，因为这五千名步兵的主体就是丹阳兵。李陵率领这些丹阳兵从居延向北行军一个月，在浚稽山与且鞮侯单于的三万骑兵遭遇，匈奴人原以为可以虎荡羊群般结束战斗，但眼前这支神奇的部队居然反败为胜，五千名步兵杀得三万骑兵不断后退，单于大惊，急调八万多骑来助，李陵率领大家且战且退，重伤员躺到车上，轻伤员推车，伤势再轻的持兵器搏战。后来，由于汉军后援迟迟不到，这支丹阳兵最后只剩下四百人突围，此战主帅李陵被迫投降，副帅韩延年战死。但是，丹阳兵却打出了威名，面对数万匈奴铁骑之勇，五千名丹阳兵竟然能令单于丧胆，几乎要撤退，在得知汉军无援兵的情况下才敢进攻，丹阳兵的善战可见一斑。丹阳兵战斗力之所以这么强，与他们擅长的一门技艺有关：弓箭术。正是由于高超的射击技术，才能以步兵抵挡骑兵的冲击。

南下后，曹操与曹洪兵分两路，自己与夏侯惇等人去丹阳郡，而让曹洪去找扬州刺史陈温。曹洪与陈温很熟，得到了陈温的大力支持，募得两千人，这是一个不小的成就。《三国志·曹洪传》记载："扬州刺史陈温素与洪善，洪将家兵千余人，就温募兵，得庐江上甲二千人。"陈温之所以如此支持曹洪，与曹洪关系好只是一个方面，另一方面或许与袁绍有关。裴松之指出："陈温字元悌，汝南人。先为扬州刺史，自病死。袁绍遣袁遗领州。"这里透露出两个信息：陈温是汝南郡人，与袁绍、袁术是同乡；陈温后来因病去世，袁绍派袁遗接任扬州刺史，显示出袁绍对陈温所部有一定控制力。所以，可以做出这样的推测：曹操此次南下募兵有袁绍的因素在，甚至可以认为，曹操南下前曾与身在怀县的袁绍有过联络，是袁绍授意他去扬州募兵的，否则解释不了曹洪凭一己之力就能在陈温的地盘上募得两千人的事实。

另一路的曹操、夏侯惇等人进展得更为顺利。曹操找到丹阳郡太守周昕，很快募得四千多人，这些都是能打善战的丹阳兵。周昕字泰明，是会稽郡人，在史书中留下的记载不多，但当时他也是一位风云人物，且与曹操早期的活动有诸多交集。周昕少年时游历长安，拜太傅陈蕃为师，博览群书，被三公府征辟，后来升任丹阳郡太守。袁氏有多人长期担任三公，周昕是否被袁氏征辟过？史书虽然没有这方面的记载，但这种可能性很大。周昕有两个弟弟，分别是周昂、周喁。袁绍后来表奏周昂为九江郡太守、豫州刺史，周昂成为袁绍的属下；周喁则干脆跟随曹操征战，成为曹操麾下早期的军师之一。《三国志·孙坚传》裴松之注引《会稽典录》记载：

初，曹公兴义兵，遣人要喁。喁即收合兵众，得二千人，从公征伐，以为军师。

周氏兄弟支持曹操南下募兵，原因与陈温支持曹洪募兵一样，背后仍然有袁绍的影子。袁绍对陈温、周昕、周昂等人也有很大的影响力，这是曹操南下后能很快募得数千士卒的原因。如果能把这些人马带到北方，曹操所部将得以重振，战斗力不仅恢复，而且会较之前更高。可是，在返回北方的路上出了事，差点要了曹操的命。

曹操率人马过了淮水，进入沛国境内，到达龙亢县（治所在今安徽省怀远县西北），在这里相约与曹洪会合。不久曹洪也来了，他带来了两千多人。两支人马会师，实力大增。可是，还没来得及高兴，夜里就发生了兵变。这些丹阳兵可能不想离家太远，觉得受骗上当了，于是晚上发动叛乱，点火焚烧了曹操的大帐。曹操亲自持剑，连杀数十人才得以脱身，队伍最后只剩下了五百多人。《三国志·武帝纪》裴松之注引《魏书》记载：

兵谋叛，夜烧太祖帐，太祖手剑杀数十人，余皆披靡，乃得出营；其不叛者五百余人。

从汴水失利到龙亢兵变，换成别人早就一蹶不振了，但曹操仍没有气馁。曹操整顿剩下的人马，一边往回走，一边沿路继续招募新兵。曹操一行经过铚县、建平县等地，在这两个地方又招到不少人，总兵力勉强达到一千多人。之后，曹操没有再回酸枣，而是带着这一千多人来到黄河北岸的怀县，袁绍正驻扎在此。曹操之所以来找袁绍，正如前面所言，是因为此次南下募兵是执行袁绍这个“盟主”的命令，曹操前来复命。

汴水失利后曹操选择依附袁绍，这种状况将持续很长时间。在袁绍看来，曹操不仅是自己多年的好友，还是属下，所以从各方面对曹操给予了帮助。只不过袁绍最终失败了，胜利者是曹操，所以一些史书刻意隐瞒了这段历史。十年后发生了官渡之战，袁绍讨伐曹操，命陈琳写了一篇檄文，其中写道：

> 续遇董卓侵官暴国，于是提剑挥鼓，发命东夏，收罗英雄，弃瑕录用；故遂与操参咨策略，谓其鹰犬之才，爪牙可任。至乃愚佻短略，轻进易退，伤夷折衄，数丧师徒；幕府辄复分兵命锐，修完补辑。

这段话的大意是：董卓专权，欺凌百官，虐待百姓，袁绍于是拔剑击鼓，发动诸侯，召集英雄，不追究他们从前的过错，都予以任用，于是和曹操共同商讨讨伐董卓之事，本以为曹操是英雄之才，可以任用，谁知他愚昧短见，轻易发动进攻，打了大败仗，丧失了很多兵力，袁绍分给他兵马，帮助他重整队伍，曹操才没有彻底溃败。

作为一篇讨伐敌人的战斗檄文，其中所说的事情自然不能全无虚饰。但是，要谈及一些当事人共同经历过的事情，也不能全部凭空捏造，否则将丧失公信力。所以，檄文通常真真假假，至少要做到假中有真。分析这檄文所陈述的事实，大体可以确认之前的一些判断，那就是在曹操处于低谷期的时候，袁绍不仅接纳了他，也大力帮助了他，这恐怕是曹操本人都无法否认的事实。

第二章

迁都长安

190年

一、迁都之争

董卓虽然接连打败了王匡、曹操，但面对关东联军越来越兴盛的气势，他也感到信心不足。于是，董卓想出一个万全之策，那就是迁都长安。长安位于关中腹地，周围有四座雄关，分别扼守着四个方向，尤其是东边的函谷关以及东汉以后慢慢取代它的潼关，更是阻挡来自东方进攻的天险。董卓的大本营在凉州，他觉得迁都长安后进可攻、退可守，比洛阳安全多了。

董卓召集朝臣开会，宣布了他的计划。原本以为经过废立事件后已经没有人再反对自己了，但这一次又错了。司徒杨彪首先反对，《三国志·董卓传》裴松之注引华峤《汉书》记载，董卓刚把迁都长安的想法提出来，杨彪就反对说，过去盘庚五次迁都，商朝的百官都有怨言，所以盘庚连连写了三篇文章向天下百姓解释情况，现在无缘无故迁都，恐怕会引起百姓惊动，加剧动荡。董卓耐心解释说，关中肥沃富饶，秦国据之以吞六国，迁都到长安后，关东那些人再敢乱动，以我强兵据之，可以将他们赶进大海。杨彪仍然反对，认为动之容易、安之则难，长安久不作国都，宫室损坏，短时间内难以修复。董卓不以为然，说长安附近杜陵的南山下有现成的几千处瓦窑，再从凉州运来木料，修复宫室并不难。二人你来我往，一个坚持迁都，一个坚决反对。董卓一开始还耐着性子与杨彪争辩，后来急了。董卓威胁道："公欲沮我计邪？边章、韩约有书来，欲令朝廷必徙都。若大兵东下，我不能复相救，公便可与袁氏西行！"华峤《汉书》的这个记载有误，因为四年前边章已死，现在与韩遂联手的人应该是马腾。董卓搬出韩遂等人，自然是吓不到杨彪的。杨彪道："西方自彪道径也，顾未知天下何如耳。"杨彪这句话与袁绍当初反对董卓废立时说的一样，都是"我不怕你"之意。议而无果，董卓气愤不已。下来后，董卓命司隶校尉宣播以出现灾异为由弹劾杨彪，将其免职。

反对迁都的人不仅有杨彪，三公中的另外两位也反对。《三国志·董卓传》裴松之注引《续汉书》记载，太尉黄琬、司空荀爽与杨彪一起去见董卓，在董卓反复解释迁都的理由后三人仍反对。见重臣齐声反对，董卓不敢轻易动粗，而是拿出了一本名叫《石苞室谶》的神秘预言书，上面说后汉经历十一世皇帝后应该迁都。但董卓又错了，因为涉及学术方面根本不是他的强项，杨彪直接斥责《石苞室谶》为妖书：

太尉黄琬、司徒杨彪、司空荀爽俱诣卓，卓言："昔高祖都关中，十一世后中兴，更都洛阳。从光武至今复十一世，案

《石苞室谶》，宜复还都长安。”坐中皆惊愕，无敢应者。彪曰：“迁都改制，天下大事，皆当因民之心，随时之宜。昔盘庚五迁，殷民胥怨，故作三篇以晓之。往者王莽篡逆，变乱五常，更始赤眉之时，焚烧长安，残害百姓，民人流亡，百无一在。光武受命，更都洛邑，此其宜也。今方建立圣主，光隆汉祚，而无故捐宫庙，弃园陵，恐百姓惊愕，不解此意，必麋沸蚁聚以致扰乱。《石苞室谶》，妖邪之书，岂可信用？”

杨彪将董卓暗讽为“变乱五常”的王莽，作为杨赐的儿子，在敢于直言方面杨彪一点都不输其父。二人争论一番，互不相让。黄琬站出来支持杨彪：“此大事。杨公之语，得无重思！”董卓听完，阴沉起脸，不吱声。袁宏《后汉纪·孝献皇帝纪》记载，荀爽看到杨彪可能有危险，赶紧出来打圆场说：“相国岂乐迁都邪？今山东兵起，非可一日禁也，而关西尚静，故当迁之，以图秦汉之势也。”听荀爽这样说，董卓的气才消下去一些。但是，董卓当场宣布免除杨彪、黄琬等人的职务。

这场迁都之争进行得十分激烈，双方均互不退让。《后汉书·黄琬传》记载，黄琬下来后又上奏疏驳斥董卓之议，认为：“昔周公营洛邑以宁姬，光武卜东都以隆汉，天之所启，神之所安。大业既定，岂宜妄有迁动，以亏四海之望？”有人担心黄琬被董卓迫害，劝他不要这么做，黄琬道：“昔白公作乱于楚，屈庐冒刃而前；崔杼弑君于齐，晏婴不惧其盟。吾虽不德，诚慕古人之节。”白公胜是春秋时期楚国太子建的儿子，幼年入吴，后返回楚国，被封为白公，他想篡夺王位，迫使楚惠王逃走，一些反对白公胜的大臣被杀，白公胜用剑指着屈庐说，肯合作可生，不肯合作就得死，屈庐毫不犹豫，挺身上前而死；崔杼是春秋时齐国大夫，杀死了齐庄公，强迫其他大夫与他结盟，不肯者就杀掉，一连杀了七个人，轮到晏婴，晏婴不屈，宁愿赴死，崔杼惮于晏婴的巨大声名只得放了他。黄琬以屈庐、晏婴自比，做好了被杀的准备，但他的名气也很大，仅被免官，董卓“犹敬其名德旧族，不敢害”。

反对迁都的名士中，还有陈纪。陈纪字元方，豫州刺史部颍川郡许县（今河南省许昌市）人，汉代名臣陈寔之子，与父亲陈寔、弟弟陈谌并称“三君”，是曹魏重臣陈群的父亲。董卓控制朝廷后征召天下名士，陈纪被拜为五官中郎将，到洛阳后又升任侍中。《后汉书·陈纪传》记载，董卓就迁都之事征求陈纪的意见，对他说：“三辅平敞，四面险固，土地肥美，号为陆海。今关东兵起，恐洛阳不可久居。长安犹有宫室，今欲西迁何如？”陈纪表示反对：“天下有道，守在四夷。宜修德政，以怀不附。迁移至尊，诚计之末者。愚以公宜事委公卿，专精外任。其有违命，则威之以武。今关东兵起，民不堪命。若谦远朝政，率师讨伐，则涂炭之民，庶几可全。若欲徙万乘以自安，将有累卵之危，峥嵘之险也。”陈纪将董卓的迁都大计定性为“欲徙万乘以自安”，认为这样做反而更加危险。对此，董卓竟出人意料地没有当场发怒，事后对陈纪也没做任何追究。

董卓敬重陈纪，因为陈纪是陈寔的儿子。陈寔担任过的最高职务只是太丘县长，世人称他为“陈太丘”。不当官时，陈寔居住于乡里，平心率物，德冠当时，官府多次征召，他都推辞了。杨赐、陈耽等人每登公卿之位都会说陈寔未登三公大位而我愧为先登。三公每有缺位，大家都认为应当归于陈寔，但朝廷多次征命，陈寔都不来。陈寔后来干脆闭门悬车，告示众人自己在家养老。某天晚上，一个小偷溜进陈寔家，躲在屋梁上寻机偷窃。陈寔发觉，但没有喊人捉拿，而是把子孙们叫到面前，训示他们应当努力上进，勿走邪路。小偷听完一番教导，感惭交加，下地叩头请罪。陈寔勉励他改恶从善，赠他丝绢布匹。这就是“梁上君子”典故的由来，后人以“陈寔遗盗”比喻义行善举。在颍川郡，陈氏和荀氏两家关系很好。一天，陈寔想拜访荀爽的父亲荀淑，因为家里穷，雇不起仆人，就让陈纪驾车，陈谌持杖在后，孙子陈群坐车里。荀淑有八个儿子，号称“荀氏八龙”，荀淑命一个儿子负责在门口迎接，一个儿子敬酒，其余六个儿子上菜。这纯粹是一件民间活动，却惊动了朝廷史官，史官上奏天子称“真人东行”。

就在三年前，陈寔因病在家中去世，享年八十四岁。前来吊唁送葬的有三万多人，车数千乘，司空荀爽、太仆韩融等上千人披麻戴孝、执子孙礼，蔡邕撰写碑铭，大将军何进派人前往致悼词，悼词中有“文为德表，范为士则”之句。多年后，十二岁的少年邓艾在陈寔墓前的石碑上看到这句话，欣然向慕，一度给自己改名为邓范，字士则。正是由于陈寔在民间拥有巨大声望，才让董卓为之忌惮，不敢向陈纪发难。

二、名将臣服

三公中只有荀爽未被免职，董卓提拔王允为司徒，赵谦为太尉。王允此前任太仆、尚书令，深得董卓信任；赵谦是太尉赵戒之孙，此前任光禄勋。董卓还明确了王允作为自己的助手，负责具体落实迁都事宜。

在王允之前董卓曾看好朱儁，想让他做自己的副手。朱儁在军中素有威望，曾任右车骑将军，如能为己所用，那再好不过。《后汉书 · 朱儁传》记载，朱儁此时任河南尹，董卓派使者向朱儁宣读委任他为太仆的诏书，并明确是相国的副手，但朱儁不愿意接受。朱儁对使者说朝廷西迁必然让天下人失望，正好助长了关东联军的声势。使者对朱儁说我只是来宣读任命的，没问你西迁的事，你却说这么多。朱儁大怒，对使者道："副相国，非臣所堪也；迁都计，非事所急也。辞所不堪，言所非急，臣之宜也。"朱儁再三推辞，董卓只好作罢，让王允担任了太仆，很快又升任司徒。

在用人方面，董卓最近总是吃亏上当。董卓上过伍琼、周毖的当，又上过郑泰的当，而王允也将是一个让董卓上当的人。与伍琼等人相比，王允也心系汉室，只是他更加深不可测。《后汉书 · 王允传》记载："允矫情屈意，每相承附，卓亦推心，不生乖疑，故得扶持王室于危乱之中，臣主内外，莫不倚恃焉。"但董卓现在特别欣赏王允，因为王允善于伪装，对董卓做出的决定，王允从不当面反对，董卓让做什么事，王允都积极去落实。董卓对王允很满意，让他负责迁都的所有具体事项，自己全力以赴部署与关东联军作战的事情。

要迁都长安，还有一个重要的问题必须先解决：长安以及关中地区并不在董卓控制之下，那里有手握朝廷重兵的左将军皇甫嵩，还有负责行政事务的京兆尹盖勋等，他们都不是董卓的人。董卓想了一个简单的办法：以天子的名义征皇甫嵩为城门校尉，征盖勋为议郎。

这个手段确实不高明，任何人都能看出来这是要解除皇甫嵩和盖勋手中的权力，二人一旦离开关中，生杀予夺都将由董卓决定。皇甫嵩的长史梁衍分析说，董卓霸占京师，擅自废立，现在又征召将军您，您如果去了，大则有生命之危，小则受困遇辱，不如趁现在董卓还在洛阳，天子即将西来，将军手下有三万精兵，可以率众迎接至尊，之后奉令讨逆，袁绍等人在东，将军您在西，则董卓可擒！不久前皇甫郦也曾向皇甫嵩说过类似的话，皇甫嵩没有接受，这次也一样。《后汉书·皇甫嵩传》记载：

初平元年，乃征嵩为城门校尉，因欲杀之。嵩将行，长史梁衍说曰："汉室微弱，阉竖乱朝，董卓虽诛之，而不能尽忠于国，遂复寇掠京邑，废立从意。今征将军，大则危祸，小则困辱。今卓在洛阳，天子来西，以将军之众，精兵三万，迎接至尊，奉令讨逆，发命海内，征兵群帅，袁氏逼其东，将军迫其西，此成禽也。"嵩不从。

盖勋一向瞧不起董卓，也是董卓忌惮的人。《后汉书·盖勋传》记载，董卓废少帝、杀何太后，盖勋立即给董卓写了一封信，痛斥其为“小丑”，信中写道：“昔伊尹、霍光权以立功，犹可寒心，足下小丑，何以终此？贺者在门，吊者在庐，可不慎哉！”董卓看了这封信，愤怒之状可想而知。在董卓此次征召之前，盖勋正秘密做皇甫嵩的工作，准备联合他讨伐董卓。可是，皇甫嵩最终不敢接受，而是到洛阳就任。皇甫嵩走后，盖勋孤掌难鸣，随后也去了洛阳。

见皇甫嵩轻易就范，董卓大为高兴。皇甫嵩来到洛阳，董卓马上翻脸，授意心腹大臣上奏朝廷，随便找个借口就诬陷起皇甫嵩来，董卓令人把皇甫嵩抓了起来，想把他杀了。《后汉书·皇甫嵩传》记载：“有司承旨，奏嵩下吏，将遂诛之。”皇甫嵩的儿子皇甫坚寿跟董卓有一定交情，也在洛阳。董卓摆下酒宴大会宾客，皇甫坚寿在席间突然抢到董卓面前与他辩理，责以大义，又叩头落泪，为父亲申冤求情。在座宾客深受感动，纷纷替皇甫嵩求情。董卓这才离席而起，拉起皇甫坚寿和自己同坐，并派人释放了皇甫嵩，任命他为议郎，不久改任御史中丞。《后汉书·皇甫嵩传》记载：

嵩子坚寿与卓素善，自长安亡走洛阳，归投于卓。卓方置酒欢会，坚寿直前质让，责以大义，叩头流涕。坐者感动，皆离席请之。卓乃起，牵与共坐。使免嵩囚，复拜嵩议郎，迁御史中丞。

盖勋来到洛阳后，仍是一副不与董卓合作的姿态。当时公卿以下官员见到董卓时无不跪拜在地，而盖勋见到董卓时仅双手作揖而已，在场的人无不大惊失色。董卓曾问王允谁适合担任司隶校尉，王允推荐了盖勋，董卓说此人聪明有余但不能担当这个重任。董卓改任盖勋为越骑校尉，不久又让他出任颍川郡太守。盖勋赴颍川郡上任，董卓想了想，觉得他有可能与关东联军联手，又将他召回。《后汉书·盖勋传》记载，在一次会议上河南尹朱儁向董卓报告军情，并提出自己的建议。董卓不耐烦，斥责朱儁道："我百战百胜，决之于心，卿勿妄说，且污我刀！"朱儁还没有说什么，一旁的盖勋大怒，对董卓道："昔武丁之明，犹求箴谏，况如卿者，而欲杜人之口乎？"在盖勋一身正气面前董卓只好屈服，说自己刚才是戏言。盖勋仍然不依不饶："不闻怒言可以为戏！"董卓这才向朱儁赔礼道歉。

不管怎么说，解除了皇甫嵩的兵权，又将盖勋这个"硬骨头"从关中弄走，董卓可以放心大胆地着手迁都之事了。皇甫嵩向董卓屈服，在很多人看来这是一件十分可惜的事。皇甫嵩因镇压黄巾起义而成名，在军界威望甚高，又长期执掌兵权，很多人认为他应该有更大的作为，阎忠、皇甫郦、梁衍等先后对他进行过劝说。如果说阎忠之前劝皇甫嵩还属于"造反"的话，那皇甫郦、梁衍的劝说则是希望皇甫嵩在汉室危难之际能挺身而出，是为朝廷着想。皇甫嵩对此全部予以拒绝，表面上看是心存法度，实际则不然。明代李贽评论说："义真之不受阎忠之说也，宜也。若子郦之说、梁衍之说咸弃不用，则身家之念起矣，是退怯也，非退让也，是又安足贵也。”对于皇甫嵩的这种“退怯”，宋元之际史学家胡三省分析指出：“嵩前不能从兄子郦之言，今又不从衍之策，自揣其才不足以制卓故也。”也许真如胡三省所说，皇甫嵩其实也是经过思想斗争的，只是考虑再三，觉得自己的才能其实不如董卓，于是选择了屈服。这是皇甫嵩的不幸，更是东汉王朝的不幸。

三、野鸟飞入长安宫

汉献帝和朝廷正式离开洛阳西迁开始于初平元年二月十七日。司徒王允还兼任着尚书令，负责朝廷的日常事务。王允下令将兰台、石室所藏的档案和图书典籍一一整理好，带往长安。朝廷的日常运行全靠制度、礼仪，这些东西只凭人们的记忆显然不行，缺了这些重要的资料，以后朝廷在长安运行起来就很困难。《后汉书·王允传》记载：“初平元年，代杨彪为司徒，守尚书令如故。及董卓迁都关中，允悉收敛兰台、石室图书秘纬要者以从。既至长安，皆分别条上。又集汉朝旧事所当施用者，一皆奏之。经籍具存，允有力焉。”朝廷一走，董卓也不再顾忌，他要在洛阳搞一场大掠夺。

迁都前后，董卓下令进行了一次金融改革，废除五铢钱，改铸小钱。秦朝使用的是半两钱，由于民间可以私铸，钱制很乱，民间还出现剪边半两钱，就是把半两钱用剪刀剪下一圈，七枚到八枚半两钱就可剪下来铸造1个半两钱的青铜。针对这个弊端，汉初朝廷大力推行币制改革，设计了新的方孔圆钱，为防止剪边，在原半两钱的基础上增加了围边，定五铢为计重单位，称五铢钱。二十四铢相当于一两，所以这种钱不太重，不过由于朝廷的大力推行，其信誉很好，两汉一直使用，到此时已有三百多年历史了。董卓所铸的小钱，不仅重量轻，而且工艺粗糙，既无内外廓，“五铢”二字也看不清楚，很难辨认，被当时的人们讥为“无文”小钱。《三国志·董卓传》记载：

（董卓）更铸为小钱，大五分，无文章，肉好无轮郭，不磨鑢。

“大五分”指重量略重于标准五铢钱的五分之一，即比一铢略重。一铢约合今0.65克，这种小钱应在0.7克左右；“无文章”指钱币上面没有文字；“肉好无轮郭”是说钱币的穿孔和外缘都没有轮廓；“不磨鑢”指钱币边缘残存的流铜、毛刺等都没有被磨掉。出土发现的董卓小钱实物与上述文字记载基本吻合，其重量普遍在0.4～1.5克之间。钱币上面并非没有文字，而仅有一个大致形状的“五铢”二字，笔画都不完整。

这种原料成本与铸造成本均明显低于标准五铢钱的小钱，其铸行相当于主动让货币进行贬值，是一次赤裸裸的金融掠夺。为了铸造更多小钱，董卓下令到处搜刮铜材。《后汉书·董卓传》记载："又坏五铢钱，更铸小钱，悉取洛阳及长安铜人、钟虡、飞廉、铜马之属，以充铸焉。""金人"是秦朝留下的铜像，原立于秦咸阳宫，后移至汉长乐宫。《史记·秦始皇本纪》记载，秦始皇二十六年（前221）"收天下兵，聚之咸阳，销锋铸鐻，以为金人十二"。《长安志》引《三辅旧事》记载："秦作铜人，立在阿房殿前，汉徙著长乐宫大夏殿前。"董卓下令将其中十座铜像化成铜水，铸成小钱。这次搜刮活动进行得十分彻底，就连洛阳一些重要建筑物上的铜构件也被拆了下来。张璠《后汉纪》记载："太史灵台及永安候铜兰楯，卓亦取之。"这里说的"铜兰楯"，指铜制的栏杆。

董卓下令，百姓手里的五铢钱一律为非法，只能拿来兑换新铸的小钱。这样一来，收上来的五铢钱又可以铸成更多的小钱，一来一往，董卓发了大财。小钱大量涌入市场，本来就不断高涨的物价此时彻底混乱，洛阳一带的金融体系崩溃，米价竟达到了惊人的几百万钱一石。汉代五铢钱有很强的购买力，以米价作参照，汉桓帝时约五十钱可买一石粮。如今，粮价到了如此疯狂的地步，等于涨了至少几万倍。《后汉纪·孝献皇帝纪》记载：

坏洛阳城中钟虡，铸以为钱，皆不成文；更铸五铢钱，文章轮郭，不可把持。于是货轻而物贵，谷一斛至数百万。

即便这么干，董卓仍嫌太慢，干脆直接派兵出去抢。凉州军本来军纪就很差，对付老百姓以手段残忍著称，接到董卓的命令，大家抢得更欢了，一时间洛阳周围地区民不聊生。董卓下令将洛阳一带的所有富豪都集中起来，胡乱安个罪名，集体处死，财产全部没收。董卓还下令在洛阳周围二百里范围内大行抢光、杀光政策，还命令士兵开棺掘墓，盗取珍宝。邙山一带密集地排列着本朝多位先帝的皇陵和许多贵族的墓地，大都无法幸免。魏文帝曹丕后来在《终制》中写道："丧乱以来，汉氏诸陵无不发掘，至乃烧取玉匣金缕，骸骨并尽。"洛阳东边有个阳城，乡民正在举行祭神仪式，凉州军开到，立即大开杀戒，所有男人全部被杀，头颅割下来挂在车上，载着抢来的妇女，一路敲敲打打，宣称在前线打了胜仗。

朝廷西迁的队伍出发后，经过半个多月的长途跋涉，于初平元年三月五日到达长安。此时虽是春天，但长安城却下起了大雨，天色昏暗，白日如同夜间。雨中，人们看到一只野鸟飞入长安宫中。张璠《后汉纪》记载：

将入宫日，大雨，昼晦，翟雉飞入长安宫。

"翟雉"是一种长尾的野鸡，张华《博物志》记载："翟雉长尾，雨雪降，惜其尾，栖高树梢，不敢下食，往往饿死。"在这样的时刻，看到这样的孤鸟飞入长安宫，对天人感应一向深信不疑的人们心底不知是否会多出些许不祥之感来？

在朝廷西迁的路上，除了天子的车队，还有数不清的百姓，为保证长安今后的繁荣，董卓下令把洛阳周围一带的百姓全部迁往长安，人数多达数百万，这个数字也许有些夸张，但即便数十万那也不得了。一路上，被迫西迁的百姓不时受到董卓手下步兵和骑兵的侵扰，有的忍饥挨饿，有的再次遭到抢掠，道路上随时可以看到堆着的死尸。从洛阳到长安，一时间成了人间地狱。《后汉书·董卓传》记载：

于是尽徙洛阳人数百万口于长安，步骑驱蹙，更相蹈藉，饥饿寇掠，积尸盈路。卓自屯留毕圭苑中，悉烧宫庙官府居家，二百里内无复孑遗。又使吕布发诸帝陵，及公卿已下冢墓，收其珍宝。

到了长安，噩梦也未完结。长安城原来有未央宫，是汉初萧何主持在秦章台基础上扩建的，规模宏大壮丽，但王莽失败后汉军、赤眉军两次攻入长安，未央宫遭到焚毁。汉献帝仓促西迁，后宫及朝廷各署衙纷纷拥来，只好因陋就简。这时的长安旧宫已极其残破，大部分地方已无法住人，城中只有高帝庙和京兆尹官署的房屋较好且较为宽敞，汉献帝及重要官员、后宫人员等先被安排在这两处休息。至于随迁而来的百姓，董卓只负责强令他们西迁，不负责他们的衣食住行，到长安以后住在哪里、靠什么生活，董卓根本不管。董卓那时还在洛阳，司徒王允全面负责长安的事务，他协调内外，尽量保证朝廷各项迁都事宜有序进行。未央宫在加紧整修下勉强可以入住，汉献帝不久后搬了进去。

四、关东联军内讧

站在董卓的立场上，从战略层面考虑，放弃洛阳仍然是正确的，是以退为进的一步。自从周毖、伍琼被杀后，董卓在战略上高明了很多。董卓很认可郑泰说的那些话：关东联军看似气势很足，但内部不团结，领头的那些人各怀心事，成不了气候。董卓觉得，与其跟他们一个一个硬拼，不如抽身事外，让他们自己跟自己斗。事实也确实如此。

朝廷开始西迁时，距离洛阳最近的是孙坚所部。孙坚听到了消息，立即准备向洛阳发起进攻。袁术看到孙坚一路高歌猛进，心里不踏实了。孙坚虽然依附于袁术，但袁术并不认为孙坚跟自己完全一条心。孙坚打了败仗，袁术着急；孙坚打了胜仗，袁术更着急。《三国志·孙坚传》裴松之注引《江表传》记载，有人在袁术面前挑拨道："坚若得洛，不可复制，此为除狼而得虎也。"袁术本来就心眼小，经过一番挑拨，对孙坚更不信任，于是停止了前方的后勤供应。《三国志·孙坚传》记载："或间坚于术，术怀疑，不运军粮。"

孙坚听说后勤供应中断，一下子急了，连夜骑马赶回鲁阳，见到袁术，向其陈情。《三国志·孙坚传》记载，孙坚见到袁术，对他说："所以出身不顾，上为国家讨贼，下慰将军家门之私仇。坚与卓非有骨肉之怨也，而将军受谮润之言，还相嫌疑！"孙坚的委屈是可以理解的：我之所以不顾生死全力拼杀，上为国家讨贼，下为报将军家门的私仇，我孙坚和董卓没有骨肉之怨，但将军您受别人的挑拨，还对我有所怀疑！裴松之注引《江表传》记载，孙坚还说：

大勋垂捷而军粮不继，此吴起所以叹泣于西河，乐毅所以遗恨于垂成也。愿将军深思之！

魏文侯时吴起担任魏国西河郡守，其间与诸侯军队大战七十六次，其中大胜六十四次，其余不分胜负。魏武侯继位，前期对吴起还较为信任，后来受国相田公叔等人挑唆，对吴起的忠诚产生怀疑，魏武侯决定召回吴起。吴起行至岸边，停车回望西河郡，眼泪流了下来。车夫问吴起：我观察您的心志，舍弃整个天下就像扔掉一只鞋子那样，如今离开西河郡，您却流下了眼泪，为什么？吴起擦去眼泪，说道：你不知道，如果君侯信任我，让我尽自己的才能，那么我就可以帮助君侯成就王业，如今君侯听信小人的谗言不信任我，西河郡被秦国攻取的日子指日可待，魏国从此要被削弱了！吴起于是不再回魏国，投奔了楚国。燕昭王时乐毅拜燕国上将军，为燕国攻下七十多座城池。燕惠王即位，对乐毅由不满而升至不信任，处处排挤，乐毅无奈，逃往赵国。孙坚向袁术说这两个人的例子，其实是在警告袁术，再这样不信任自己的话，他只能像吴起、乐毅那样离袁术而去。袁术想了想，发现他现在还离不开孙坚。袁术下令，向孙坚所部重新调拨军粮。

关东联军南线战事出现反复，给董卓从容撤退留够了时间。在北线，自从王匡由黄河岸边撤回怀县后，那里基本处于无战事状态。袁绍、王匡态度的消极，使得董卓可以抽调人马去对付孙坚。为对付袁绍，董卓还想出了一个新办法。

初平元年六月，董卓派出一个“特使团”来到怀县，对袁绍等人进行招抚。“特使团”由韩融、阴修、胡母班、吴修等一批重臣组成，这些人品秩都在二千石上下，是朝廷重臣。《后汉书·献帝纪》记载：“六月辛丑，光禄大夫种拂为司空。大鸿胪韩融、少府阴修、执金吾胡母班、将作大匠吴修、越骑校尉王瑰安集关东。”

但是，特使团刚到河内郡，还没有展开工作，就被袁绍下令抓了起来。袁绍以关东联军盟主的身份命令王匡把他们收押入狱，并告诉王匡，让他做好准备，要拿董卓派来的这些特使祭旗。谢承《后汉书》记载：“匡受绍旨，收班系狱，欲杀以徇军。”王匡大吃一惊，因为这些人虽是董卓派来的，但本质上跟董卓并非一路人，他们都是士人，有的还曾是著名的党人，比如大鸿胪韩融在士人中就声名甚盛，在“党锢之祸”中曾受到迫害。还有执金吾胡母班，早年曾名列党人“八厨”之中，并且他还有一个身份：王匡的妹夫。袁绍的命令让王匡深为不解，也痛苦不已，但还是接受了命令。胡母班更无法理解，他在狱中写信给王匡，其中写道：

足下拘仆于狱，欲以衅鼓，此何悖暴无道之甚者也？仆与董卓何亲戚？义岂同恶？足下张虎狼之口，吐长蛇之毒，恚卓迁怒，何其酷哉！死者人之所难，然耻为狂夫所害。若亡者有灵，当诉足下于皇天。夫婚姻者祸福之几，今日著矣。曩为一体，今为血仇，亡人二女，则君之甥，身没之后，慎勿令临仆尸骸。

胡母班写道：你把我抓进监狱，听说又要拿我们祭旗，这是何等的暴虐无道至极啊。我跟董卓有亲戚关系吗？我跟着他做过什么坏事吗？现在，你张着虎狼之口，吐着长蛇之毒，把对董卓的愤恨迁怒于我，这何其残酷，赴死是一件困难的事，更耻为狂夫所害，如果死后有灵，我将在皇天那里控告你！胡母班还悲叹道：唉，所谓姻亲，到底是福是祸，我今天算是知道了，过去是一家人，现在却是血仇，我有两个小女儿，是你的外甥女，我死后，拜托你千万不要让她们在我的尸体旁哀哭！看到妹夫的信，王匡痛苦不已，只有抱着胡母班的两个女儿痛哭，而胡母班最后仍然被处死了。

董卓派出的“特使团”，除韩融德高望重又跟袁绍的父辈、祖父辈都有交往而免于一死外，其他几个人都被杀害了。其实，董卓并没有打算真的能把袁绍等人劝回头，他知道有些事情可以劝动，有些事情是没法劝的。但董卓还是派这些人去，名单是他精心挑选的，都是一些有声望的士人，袁绍为难他们，董卓才高兴。袁绍把这些人杀了，董卓更高兴，这些人跟袁绍等人在本质上没有区别，袁绍杀他们，就是自相残杀。

这是董卓阴损的一招，而袁绍竟轻易中招，让人实在看不明白。有人认为，这是因为滞留在洛阳的袁氏刚刚被董卓灭族，袁绍出于报复才如此残忍。但是，袁绍也许想得更多，少帝刘辩被杀后，作为汉灵帝在世的唯一继承人，汉献帝刘协的合法性问题慢慢不再被大家所提及，在袁绍看来，这将极大削弱关东联军的斗志，时间长了有被对手瓦解的可能。杀了董卓派来的“特使团”成员，就是要告诉大家关东联军与董卓集团势不两立，永远无法调和，战争没有结束，而是刚刚开始。但这似乎是袁绍的一厢情愿，关东联军各支人马都有自己的盘算，有些事情袁绍说了并不算。

王匡早年轻财好施，以任侠而闻名，与大学者蔡邕关系很好，但杀胡母班事件发生后，蔡邕对王匡的看法发生改变，再提到王匡时就称他为“逆贼”。比如，蔡邕在《表贺录换误上章谢罪》中写道：“今月十八日，臣以相国兵讨逆贼故河内太守王匡等，屯陈破坏，斩获首级，诣朝堂上贺。”胡母班被杀后，其亲属不胜愤怒，后来联合曹操把王匡杀了报仇。《三国志·武帝纪》裴松之注引谢承《后汉书》记载：

匡先杀执金吾胡母班。班亲属不胜愤怒，与太祖并势，共杀匡。

与曹操有关的这件事是怎样发生的，又发生在何时？这些均不详。不过，有一点可以肯定，这件事与袁绍有很大关系。如前所述，汴水失利后的曹操正依附于袁绍，曹操杀王匡一定是袁绍所认可的，甚至是袁绍所指使。至于袁绍为什么利用完王匡之后又将其除掉，史书没有记载。不管怎样，袁绍这个关东联军的盟主带头搞分裂，下面自然乱了。

果然，不久后又发生了刘岱杀桥瑁事件，在当时这也是一件大事。刘岱是兖州刺史，桥瑁是东郡太守，东郡属兖州刺史部，二人有隶属关系，且在酸枣一起会过盟，他们自相残杀，标志着酸枣会盟乃至关东联军已经瓦解。关于这件事情，史书的记载十分简略，只在《三国志·武帝纪》中有一句话："刘岱与桥瑁相恶，岱杀瑁，以王肱领东郡太守。"刘岱为了什么事与桥瑁交恶？酸枣盟誓言犹在耳，究竟发生了什么？接替桥瑁的王肱又是谁？这件事情的背后还有没有袁绍的身影呢？桥瑁伪作"三公移书"，其中强调"以袁绍为盟主"，可以看作袁绍一党；刘岱与袁绍的妻子刘氏同族，袁绍"令妻子居岱所"，自然也是袁绍一党。都是袁绍的人，似乎没有在其中挑拨离间或指使内斗的必要。然而，这只是表面现象，背后的情况或许复杂得多。《续汉书·五行志》李贤注引应劭的话：

关东义兵先起于宋、卫之郊，东郡太守桥瑁负众怙乱，陵蔑同盟，忿嫉同类，以殒厥命。陈留、济阴迎助，谓为离德，弃好即戎，吏民歼之。

应劭是汉末学者、《风俗通义》的作者，同时也是泰山郡太守，后归附袁绍，可以看作袁绍的人，所以他的话带有一定倾向性。在这段话中应劭提到了三个人，分别是东郡太守桥瑁、陈留郡太守张邈和济阴郡太守吴资，应劭认为他们是一个破坏关东联军同盟的小团伙，应该遭到众人唾弃。如果按照这个思路去看，关东联军内部其实已经分化，桥瑁、张邈、张超、吴资是一派，被曹操所杀的王匡或许也在这一派中，而袁绍、曹操、刘岱是另一派。酸枣会盟刚过几个月，这两派便已发生了严重内讧，王匡、桥瑁先后被杀，所部分别并入袁绍、刘岱的麾下。

以上虽属分析，但之后事情的发展完全符合这种推测：到了第二年，王肱被黄巾军余部击败，袁绍顺势安排曹操接任东郡太守，刘岱对此并无怨言；后来刘岱也死于黄巾军余部之手，曹操顺势接替他出任兖州牧；再往后，张邈、张超与袁绍之间的矛盾彻底爆发，二人联合吕布在兖州发动叛乱，公开向曹操宣战，袁绍则坚定支持曹操；在曹操与张邈、吕布苦战过程中，济阴郡太守吴资站在张邈、吕布一方，甚至成为吕布的部将。

五、陶谦的算计

关东联军发生了内讧，削弱了对凉州军的进攻。初平元年春天东汉朝廷即已西迁至长安，但一直到这一年冬天，洛阳仍在董卓控制之下。董卓不仅没有立即撤退，而且打得十分主动。

董卓的主要对手仍是南线的孙坚，中线的酸枣、北线的河内郡均处于相对平静状态。在南线，董卓调集重兵，不仅抵挡住了孙坚的进攻，而且将战线不断向南压制，一度打到袁术的大本营鲁阳县附近。袁术此时驻扎在鲁阳城中，孙坚则在鲁阳城东扎营。孙坚派长史公仇称去催促军粮，为此集合官属设帐饮酒，为公仇称送行。孙坚正与部属们饮酒谈笑，胡轸的先遣骑兵突然出现。孙坚听到消息，吃了一惊，但他不动声色，命令部队整顿阵容，不得妄动，自己则继续饮酒，谈笑自若。敌人的骑兵越来越多，孙坚才慢慢起身离开席位，引导将士们有条不紊地进入鲁阳城。胡轸见孙坚兵马整齐、纪律严明、斗志旺盛，不敢攻城，于是撤兵离去。《三国志·孙坚传》记载：

当进军讨卓，遣长史公仇称将兵从事还州督促军粮。施帐幔于城东门外，祖道送称，官属并会。卓遣步骑数万人逆坚，轻骑数十先到。坚方行酒谈笑，敕部曲整顿行陈，无得妄动。后骑渐益，坚徐罢坐，导引入城，乃谓左右曰："向坚所以不即起者，恐兵相蹈藉，诸君不得入耳。"卓兵见坚士众甚整，不敢攻城，乃引还。

孙坚不愧是孙武之后，即便危急关头也能不战而屈人之兵，充分显示其善于用兵的胆略与才能。战场上虚虚实实，变幻无常，作为将领，必须学会心理战。在面临生死存亡的紧要关头，将领临危不惧的气质能起到安抚人心的作用。如果一遇险情便人心惶惶，乱作一团，各自逃跑入城，不仅会造成踩踏，而且容易让敌人看出破绽，放手进攻。既然已经无法改变现状，那就将计就计，故意装作不当回事，以疑设疑，使敌生疑，敌人不敢立即攻击，为化解危机创造条件。汉末三国的历史上并没有发生过诸葛亮设空城计，与空城计有关的战例倒有三个，此战是其中之一，也是最早的一个，另外两个战例分别与曹操、赵云有关。

长史是重要属官，公仇称作为孙坚的长史，看来不是普通的角色，但他在史书中却只有这一次被提到。在孙吴阵营中，早期追随孙坚的有程普、孙贲、孙河、徐琨、黄盖、韩当、朱治等人，他们在日后都有较大作为，而此时的公仇称在孙坚身边的地位和作用不亚于他们，甚至超越他们，但公仇称从此便寂寂无闻，较为合理的解释只有一个，那就是很早便战死了。

这场发生于初平元年冬天的鲁阳之战表明，袁术、孙坚所部与凉州军仍陷于对战的状态，在局面上看后者还处于上风。放弃洛阳、将主力退至关中是董卓的既定方针，但越是要撤退，越要做出主动进攻的架势。这样做，一方面为战略撤退赢得充裕时间，保证后退过程中不出现风险；另一方面削弱了对手的有生力量，有利于日后的战略对峙。

除了要对付孙坚，董卓还要对付在洛阳附近的一支反董武装，它的领头人是老将军朱儁。当初，朱儁不肯担任董卓的助手，让董卓很不高兴。但朱儁很有威望，军事经验也很丰富，担任过右车骑将军一职，董卓仍然幻想着能将其收服，为己所用，所以任命朱儁为河南尹，让他率领少量人马在洛阳一带活动，阻止北线、中线关东联军的进攻。

然而，朱儁脱离董卓的控制后便与关东联军建立了联系。朱儁想趁机策应关东联军从东面进攻洛阳，但实力单薄，关东联军的各位首领正忙于内讧、抢地盘，响应得也不够有力，结果朱儁失败了，被迫南逃荆州避难。董卓随后任命了一个名叫杨懿的人担任河南尹，接替朱儁，在洛阳周围驻扎。哪知朱儁又杀了回来，打跑了杨懿，屯兵在洛阳以东的中牟。《后汉书·朱儁传》记载：

卓后入关，留儁守洛阳，而儁与山东诸将通谋为内应。既而惧为卓所袭，乃弃官奔荆州。卓以弘农杨懿为河南尹，守洛阳。儁闻，复进兵还洛，懿走。儁以河南残破无所资，乃东屯中牟，移书州郡，请师讨卓。

关东联军举事前后，徐州刺史陶谦一直持沉默态度。如今，看到董卓虽仍然占据着洛阳且气势不减，但明白其大势已去，全面败退只是时间问题，所以突然表态支持朱儁。《后汉书·朱儁传》记载，陶谦表奏朱儁“行车骑将军”，即代理车骑将军一职。为表示对朱儁的支持，陶谦还派出三千名精兵归朱儁指挥。

一向坐山观虎斗的陶谦，为什么突然表明自己的立场呢？除了看到董卓必然失败外，背后其实还有着许多算计。具体来说，陶谦此举是针对袁绍的。袁绍自称车骑将军，地位不仅高出关东联军的所有人，也高出了陶谦。董卓在洛阳时，陶谦不跟袁绍计较，现在进入“后董卓时代”，以后关东地区谁是真正的主宰者需要明确一下。在陶谦看来，袁绍显然不配。于是陶谦把朱儁抬出来，袁绍自称车骑将军，陶谦就弄出一个“行车骑将军”的名号，显然是对袁绍的否定。

不过，陶谦的这个算计并未奏效，不是袁绍反对，而是董卓不答应。董卓听说朱儁在洛阳一带拉起了一支反对自己的人马，而且正在向洛阳以西地区发起进攻，于是派尚未西撤的凉州军一部杀了过来。李傕、郭汜指挥数万凉州军进攻朱儁，朱儁手中只有区区几千人马，不敢正面迎战，于是退到中牟一带，长期在那里驻扎。

六、公孙度与刘表

朝廷迁至长安后，虽然条件简陋，但在王允努力下，朝廷的日常活动和礼仪都基本按照各项制度运行。袁宏《后汉纪·孝献皇帝纪》记载，初平元年四月，王允上奏：“太史王立说《孝经》六隐事，令朝廷行之，消却灾邪，有益圣躬。”汉献帝认为帝王当修德政，不必刻意研读《孝经》。王允仍坚持：“立学深厚，此圣人秘奥，行之无损。”汉献帝这才同意。于是常择吉日，由王允、王立入宫为汉献帝讲解《孝经》，每次一章。为让汉献帝加深理解，每次还立起一面一丈二尺的竹席，上面画着九宫格的图画，图画中所表现的都是《孝经》中的故事。

就在这个月，汉献帝还发布诏令，征幽州牧刘虞为太傅。两年前，幽州张举、张纯发动叛乱，因为刘虞在北方威信很高，汉灵帝便任命刘虞为幽州牧，让他去稳定幽州。刘虞到任后精简部队，广施恩惠，对叛军分化瓦解，悬赏通缉张举、张纯。二人逃到塞外，其余的人也都投降或逃跑了。前一年三月，张纯被手下杀死，首级送至刘虞处，汉灵帝派使者升刘虞为太尉，封容丘侯。刘虞先是推让，并举荐卫尉赵谟、益州牧刘焉、豫州牧黄琬、南阳郡太守羊续担任此职，但汉灵帝最终还是拜刘虞为太尉。当时拜三公的人都要往西园缴纳巨额“礼钱”，因为刘虞一向有清廉的名声，加上平叛有功，汉灵帝特意免去了刘虞的这笔钱。董卓窃权后，派使者升刘虞为大司马，封襄贲侯。

幽州本来是一个穷州，财政方面需要青州、冀州的补贴，但这时各地逐渐乱了起来，交通断绝，无法调度金钱。刘虞于是在幽州实施宽政，劝导百姓种田，开放上谷的市场与北方少数民族进行商品交易，又开采渔阳的盐矿和铁矿，增加收入，青州、徐州等地因战乱而流亡至幽州的人也有不少，增加了幽州的劳动力，幽州因此逐渐繁荣起来。刘虞虽为三公，但十分勤俭节约，平时穿着破旧的衣服，每顿饭不吃一道以上的荤菜。

现在，朝廷下诏征刘虞为太傅。东汉三公之上另设太傅一人，“掌以善导，无常职”，前任太傅袁隗已被杀害。董卓自任相国，觉得在名分上应该给刘虞也再升一级，于是想到了太傅这个头衔。不过，幽州远在边陲，与长安之间道路遥远，即便刘虞肯来上任，也无法成行。《后汉书·刘虞传》记载："初平元年，复征代袁隗为太傅，道路隔塞，王命竟不得达。"征刘虞为太傅，更多的是象征意义，体现的是对刘虞的拉拢。作为汉朝宗室，刘虞对董卓的评价却很差，称之为"贼臣"。《三国志·田畴传》记载："初平元年，义兵起，董卓迁帝于长安。幽州牧刘虞叹曰：'贼臣作乱，朝廷播荡，四海俄然，莫有固志。身备宗室遗老，不得自同于众。今欲奉使展效臣节，安得不辱命之士乎？'"无论怎样拉拢，刘虞都不会跟董卓走到一起，董卓对此也心知肚明。但董卓依然给刘虞以很高的地位，这样做的目的并不是指望刘虞支持自己，而是避免刘虞跟袁绍等人走到一起。

不得不说，自从清除了潜伏在身边的几名卧底后，董卓的政治智慧也一点点显露出来，他是一介武夫，却并不鲁莽，在政治上也有自己的盘算。在征刘虞为太傅前后，董卓在地方州郡布局方面还有两个重要举措：一是派公孙度出任辽东郡太守，二是派刘表出任荆州刺史。

公孙度字升济，原籍幽州刺史部辽东郡襄平县（今辽宁省辽阳市），在他父亲公孙延的时候，为了避难逃到玄菟郡（郡治在今朝鲜咸镜南道咸兴）。客居在玄菟郡的公孙延一家人，过的是背井离乡、朝不保夕的生活，不可能送儿子公孙度去上学。公孙度命运的第一次改变是因为他的名字，他原来不叫公孙度，而叫公孙豹，这个名字给他带来了好运。当时的玄菟郡太守名叫公孙琙，有个儿子也叫公孙豹，并跟公孙度年龄相仿，公孙琙的儿子公孙豹死得早，看到公孙延的儿子公孙豹后很喜欢，出钱送他读书，又帮他娶了妻室，把他当成自己的儿子一样。

公孙度后被推荐到朝廷尚书台工作，靠着自己的努力步步高升，最后竟然做到了冀州刺史，但不知道什么原因又被免了官。董卓手下的虎将徐荣也是玄菟郡人，跟公孙度是同乡，二人关系很好。初平元年，董卓考虑任命一批人到地方任职，以培养自己的势力，与关东联军对抗。徐荣得到消息，力荐公孙度担任辽东郡太守，董卓同意了。《三国志·公孙度传》记载："同郡徐荣为董卓中郎将，荐度为辽东太守。"不过，《后汉书》说公孙度是在中平元年（184）"还为本郡守"的，这时刚刚发生了黄巾起义，董卓以中郎将的身份讨伐黄巾军，还没有控制朝廷，自然无法决定一个郡太守的任命。公孙度既然是被徐荣推荐而担任辽东郡太守的，时间应在董卓掌权的189年之后，所以《后汉书》所说的"中平"应是"初平"之误。

辽东郡大体相当于今天的辽东半岛，治所就在公孙度的老家襄平县，管辖面积很大。公孙度走马上任，开始并不顺利。因为在家门口当官，很多人知根知底，觉得这家人过去活得很卑微，现在摇身一变却成了人上人。有人心理上接受不了，不太服气，襄平县令公孙昭就是其中的一个。公孙度正想找点事情立威，于是选中了公孙昭，找了个理由将他抓起来，在集市上公开审判并处刑。一顿板子下去，把公孙昭活活打死了。这还不够，公孙度对当地的不法豪强以及黑恶势力大开杀戒，将田韶等百余户豪强灭族。如此一来，举郡震撼，没有人再敢挑战公孙度了。

之后，公孙度整顿人马，讨伐玄菟郡的乌桓人和高句丽人，势力不断扩展。辽东一带与内地远隔千山万水，与幽州刺史部的治所蓟县也遥不相闻，幽州牧刘虞虽然是公孙度的上司，但没有力量管他。公孙度有了实力，野心不断膨胀起来，他曾对心腹柳毅、阳仪说汉室气数将尽，未来可以考虑称王的事。《三国志·公孙度传》记载："初平元年，度知中国扰攘，语所亲吏柳毅、阳仪等曰：'汉祚将绝，当与诸卿图王耳。'"

公孙度在控制区不断新设郡县，自行任命郡太守、县令，还把辽东郡分割为辽西郡和辽中郡，又渡过渤海，夺取了属于青州刺史部的东莱等县，在那里设置了所谓的"营州刺史部"，任命了州刺史。公孙度将辽东地区的郡县称为"平州刺史部"，自任"平州牧"，还自封"辽东侯"，修建了汉高祖刘邦、汉光武帝刘秀的祭庙，代表皇帝进行祭祀，以天子的名义发号施令，出入时用天子的仪仗，俨然成了土皇帝。

刘表之前被何进任命为北军中候，是何进的人。从政治倾向上看，刘表与激进的袁绍等人不太一样，他对朝廷是比较忠心的。刘表是汉室宗亲，又是名士王畅的学生，在社会上早有一定知名度。董卓掌权后重用名士，刘表被董卓看中。孙坚杀了荆州刺史王叡，朝廷要派一位新的荆州刺史，刘表被董卓选任为荆州刺史。但是，除了朝廷的一纸任命诏书，董卓什么都给不了，刘表是单人匹马去的荆州。

此时的荆州已经让孙坚搞得一团糟，好在孙坚北上南阳郡后便在那一带活动，荆州除南阳郡外还有六个郡，刘表便把精力放在了这些郡的整合和治理上。当时，在这六个郡里也有很多强人，大的势力有苏代、贝羽、张虎、陈生、庞季、蔡瑁、黄祖等，他们要么是豪强、土匪，要么是豪族，各有自己的势力范围，并不把刘表放在眼中。刘表是一个很有本事的人，在困难面前没有退缩。荆州刺史部的治所在汉寿（今湖南省汉寿县），刘表没有去那里，而是去了宜城（今湖北省宜城市），因为他有一个好朋友在此处。

刘表的这个好朋友就是与他一同在何进大将军府共过事的蒯越。蒯氏是荆州大族，在宜城一带很有势力。《三国志·刘表传》裴松之注引司马彪《战略》记载，在蒯越的支持下，蒯良、蔡瑁、庞季等人都愿意帮助刘表。针对当时荆州纷乱如麻的形势，刘表想征兵，又怕民众不愿从军，就此问题向蒯越、蒯良请教。蒯良据说是蒯越的哥哥，对刘表说“众不附者，仁不足也，附而不治者，义不足也”，言下之意应该施行仁义。仁义当然要讲，但刘表是一个务实主义者，他满脑子都是现实问题。刘表又问蒯越该怎么办，蒯越说“治平者先仁义，治乱者先权谋”。刘表对这个更感兴趣，请他详细说说。蒯越于是说道：

兵不在多，在得人也。袁术勇而无断，苏代、贝羽皆武人，不足虑。宗贼帅多贪暴，为下所患。越有所素养者，使示之以利，必以众来。君诛其无道，抚而用之。一州之人，有乐存之心，闻君盛德，必襁负而至矣。兵集众附，南据江陵，北守襄阳，荆州八郡可传檄而定。术等虽至，无能为也。

蒯越认为兵贵精不贵多，重要的是能得到他们的忠心和支持，袁术为人勇有余而智谋不足，至于苏代、贝羽，都不过一介武夫，不必多虑，宗贼的首领大多贪婪残暴，其部下对他们也心存顾忌。蒯越表示，自己手下有一些有本事的人，只要派遣他们到宗贼首领那里加以利诱，宗贼首领们必定率众而来，只要把握时机，诛杀那些残暴无道的首领，安抚收编他们的部众就可以了，如此一来，荆州的军民百姓都会因为你的恩德扶老携幼而至，到时候军归民附，向南占据江陵，向北扼守襄阳，那么荆州八郡可以传檄而定，即使袁术等人拥兵而至，也无能为力了。刘表听完这番话，大为兴奋，依蒯越的计策而行。

蒯越没有说大话，他确实有一定实力。蒯越派手下的人去游说宗贼首领，前后有55名首领前来归附，刘表、蒯越把他们聚在一起，全部杀了，然后收编这些首领的部下，对其中的大小头领一一任命官职。只剩下张虎、陈生领兵守在襄阳城，蒯越和庞季亲自进城劝说他们，二人投降。于是，刘表占据了以襄阳为核心的整个南郡，索性把荆州刺史部的治所也迁到襄阳，不再去汉寿就任。正如蒯越分析的那样，南郡平定后，不费一兵一卒，荆州的江夏郡、长沙郡、武陵郡、零陵郡、桂阳郡等都先后归附了刘表。

在刘表收服的这些地方实力派中，黄祖是最为重要的一个。作为刘表的部将，黄祖后来伏杀了孙坚，面对孙策、孙权的进攻，他坚持了八年之久，其间射杀了凌操、徐琨等孙吴名将。这些战绩表明，黄祖在汉末三国的历史舞台上绝对算一个重量级人物。

可是，在史书上几乎找不到有关黄祖的出身记载。黄祖归附刘表后被任命为江夏郡太守，由此推测他可能是江夏郡的地方实力派，或许就是江夏郡人。西汉时江夏郡辖有西陵、竟陵、西阳、沙羡、襄县、钟武等十四个县，东汉时撤销襄县和钟武县，新置平春县和南新市县，郡治在西陵县（今湖北省武汉市新洲区境内）。江夏郡属大郡，所辖范围北至今河南省信阳市、南至湖北省咸宁市、西到湖北省钟祥市、东至湖北省黄石市，是荆州刺史部的东大门。

在汉末的江夏郡，安陆县（今湖北省安陆市）黄氏是一个大族，不久前因反对董卓迁都长安而被免职的太尉黄琬就出自这个家族。黄琬的父亲黄琼也曾任太尉，曾祖父黄香曾任尚书令，安陆黄氏虽不如汝南郡袁氏那样达到“四世三公”的程度，但也是一个政治世家。如果黄祖出身于安陆县黄氏一族，他在地方上拥有巨大影响力也就容易理解了。

黄祖依附刘表后，他的儿子黄射也受到刘表的重用，被任命为章陵郡太守。东汉的荆州七郡中没有章陵郡，这个郡是刘表新设的，治所在章陵县（今湖北省枣阳市南）。章陵县原隶属于南阳郡，该郡的大部分地区长期被袁术、孙坚占据，后来落入张绣、曹操之手，但刘表也占有其中的一小部分，章陵郡就是刘表分出所控制的南阳郡部分县而成的新郡。刘表任命的首任江夏郡太守是蔡瑁，首任章陵郡太守是蒯越，后来分别由黄祖父子接任，显示出刘表对黄祖父子的重视，也显示出黄祖父子在荆州，尤其是在江夏郡的巨大影响力。黄祖父子依附刘表后自身仍保持一定的独立性，但作为一项互相利用的交易，黄祖在关键时刻也要为刘表做出贡献。这就解释了后面将要发生的事情：当袁术命孙坚进攻襄阳时，黄祖所部虽不是刘表的嫡系，刘表却能调动他去迎战，甚至成为迎击孙坚的主力。

七、“迭毁宗庙议”

汉献帝刚到长安时，稍稍安顿后就前往汉高祖刘邦的高庙祭祀。祝词是蔡邕写的，他也到达了长安。作为文学家和诗人，西迁长安的这一路想必给蔡邕留下了刻骨难忘的印象。《蔡中郎集》中保存有《初平诗》的残句，只有两句：“暮宿河南怅望，天阴雨雪滂滂。”时值初春，逃难途中夜宿于旷野，细雨夹着小雪纷纷袭来，湿透了衣服，凉透了内心。

这次祭祀高庙，蔡邕代天子撰写了《告迁都祝嘏辞》。从文体上看，这篇祝词属《周礼》“六祈”中的“造”祭，祝词中没有祈求的内容——大概也觉得无颜吧，只是告知先祖此次迁都的背景，要祖先在天之灵知晓。祝词全文如下：

嗣曾孙皇帝某，敢昭告于皇祖高皇帝，各以后配。昔受命京师，都于长安，国享十有一世，历年二百一十载。遭王莽之乱，宗庙隳坏。世祖复帝祚，迁都洛阳，以服中土，享一十一世，历年一百六十五载。予末小子，遭家不造，早统洪业，奉嗣无疆。关东吏民，敢行称乱，总连州县，拥兵聚众，以图叛逆。震惊王师，命将征服。股肱大臣，推皇天之命，以已行之事，迁都旧京。昔周德缺而《斯干》作，应运变通，自古有之。于是乃以三月丁亥，来自雒。越三月丁巳，至于长安。敕躬不慎，寝疾旬日，赖祖宗之灵，以获有瘳。吉旦斋宿，敢用洁牲，一元大武，柔毛刚鬣，商祭明视，香合嘉蔬香萁，咸鹾丰本，明粢醴酒，用告迁来。尚飨！

古人重宗庙，《左传·成公十三年》称“国之大事，在祀与戎”。所谓宗庙，就是供奉祖先的场所。《说文解字》指出：“庙，尊先祖貌也。”段玉裁解释：“尊其先祖，而以是仪貌之，故曰宗庙。诸书皆曰，庙，貌也。……古者庙以祀先祖。凡神不为庙也，为神立庙者，始三代以后。”《释名》也云：“庙，貌也，先祖形貌所在也。”《礼记·曲礼下》指出：“君子将营宫室，宗庙为先，厩库为次，居室为后。”

天子的宗庙制度初创于西周，当时规定天子立七庙，诸侯立五庙，大夫立三庙，士立一庙，庶人无庙，以此区分亲疏贵贱。《周礼》记载：“辨庙祧之昭穆。”郑玄注：“自始祖之后，父曰昭，子曰穆。”意思是，始祖在宗庙中居中，以下子孙分别排列左右，左为昭，右为穆。具体情形是：始祖为穆，始祖之子为昭；始祖之孙为穆；始祖孙之子又为昭；始祖孙之孙又为穆。在昭穆排列中，通常是降序单线排列，以保证父子始终异列，避免“并肩而立”的尴尬，而祖孙则始终同列。

秦汉时宗庙制度达到成熟，总体实行的仍是七庙制度。王莽时，曾实行过九庙制度。刘秀建立东汉后以中兴自居，为此认真承袭了西汉的各项制度，精心编排了由西汉宗室承袭而来的刘氏谱系，虔诚地奉祀着西汉的宗庙，正因为如此，当时才没有人怀疑东汉是一个全新的王朝，而认为它是西汉的延续。刘秀驾崩后汉明帝刘庄继位，他面临一个宗庙制度方面的难题：应该将汉光武帝刘秀的灵位供奉在哪里？如果延续西汉的宗庙制度，应将刘秀的神主与西汉各皇帝神主合祭在洛阳高庙，但这样一来显示不出刘秀中兴汉室的特殊功勋，于是汉明帝在洛阳为刘秀单独设立了宗庙。这样，洛阳就有了两个宗庙系统：一个是原来的高庙系统，合祭汉高祖等皇帝；另一个是刘秀的世祖庙系统，单独祭祀汉光武帝刘秀。

宗庙制度上的这种变化并没有引起多少争议，因为刘秀确实够得上这样的尊崇，加上那时是在洛阳，也没有关注其中有何不妥。而现在，朝廷被迫迁往长安，西汉的高庙和诸皇帝陵寝都在这里，以后祭祀的话又该怎样安排呢？如此复杂的工作只能交给蔡邕这样的大学者来完成，蔡邕经过思考，于初平元年冬天提出一项建议，即“宗庙迭毁议”，主要内容如下：

臣谨案礼制七庙，三昭三穆，与太祖七，孝元皇帝世在第八，光武皇帝世在第九，故以元帝为考庙，尊而奉之。孝明遵述，亦不敢毁。元帝于今朝九世，以七庙言之，则非所宗，亲尽宜毁。八月酬报，可出元帝主，比惠、景、昭、成、哀、平帝，五年而再殷，合食于太祖。孝章皇帝、孝安皇帝、孝桓皇帝亲在三昭，孝和皇帝、孝顺皇帝、孝灵皇帝亲在三穆，庙亲未尽，四时常陈。孝和以下，穆宗、恭宗、敬宗、威宗之号，皆宜省去，以遵先典殊异祖宗不可参并之义。今又总就一堂，崇约尚省，不复改作，惟主及几筵应改而已。正数世之所阙，为无穷之常典，稽礼制之旧则，合神明之欢心，臣愚戆，议不足采。

东汉世祖庙体系发展至汉灵帝时，除汉殇帝、汉冲帝、汉质帝等三位皇帝的神主没有纳入其中外，汉光武帝、汉明帝、汉章帝、汉和帝、汉安帝、汉顺帝、汉桓帝等七位皇帝都获得了“祖”或“宗”的庙号，在世祖庙合祀，加上西汉的五位世世不毁的皇帝神主，实际供祀的总庙数竟达十二庙之多，远超周朝以来的七庙。蔡邕建议废除汉和帝以下各帝的庙号，恢复为七庙。

这里面有一个问题：汉和帝及以下仅四庙，十二庙减去四庙后应为八庙，难道是蔡邕算错了？对此，有不同的解释：袁宏在《后汉纪·孝献皇帝纪》中认为蔡邕所说的七庙指的是汉高帝、汉文帝、汉武帝以及汉献帝的高祖、曾祖、祖父和父亲；司马彪在《续汉书》中认为是汉高帝、汉文帝、汉武帝、汉光武帝、汉明帝、汉章帝、汉和帝；《全上古三代秦汉三国六朝文》的编者严可均认为是指汉光武帝、汉明帝、汉章帝、汉和帝、汉安帝、汉顺帝、汉桓帝。无论哪种方案，都没有汉献帝的父亲汉灵帝刘宏。

蔡邕的方案上报汉献帝后得到诏准，于是迁都至长安的东汉朝廷便以新的七庙制度进行祭祀。对于蔡邕提出这个方案的动机，明末清初学者王夫之认为是出于个人恩怨。王夫之认为，汉灵帝在位期间蔡邕屡遭迫害，被迫亡命江海，他对汉灵帝充满怨恨，如果按照原来的做法，那么汉灵帝也可以获得“宗”的称号，这是蔡邕不想看到的。王夫之认为，蔡邕的做法与董卓完全一致，因为董卓就说过“刘氏种不足复遗”的话，由此看来，蔡邕愚蠢到了极点。王夫之在《读通鉴论》中指出：

以情理推之，邕岂但愚而已哉？邕之髡钳而亡命，灵帝使之然也。四帝可宗，则灵帝亦可宗矣。邕盖欲修怨于灵帝，而豫窒其称宗之路，邕于是而无君之心均于董卓，王允诛之，不亦宜乎。董卓曰：“为当且尔，刘氏种不足复遗。”邕固曰“刘氏之祖考不足复尊”。其情一也。故曰：邕非但愚也。虽然，神其可欺，神其可恫乎？则亦愚而已矣。

其实这件事情背后的主使者和决策者既不是汉献帝也不是蔡邕，而是董卓。虽然董卓此时仍未到达长安，但长安这边一直牢牢控制在他的手中。如此重大的事情，如果董卓不首肯，汉献帝或蔡邕都无法做成。董卓主张废除汉和帝以下诸帝庙，一方面是简化相关祭祀，另一方面是表明自汉和帝以下各位皇帝在位期间毫无建树、功德凉薄，而且也并非按照嫡长子世袭制度继的位。董卓之所以强调这些，是为自己进一步篡权制造舆论。至于蔡邕，只不过是被利用的工具而已。他骨子里是忠君的，即便之前有过一些不公平遭遇，但也不至于向当朝天子的父亲发泄个人的不满吧？

第三章

全面混战

191—192年

一、又一场废立闹剧

转眼到了初平二年（191）正月，这时的关东联军已名存实亡，酸枣也人去营空。袁绍还在河内郡怀县，看到联军内部不断发生内讧，他的心中却并不着急，也许这些都在他预料之中。袁绍这时关注的，是自己如何在一片乱局中占据更有利的位置。经过一番考虑，袁绍提出了一个惊人计划：另立新天子。

在袁绍的心里，被董卓杀掉的前少帝刘辩才是汉灵帝的法定继承人，刘协不仅登基的程序不合法，而且是不是汉灵帝的血统都有疑问。这本是无稽之谈，但在当时有很多人相信。《三国志·袁术传》裴松之注引《吴书》就曾记载："时议者以灵帝失道，使天下叛乱，少帝幼弱，为贼臣所立，又不识母氏所出。"在对待汉献帝的态度上，袁绍向来与众不同：别人反董卓不反汉献帝，他则是董卓与汉献帝一起反。袁绍本来想在消灭董卓以后重新拥立刘辩复位，哪承想董卓下手更快，把刘辩毒死了。袁绍并不甘心，刘辩死了，就在其他刘氏宗亲中寻找，反正不承认董卓挟持下的“伪皇帝”。

一段时间以来袁绍一直醉心于这件事，他的想法得到了韩馥的支持。袁绍在这件事情上的任性和执意可以解释为一种野心，就当前形势而言，消灭董卓的势力才是当务之急，即使他这边立了一位新皇帝，也不能指望董卓让刘协退位，结果就是两个皇帝并立，国家将因此陷入分裂。这是一个严重的问题，可袁绍没有考虑那么多，他就是要另立一个朝廷与董卓抗衡，作为这个朝廷的缔造者，他应当具有无可争辩的地位。

问题是，找谁来当这个皇帝呢？袁绍与自己的智囊们找来找去，最终把目光锁定在幽州牧刘虞身上。刘虞是汉光武帝刘秀之子东海恭王刘强的五世孙，出身正统，家谱清晰可查，本人德高望重，长期担任朝廷的九卿，资历深厚。他外任幽州牧以来整顿地方，安抚边界的少数民族，深得众望。袁绍还得知，不久前董卓为拉拢刘虞，曾征刘虞为太傅，像刘虞这样有巨大影响力的人怎能被董卓拉走？袁绍更坚定了拥立刘虞为帝的决心。

方案一定，袁绍、韩馥就大造舆论。这时出现了金、木、水、火四星相聚于箕尾星宿的特殊天象，箕尾星宿对应的分野恰好为幽州，韩馥抓住机会，宣称燕国故地将诞生“神人”，明眼人一看便知，他指的是刘虞。接着，有人在代郡看见天空中同时出现了两个太阳，韩馥自然不放过，又大加渲染一番，认为当立新天子。袁绍、韩馥还暗中安排一个叫王定的济阴郡人，说是发现了一颗印，上面赫然写着“虞为天子”四个字。这当然是假的，而且假得欠缺水准，但也有不少人相信。《三国志·公孙瓒传》裴松之注引《吴书》记载：

是时有四星会于箕尾，馥称谶云神人将在燕分。又言济阴男子王定得玉印，文曰“虞为天子”。又见两日出于代郡，谓虞当代立。

韩馥给袁术写信，除了否定汉献帝的血统外，还引用西汉初年周勃、灌婴迎立代王的故事为拥立刘虞找依据，并反复称颂刘虞出身正统，广有功德。《三国志·公孙瓒传》裴松之注引《吴书》记载：“馥以书与袁术，云帝非孝灵子，欲依绛、灌诛废少主，迎立代王故事；称虞功德治行，华夏少二，当今公室枝属，皆莫能及。”汉高祖刘邦有八个儿子，第四子为刘恒，其母亲薄姬地位很低，原来是秦末魏王豹的一名妾，魏豹被杀后进入汉宫，虽然生下了刘恒，但平时很少能见到刘邦。薄姬生性与世无争，因为这一点，她反而被专权霸道的吕后所忽视，刘恒后来被封到偏远的代地为王，薄姬随儿子去了代地。刘邦死后诸吕作乱，绛侯周勃、老将灌婴联合陈平等诛杀吕氏诸王，迎立代王刘恒继位，刘恒即汉文帝。经过这番拨乱反正，西汉王朝才重新走上正轨，开启了“文景之治”和之后的“汉武盛世”。韩馥还声称，当年汉光武帝刘秀登基前担任的职务是大司马领河北军政，刘虞现在担任的大司马领幽州牧与其相仿，这些都是天意。

袁绍写信给各路联军首领陈述自己的想法，寻求支持。袁绍也给袁术写了信，争取他的支持，但遭到了拒绝。不过，袁术拒绝的原因并非出于公义，而是私心，因为袁术自己也想当皇帝，所以不愿意有人在他的前面称帝。《三国志·公孙瓒传》裴松之注引《吴书》记载："绍又别书报术。是时术阴有不臣之心，不利国家有长主，外托公义以答拒之。"

曹操这时已南下募兵归来，也在怀县，袁绍也征询了他的意见。曹操之前反对过许攸等人另立合肥侯为帝的行动，这一次也坚决予以反对。曹操认为董卓之罪暴于四海，我们这些人合大众、举义兵，天下无不响应，这都是因为忠义于朝廷，现在幼主微弱，受制于奸臣之手，但是还没到亡国的地步，一旦改易天子，天下谁来安定？曹操说得很郑重，他向袁绍等人表示，如果你们真要那样做的话，那么你们且北去，我独自西行。刘虞在北面，汉献帝在西面，曹操告诉袁绍，如果他另立朝廷，自己将不惜分道扬镳。这种掷地有声的话不排除是亲曹派史学家为树立曹操忠君形象编造的，但曹操一生中从未参与过类似的废立举动，这一点是肯定的。

一次，袁绍拿着王定献的那颗印在曹操面前晃了晃，故意让曹操看。曹操看了看，大笑道这种东西根本不可信。袁绍还想说服曹操，派人去做他的思想工作。去的人对曹操说现在袁公势盛兵强，两个儿子已经长大，天下群雄谁能超过他？言下之意让曹操看清形势，紧跟袁绍的步伐。但曹操仍不表态，心里对袁绍产生了反感，甚至暗中打算诛灭他。《三国志·武帝纪》裴松之注引《魏书》记载：

太祖大笑曰："吾不听汝也。"绍复使人说太祖曰："今袁公势盛兵强，二子已长，天下群英，孰逾于此？"太祖不应。由是益不直绍，图诛灭之。

不过，以曹操这时的实力，要与袁绍分道扬镳也只能想想罢了。在这段日子里曹操只能依附于袁绍，慢慢寻找机遇。这种心情低落的日子大概持续了一年，这恐怕是曹操一生中最不愿意回首的日子了。其间，曹操在怀县过着无所事事的生活，他所能控制的人马只有一千多人，其中一些人还是从南方招募来的。远离家乡，看不到光明前景，队伍中的人不断开小差，人数还在减少着。

为什么向来一呼百应的袁绍这一回说话不灵了？这是因为，众人心里都很清楚，另立天子是一个极其严肃的政治问题，弄不好就会身败名裂，而且将在历史上留下恶名，所以不肯表态。《三国志·袁术传》裴松之注引《吴书》记载，袁绍再次给袁术写信，提出"今西名有幼君，无血脉之属，公卿以下皆媚事卓"，认为长安的朝廷已无法理可言，所以"东立圣君，太平可冀"。袁术则复信，认为"圣主聪叡，有周成之质"，至于董卓专权，只不过是"汉家小厄之会"。袁术表示，此时应"上讨国贼，下刷家耻"，而不是谋求另立天子。袁术还表示，自己"志在灭卓，不识其他"。

面对这么多反对意见，袁绍、韩馥仍不肯放弃。没有人支持，他们就自己干。袁绍、韩馥搞了一份"拥戴书"，派前乐浪郡太守张岐带着前往幽州，向刘虞奉上皇帝的尊号，哪知刘虞根本不领情。《三国志·公孙瓒传》裴松之注引《九州春秋》记载，刘虞见到张岐，厉声斥责道："卿敢出此言乎！忠孝之道，既不能济。孤受国恩，天下扰乱，未能竭命以除国耻，望诸州郡烈义之士戮力西面，援迎幼主，而乃妄造逆谋，欲涂污忠臣邪！"张岐回来报告，袁绍这才心灰意冷。然而韩馥不甘心，又派人恳请刘虞出面"录尚书事，承制封拜"，也就是主持朝廷日常事务，代表皇帝分封爵位、任命官职。朝廷在长安，有天子、有百官，何须远在几千里以外的人主持日常工作？韩馥的意思还是造成两个朝廷的事实。刘虞仍然拒绝，并且放出了狠话，如果再逼，他就投奔匈奴人，让大家断绝念头。韩馥见刘虞态度如此坚决，这才打消念头。

这一次刘虞不仅拒绝了韩馥的建议，还把他派去的人杀了，准备派人到长安走一趟，向朝廷表明自己的忠心。由幽州刺史部去长安，道路遥远，一路上寇虏纵横，是一趟苦差，也很危险。刘虞跟手下的人商量派谁去合适，众人公推一个二十二岁的年轻人，说他最合适不过。这个人名叫田畴，字子泰，幽州刺史部右北平郡无终县（今河北省玉田县）人，好读书，善击剑，能文能武。刘虞把田畴找来，谈话之后十分高兴，就派他前往长安。田畴挑选了二十个人，都骑着马，不走中原，改出塞外，从漠北、朔方绕道前往长安，最后到达那里。董卓很高兴，如果刘虞真的接受了袁绍、韩馥等人上的尊号，他还是挺紧张的。董卓的战略是不与关东联军死磕，而让他们内斗。如果"群龙有首"，内斗的计划就不好实施了。现在好了，袁绍、韩馥白忙活一场，天下会出现两个朝廷的问题暂时不存在了。

二、袁绍反客为主

初平二年年初，袁绍与韩馥联合上演了一出失败的废立闹剧，但他们二人各怀心事。韩馥虽然奉袁绍为关东盟主，心里却并不愿意听他的。刘虞拒绝称帝后，韩馥又去劝他主持朝廷日常工作，这件事情就是韩馥一个人干的，矛头正是暗指着袁绍，因为袁绍以关东联军首领自居，基本上垄断了反董阵营的发言权和表奏权，不仅自称车骑将军，而且想任命谁就任命谁，俨然成了天子第二。韩馥对此有些不满，如果刘虞肯出面主持朝廷的日常工作，等于把反董势力的领导权从袁绍手里接了过去，袁绍再也不能那么神气了。

韩馥的心思袁绍当然懂，不过他现在还不能跟韩馥公开闹翻，他这个联军盟主还寄居在人家的地盘上，论势力他比韩馥差得远。袁绍于是加紧发展自己的力量，好在头上有盟主的光环，又因为一家五十多口被董卓诛杀而获得广泛同情，所以不愁没有人主动上门。首先来的是张杨，这个并州军旧将一直在河东郡、河内郡一带打游击。张杨不仅是丁原的部下，也在何进手下干过，正因这层渊源，张杨觉得袁绍也有资格来指挥他。

继张杨之后，南匈奴的一支在单于于扶罗的带领下也归顺了袁绍。匈奴曾经十分强大，是汉朝在北方的主要对手，但到东汉末年匈奴力量逐渐式微，内部又发生了严重斗争，最后分化为两部，一部南迁，即南匈奴，归附于朝廷，另一部远上漠北，淡出了中原的政治舞台，即北匈奴。南匈奴原来的单于名叫栾提羌渠，于扶罗是他的儿子。三年前南匈奴内部也发生一次政变，栾提羌渠被杀，须卜骨都侯被立为单于，于扶罗率众赴朝廷申诉苦情，后来便一直留居汉地。于扶罗想重回故地，却得不到朝廷准许。再后来，须卜骨都侯也在叛乱中被杀身亡，可是朝廷一直将单于之位空悬着，让南匈奴的老王管理部族事务，于扶罗很有怨言。汉灵帝驾崩前于扶罗趁乱与白波军联手，他自称单于，进犯并州刺史部太原郡、河内郡等地，朝廷当时任命董卓为并州牧，给他的主要任务就是讨伐于扶罗和白波军，但董卓没有心思做这些事，也没有人再去管于扶罗。一段时间以来，于扶罗的势力有所增强，成为一支不可忽视的军事力量。

有张杨、于扶罗两支队伍的呼应，袁绍的力量壮大了很多。韩馥却不希望袁绍强大，袁绍让韩馥负责关东联军的军粮供应，韩馥对此并不上心，经常克扣军粮，或以次充好。《后汉书·袁绍传》记载："馥意犹深疑于绍，每贬节军粮，欲使离散。"与此同时，韩馥也在抓紧发展自己的势力。韩馥是豫州刺史部颍川郡人，他当政冀州期间很重视人才引进，派人到老家招纳名士，荀谌、辛评、辛毗、郭图等一批人才来到了冀州。韩馥大概认为，要想坐稳位子就不能让下属太团结，而要设法让他们斗起来。作为一个外地人，韩馥最担心的就是压不住本土势力，所以他有意引进外人，制造派系斗争，以此平衡各种势力。

但是，这样做格局就小了，没有办法把手下的人真正凝聚在一起。韩馥手下虽然人才济济，但派系问题很严重，矛盾重重，这一点让袁绍的谋士逢纪看到了。《三国志·袁绍传》裴松之注引《英雄记》记载，逢纪对袁绍说现在举大事但后勤供应还仰仗别人，如果不能至少占据一个州，将来恐怕难以保全。袁绍对这一点很赞同，感叹说韩馥兵强马壮，咱们人马少，后勤供应又不足，如果冒险行动却没有成功，那连立足之地都没有了。逢纪不以为然，建议与公孙瓒联络，让他率兵南下攻取冀州，而公孙瓒肯定会来，那样韩馥就会害怕，到时候跟他陈说利害，韩馥一定会主动让位。逢纪这一招还是引外兵胁迫妥协的老办法，有理由怀疑当初将董卓引进洛阳的主意就是他出的。

不过，这一次逢纪成功了。袁绍按照逢纪的主意给公孙瓒写了一封信，相约合击韩馥，事成后瓜分冀州。袁绍和公孙瓒是人所共知的对头，但那是以后的事情，到此时为止二人还没有什么大的过节。当时幽州的形势是刘虞强、公孙瓒弱，刘虞威望高，又是公孙瓒的顶头上司，公孙瓒拿他没有办法，听说南面有便宜可占，公孙瓒欣然同意。公孙瓒领兵南下，口口声声要去讨伐董卓，但目标直指韩馥。韩馥听到后，果然吓得要命，勉强在安平打了一仗，被公孙瓒打败。《三国志·袁绍传》记载："后馥军安平，为公孙瓒所败。瓒遂引兵入冀州，以讨卓为名，内欲袭馥。馥怀不自安。"袁绍本可以直接出面向韩馥下手，但又觉得火候不够，于是走出了第二步棋：策反韩馥手下的头号将领麹义。

"麹"这个姓氏不多见，可能与边地少数民族有关。麹义早年就长期生活在凉州，精通羌人的战法，手下的人马都是精锐。麹义被策反的细节不清楚，作为一个派系争端严重的团体，有人被对手策反并不奇怪。韩馥只得又去跟麹义打，结果又被打败。这彻底摧垮了韩馥的心理防线，他有点坚持不住了。韩馥平时重用颍川派，可这些人当谋士可以，却没有自己的势力，冀州真正控制在本地派手里。冀州的本土派包括颜良、张郃这些武将以及沮授、田丰等人，他们并不真心支持韩馥，看到韩馥内外交困，他们不打算帮忙。本土派甚至想借公孙瓒的手把颍川派挤走，在这种情况下，韩馥有了退让之意。整个事件的幕后操纵者袁绍直到这时还没有公开出面，看到火候差不多了，袁绍使出了倒韩的第三个步骤：派人到韩馥那里展开游说。

袁绍派去的人包括郭公则、高元才、张景明等，这帮人到了韩馥那里连哄带吓，逼着韩馥让位。郭公则即郭图，本是韩馥手下颍川派的成员，这时已暗中投靠了袁绍。高元才名叫高干，跟大学者蔡邕是一个县的人，也是袁绍的外甥。张景明的记载不多，只知道景明是他的表字，他名叫张导，《水经注·浊漳水》中有一条记载："张导字景明，以建和三年为钜鹿太守。漳津泛滥，土不稼穑，导披按地图，与丞彭参、掾马道嵩等，原其逆顺，揆其表里，修防排通，以正水路，功绩有成，民用嘉赖。题云《漳河神坛碑》。”建和三年为149年，那时袁绍、曹操还没有出生，张景明已任郡太守，说明他是一个资格很老的官员。

除了以上几个人，颍川派的荀谌也暗中投靠了袁绍。《三国志·袁绍传》记载，荀谌出身颍川郡荀氏，是荀绲的儿子、荀彧的哥哥。荀谌吓唬韩馥说公孙瓒乘胜南下，各地纷纷响应，袁绍也带兵东来，搞不清楚是什么意图，真为将军感到担心呀！韩馥当然更担心，问荀谌该怎么办。荀谌趁机说道：

公孙提燕、代之卒，其锋不可当。袁氏一时之杰，必不为将军下。夫冀州，天下之重资也，若两雄并力，兵交于城下，危亡可立而待也。夫袁氏，将军之旧，且同盟也，当今为将军计，莫若举冀州以让袁氏。袁氏得冀州，则瓒不能与之争，必厚德将军。冀州入于亲交，是将军有让贤之名，而身安于泰山也。愿将军勿疑！

荀谌说：公孙瓒势不可当，袁绍是一时之杰，不会甘做将军的属下。冀州是天下要地，如果公孙瓒和袁绍联合交兵于城下，危亡立待；将军跟袁氏有旧交，现在为将军计，不如举冀州以让袁绍；袁绍得到了冀州，公孙瓒就没办法来争，袁绍必厚待将军；把冀州交给亲近的人，将军就有了让贤的美名，今后一定会安如泰山，请将军不要多疑！在郭图、荀谌等人车轮战式的劝说下，韩馥被彻底洗脑，他坚定地认为只有让位这一条出路了，于是决定主动让贤。

韩馥的决定让很多人大吃一惊，因为他手下不仅有“亲袁派”，也有“反袁派”。《三国志·袁绍传》记载，冀州别驾闵纯、长史耿武、治中李历都反对把冀州拱手让给袁绍，他们劝韩馥说冀州虽然地处偏远，但也有兵马百万，粮食够吃十年，而袁绍不过是孤客穷军，仰我鼻息，就像股掌之上的婴儿，断了他的奶马上就得饿死，怎么能把整个一个州让给他呢？说的可谓实情，但韩馥此时已经毫无斗志，对他们说自己本是“袁氏故吏”，才能不如袁本初，度德而让是古人看重的，你们怎么不理解我呢？韩馥只想尽快解脱，谁也说服不了他。

韩馥派部将赵浮、程奂率精兵一万多人驻扎在黄河上的重要渡口孟津，其中有相当数量的水军。听到韩馥让位的消息，二人也吃惊坏了，赶紧回师。当时袁绍正在朝歌，赵浮等人率领的水军从这里经过，有数百艘战船，路过袁绍军营时正好是夜里，赵浮故意让大家整兵擂鼓，袁绍听得心惊肉跳。赵浮见到韩馥，劝他说袁绍正缺军粮，快要散伙了，不用十天半个月必然土崩瓦解，将军只需闭户高枕，有什么可担忧的？但韩馥已经彻底打定了主意，不再考虑赵浮等人的建议。

初平二年七月里的一天，韩馥让儿子拿着自己的官印、绶带送呈袁绍，这些都是朝廷颁发的，今后州牧、州刺史、郡太守越来越多，这种货真价实的东西却越来越少了。韩馥随后主动搬出官署，住进已故宦官头目赵忠在邺县的一所旧宅。对于韩馥的选择，不仅他手下的很多人想不通，后世也有很多人不理解。乱世里急流勇退倒也说得过去，但把自己以及整个家族的未来都交给袁绍，就有些冒险了。是什么让韩馥如此坚定地相信袁绍呢？这里面的因素比较多，但有一条十分重要，这与张景明有一定关系。《后汉书·臧洪传》中记载着这样一句话：

昔张景明登坛歃血，奉辞奔走，卒使韩牧让印。

袁绍为了让韩馥放心，曾经做出过许多承诺。袁绍担心韩馥信不过，还特意举行了公开的歃血盟誓，由在众人心中德高望重的张景明亲自主持。韩馥对袁绍并不能完全放心，但似乎很相信张景明。可惜的是，张景明——也就是张导——此时年事已高，可能不久后就离开了人世，这使得韩馥失去了重要的保证人。

三、韩馥的警示

就这样，袁绍以“和平手段”得到了冀州。袁绍进入邺县时，韩馥昔日的手下们纷纷前来迎接，其中包括沮授、田丰以及颜良、文丑等人，大家都表现出很积极的态度，唯恐落在别人后边。只有耿武和闵纯二人拿着杖和刀相拒，袁绍命令田丰把他们杀了。袁绍从此以车骑将军的身份兼任冀州牧，给韩馥一个奋武将军的虚名，既不给兵也没有官属，挂了起来。奋武将军的头衔袁绍给过曹操，大概袁绍觉得曹操手下反正也没有几个人了，就转手给了韩馥，这就是袁绍的不对了。也许是袁绍粗心，将命曹操代理奋武将军一事忘了，但也有可能是故意做的，目的是羞辱韩馥。既然是“赝品”，纯粹是瞎捏的，为何不多捏一个？袁绍的小算盘和小心思，从这件小事上也能看出一些来。

对韩馥的旧部，肯与自己合作的继续任用。袁绍任命沮授为奋威将军，协助自己分管军事；任命田丰为别驾，协助自己分管行政事务；任命审配为治中，协助自己分管人事和总务。但是，袁绍不再提跟公孙瓒平分冀州的事，这把公孙瓒气得要命，这是导致二人日后翻脸的重要原因之一。不过，公孙瓒那边还有刘虞，现在只得吃了这个哑巴亏，下令撤兵。

冀州刺史部从此改换门庭，除了被杀的耿武、闵纯等少数人外，其他人不仅没受什么影响，反而升了官。大家可能在想，还是这样好，升官的升官，涨俸禄的涨俸禄，还换了一个能干的人领导冀州。只有韩馥很难受，人情冷暖、世态炎凉看得多了不看就是，但一些别有用心的人上门找麻烦就没办法了。作为曾掌管一个州的前领导者，无论自己多么德高望重，多么积德行善，仇人总会有一些的，即使没有仇人，也有那些势利小人，你在位时给你当狗，可以舔你的脚指头，一旦不在位、手里也没了权，这些人就会把昔日的屈辱加倍地找补回来，这种小人在任何时候都有很多。

有一个名叫朱汉的，就是这样的小人。此人品行很差，过去韩馥可能不太待见他，现在世道变了，朱汉就想报复一下，出出气。朱汉担任都官从事一职，负责执法方面的工作，他琢磨袁绍的心思，以为袁绍要除掉韩馥，于是找了个借口，把韩馥的住处包围起来，要进去搜查。韩馥吓得跑到楼上躲起来，朱汉拔刀上楼，抓住了韩馥的大儿子，用铁锤将其双脚砸断。袁绍听到报告，赶紧派人过来制止，还好及时，否则韩馥非死于朱汉之手不可。朱汉的做法实在让人看不下去，为了不让同情韩馥的人心寒，袁绍下令处死了朱汉。但韩馥心胆已裂，他的胆子本来仅有核桃那么大，现在只剩芝麻大了。韩馥恳求袁绍放自己一条生路，袁绍同意了。韩馥于是逃往陈留郡，投奔老朋友张邈。

事情还没有完。后来袁绍派使者到张邈那里办什么事，韩馥刚好在座，使者有密事与张邈协商，就凑在张邈的耳边说了几句话。韩馥在一旁看到了，以为袁绍密嘱张邈对自己下手，于是跑到洗手间，用一把刻书简用的小刀自杀了。袁绍夺取了韩馥的冀州，并无感激之心，以后上疏朝廷，曾说“故冀州牧韩馥怀挟逆谋，欲专权执，绝臣军粮”，还说“韩馥怀惧，谢咎归土”。清代学者周寿昌就此认为袁绍是一个“反噬无恩”的人，评论说：“几同丧心，忘我大德，思我小怨，绍真无人心哉！”

韩馥是一个窝囊人，事情做得窝囊，死得也窝囊。韩馥不明白，像他这样的割据者在乱世中只能前进不能后退，作为一方霸主，无论地盘大与小，主权都不能丢，这是基本法则。沮授、田丰以及麹义、颜良这些人，跟着韩馥干和跟着袁绍干差别没有多大，但韩馥自己不行，想退是没有后路的，摆在面前的路只有一条，就是跟袁绍一决高下，要么成功，要么失败，但总还会有成功的机会，而退让的结果只有彻头彻尾的失败，而且会一败涂地。韩馥之死教育了很多人，日后无论是曹操还是孙权，他们都从韩馥这个反面教材中明白了这个最朴素的道理。

四、孙坚斩华雄

凉州军虽然在汴水之战中大胜曹操所部，但对手顽强的战斗意志让董卓感到了吃惊。按董卓的想法，这本来算不上是一场战斗，而是一场大屠杀，但真实的过程让董卓惊讶。董卓知道，与曹操相比，自己的老熟人、前同事孙坚战斗力更强，所以之前在三路大军的安排上特别重视南边这一路，不仅派了胡轸，还派吕布、华雄去协助。胡轸此时任陈郡太守，是董卓的嫡系；吕布属并州军，虽然跟董卓以父子相称，但手下的队伍在董卓集团中属于杂牌军；华雄也是董卓手下的一员猛将，担任都督一职，对他的情况所知甚少，他的实际影响力与后来的名气相比差得多。本来，这支人马在三路大军中是力量最强的一路，但凉州军和并州军在配合上似乎出了问题，胡轸与吕布之间的关系很紧张。

胡轸字文才，他与董卓手下另一位将领杨定关系很亲密，军中有人称他们为“凉州大人”。“大人”是凉州人的习惯用语，意思是地方豪强。《三国志·董卓传》裴松之注引《九州春秋》记载：“胡文才、杨整修皆凉州大人，而司徒王允素所不善也。”杨整修即杨定，他与胡轸都是凉州军中的悍将，他们与王允关系不好，原因可能出在董卓身上。董卓尽管是个武人，又一向待手下将士恩厚，但掌握朝政大权后，为表示自己的公允，没有对旧部在官职方面大加提携，反而有一定限制。《后汉书·董卓传》记载：

卓所亲爱，并不处显职，但将校而已。

董卓大概觉得官职、爵位都是虚的，唯有硬实力才是根本，所以不必给手下将校都授予朝廷的高官，只是手下的那些将校们未必能体会到这一点，心中难免有怨言。胡轸的资历似乎比李傕、郭汜还老，董卓对属下经常呼来喝去，想骂就骂、想打就打，但对胡轸相当客气，除了让胡轸带兵，董卓还给了他一个陈郡太守的官衔，这在凉州军众将领中算是特例。但胡轸缺乏带队伍的经验，脾气很大，爱摆老资格，谁都不放在眼里。董卓让胡轸去指挥吕布、华雄这样的猛将，这个安排看来有些问题。

关东联军在南线的主力是袁术所部，但袁术的军事才能有限，实力也不足，所依赖的是孙坚。袁术继续坐镇鲁阳，而命孙坚向北发起进攻。孙坚遵命，率本部人马北上，到达梁县境内的阳人聚。“聚”就是壁坞，是建有防御设施的军事要塞。阳人聚位于洛阳的正南方，具体位置在霍阳山和汝水以北，与洛阳的直线距离不足百里。此时汉献帝和朝廷已经西迁，但董卓还在洛阳城里。看到敌军已到了洛阳的远郊区，董卓急了，马上派人传令给胡轸，要他赶紧率所部迎敌。胡轸不敢怠慢，指挥人马迎击孙坚。

胡轸很着急，可手下的将士却不怎么着急，队伍行动迟缓，军纪也十分涣散。军情紧急，迫在眉睫，如果放任孙坚继续北上，洛阳就有危险了。胡轸又气又急，一怒之下放出了狠话，说相国有授权，自己非斩杀一名青绶级官员才能整顿好纪律。在汉代，官员的品秩大小可以通过官印的材质和绶带的颜色来判断，其中绶带分为黄赤、赤、绿、紫、青、黑等色，皇帝、太后、皇后用级别最高的黄赤色，诸侯王、天子的贵人等用赤色，公、侯、将军用紫色，“青绶”即青色的绶带，九卿、二千石级官员才能用。在整个南线作战的各支队伍里，够这个级别的只有吕布和华雄两个人，胡轸的话未免说得太直白了。果然，这些话传到了吕布、华雄耳朵里，二人既惊又恨。

胡轸督率本部紧赶慢赶，总算到达梁县境内的另一个壁坞广成聚，好在这时孙坚还在阳人聚没有进一步行动。这时天已经黑透了，将士们在胡轸的催促下一路急行军，人困马乏，大家建议在广成聚宿营，吃顿饱饭，好好休息一下，天亮后再向孙坚发动攻击。但胡轸不同意，因为他获得情报，说孙坚已经从阳人聚出发了，胡轸要求大家马上开拔，去追击敌人。大家没有办法，只得从广成聚向阳人聚方向急进。

胡轸得到的情报是假的，孙坚不仅没走，而且在阳人聚做好了充分的防守准备。凉州军发起进攻，遭到迎头痛击。孙坚手下战斗力也很强，加上以逸待劳，凉州军吃了大亏。败下来的凉州军将士又渴又饿，人马疲惫至极，无力再发起进攻。胡轸虽不情愿，也无可奈何，只好下令退回广成聚。

到达广成聚时，已经很晚了。众人没有任何力气修筑堑垒，将士们一个个倒头躺在地上就睡了起来。睡到半夜，出事了。不知道是谁，突然大喊说城里的敌人出来了。这是古代行军打仗常遇到的事，叫作夜惊，有人睡糊涂了，加上精神高度紧张，做着噩梦突然惊醒，往往会大喊大叫，行军打仗都怕这个。大家睡得正沉，突然被这一嗓子惊醒，来不及弄清情况，纷纷惊起奔走，盔甲也来不及穿戴，马跑了也顾不上追，都弃营逃命。就这样，敌人没有来，自己被自己吓得溃退了十多里，天亮的时候才慢慢安定下来，这时吕布、华雄率领的人马才赶到。

胡轸下令，再次向阳人聚发起进攻。孙坚加强了防备，昨夜趁敌人撤退之机，又把阳人聚外面的城堑进行了整修，所以胡轸督率吕布、华雄等发起猛攻，无法取胜。胡轸下令撤兵，孙坚趁势追击，凉州军大败。打败了胡轸、吕布、华雄，孙坚部士气大振，孙坚下令从阳人聚开拔，直取洛阳。董卓这时仍在洛阳城内，眼看就要与孙坚直接刀兵相接。就在这个节骨眼上，突然从东北方向杀过来一支人马，挡住了孙坚的队伍。

来的这支人马，主将是徐荣。在汴水打败曹操后，徐荣接到董卓的命令，让他赶紧增援南线。徐荣不敢怠慢，马上率一部主力前来支援，结果正碰上孙坚。徐荣不愧是凉州军中战斗力最强的猛将，他堵住了孙坚，将其打败。

这一仗孙坚不仅失败了，而且败得很狼狈。孙坚最后只领着程普等几十骑突出重围，徐荣在后面穷追不舍。孙坚头上戴着一个红色头巾，平时看着很酷，这时候就要命了，红头巾成了一个标志，凉州军拼命追着打。在部将祖茂的提醒下，孙坚把头巾摘下来。为掩护孙坚，祖茂把头巾戴在自己的头上，结果被凉州军一路猛追。追到一片坟地，四处是敌兵，祖茂下马，把孙坚的红头巾绑在一根柱子上，自己趴在草中一动不动。凉州军看见红头巾，以为抓住了孙坚，里三层外三层包围起来，慢慢靠近，才发现是根柱子，祖茂侥幸脱了险。《三国志·孙坚传》记载：

坚移屯梁东，大为卓军所攻，坚与数十骑溃围而出。坚常著赤罽帻，乃脱帻令亲近将祖茂著之。卓骑争逐茂，故坚从间道得免。茂困迫，下马，以帻冠冢间烧柱，因伏草中。卓骑望见，围绕数重，定近觉是柱，乃去。

孙坚被徐荣打败的地方在梁县以东，此地属河南尹，但紧邻豫州刺史部颍川郡。孙坚于是退到了颍川郡，该郡太守名叫李旻，是豫州刺史孔伷的人。孙坚如果见到孔伷，一定有些尴尬，因为他也是豫州刺史，只是孔伷的豫州刺史才是

“正宗”的，有朝廷的正式任命，而孙坚的豫州刺史是袁术表奏的“冒牌货”。但孔伷、李旻还是给了孙坚以支持，协助他整顿残部，重整旗鼓，在很短时间内又杀回了河南尹辖区。

董卓命华雄率部阻挡。此战孙坚取胜，华雄被斩杀于阵前。《三国志·孙坚传》记载：“坚复相收兵，合战于阳人，大破卓军，枭其都督华雄等。”根据这条记载，华雄死在阳人聚而不是传说中的汜水关，斩华雄的是孙坚所部，而不是传说中的关羽。

孙坚率部一口气杀到了大谷关，这是洛阳八关之一，距洛阳南郊更近了。看到孙坚的进攻如此迅猛，董卓很头疼。董卓跟相国府的长史刘艾围绕孙坚曾有过一次谈话。谈话中，董卓回顾了当初在张温指挥下与孙坚共事的经历，认为当时孙坚地位并不高，但见解独到，在打仗上经常与自己的想法所见略同，所以不可小视。刘艾看到董卓有些发愁，宽慰说孙坚看起来有些谋略，但比李傕、郭汜差得远，据说他在美阳亭打过大败仗，官印、绶带都丢了，所以算不上有能耐。董卓不同意这种看法，认为那是因为孙坚有些仓促，装备也不如对手。刘艾还想替董卓分忧，说关东的那些人缺乏锋芒，兵器更不行，难以长久。董卓听了才好受些，认为杀了袁绍、袁术、刘表和孙坚，其他人自然就顺从了。《三国志·孙坚传》裴松之注引《山阳公载记》记载：

卓谓长史刘艾曰：“关东军败数矣，皆畏孤，无能为也。

惟孙坚小戆，颇能用人，当语诸将，使知忌之。孤昔与周慎西征……坚以佐军司马，所见与人同，自为可耳。”艾曰：“坚虽时见计，故自不如李傕、郭汜。闻在美阳亭北，将千骑步与虏合，殆死，亡失印绶，此不为能也。”卓曰：“坚时乌合义从，兵不如虏精，且战有利钝。但当论山东大势，终无所至耳。”艾曰：“山东儿驱略百姓，以作寇逆，其锋不如人，坚甲利兵强弩之用又不如人，亦安得久？”卓曰：“然，但杀二袁、刘表、孙坚，天下自服从孤耳。”

刘艾说的美阳亭之战发生在中平二年（185）八月，张温督董卓、周慎、孙坚等部与凉州叛军交战，主力驻扎在美阳亭（今陕西省扶风县东南）一带。双方在美阳亭附近有过几次交锋，都是朝廷的军队吃了败仗，其中一仗是孙坚亲自率领数千人在美阳亭北面与叛军野战，结果孙坚大败，印绶都丢掉了，差点阵亡。这一仗董卓也是亲历者，他本人也打过败仗，知道其中的不易，所以并不以此小看孙坚。董卓下令给手下部将，让他们遇到孙坚时务必小心提防。

看到孙坚越来越势不可当，董卓想出一招，派人带上自己的亲笔信去见孙坚，表示求和之意。董卓确实充满了诚意，因为派去谈判的人是手下最重要的将领李傕，董卓这样做一方面为展示诚意，另一方面，可能早年孙坚在凉州作战时与李傕相识，熟人见面更好说话。董卓让李傕给孙坚带话，他愿意与孙氏和亲，董卓还让孙坚把自家子弟以及部下里愿意当州刺史、郡太守的统统列一个名单出来，他照单全部任用。《三国志·孙坚传》记载："卓惮坚猛壮，乃遣将军李傕等来求和亲，令坚列疏子弟任刺史、郡守者，许表用之。"董卓已经有女婿牛辅，还要再与孙坚和亲，看来他的女儿不止一个。但是，孙坚毫不犹豫给予了拒绝："卓逆天无道，荡覆王室，今不夷汝三族，县示四海，则吾死不瞑目，岂将与乃和亲邪？"拉拢不成，董卓只得亲自率大军迎击孙坚，结果不是孙坚的对手，又吃了败仗。

但是，关东联军方面也有损失。颍川郡太守李旻在作战中被俘，与他一起被俘的还有好友张安。董卓下令将二人押送至洛阳，在毕圭苑里举行仪式，要把李旻和张安烹杀。董卓惯用这种招数，此前在北线作战中曾俘虏了袁绍手下一个名叫李延的部将，就下令将其煮了。

大鼎支起，下面燃起熊熊大火，不用真的下锅去煮，仅这恐怖的场面就能吓倒许多人，这是一种心理战。李旻、张安在历史上名气不大，却留下了潇洒的一笔。《太平御览·刑法部》引《英雄记》记载，临刑前二人谈笑风生，毫不惧怕，入鼎前还不忘互相调侃一下："不同日生，乃同日烹！"

五、孙坚攻入洛阳

阳人聚之战发生在初平二年春天，随后孙坚所部在围绕洛阳的争夺中占据上风，其前锋杀到了洛阳南郊一带。一向凶猛的凉州军之所以打不过孙坚，一方面因为孙坚确实是一员悍将，他曾在凉州作战，知道凉州军的作战特点，所以有备而来；另一方面，凉州军将士慢慢都知道了要撤退的消息，这段时间他们每个人都抢了不少东西，都在想着如何把这些东西运回去，最不济也要自己活着回去，所以一打起来就往后跑。董卓对部下约束得很严厉，可这时也失去了效果。

董卓下令向东撤退，为保证撤退的顺利，必须有人断后，这个光荣的任务落在了并州军旧部身上。董卓命令吕布和张杨、张辽等守住洛阳，为大部队撤退做掩护，他率主力向西，暂驻于渑池一带，随时可以回师长安。洛阳其实已经成为一座空城，朝廷不在了，百官要么去了长安，要么逃到了外地。吕布等人守着一座空城，等待孙坚的进攻。孙坚率部向洛阳发起了进攻，吕布等人稍作抵抗后也撤出了。

初平二年二月里的一天，孙坚由洛阳南门之一的宣阳门攻入城中。此时的洛阳几乎成为一片废墟，南宫和北宫一带一向是朝廷的重要官署和重臣们的宅邸，此时也都荒无人烟。看到此情此景，孙坚怅然流泪。《三国志·孙坚传》裴松之注引《江表传》记载："旧京空虚，数百里中无烟火。坚前入城，惆怅流涕。"孙坚命令士兵打扫皇宫和太庙的卫生，又到太牢进行了祭祀，整理邙山一带被破坏的汉室诸陵。

城南有一口甄官井，有人发现一个奇怪的现象：大白天里井口仍不时发出异样的光亮。大家都觉得奇怪，不敢到这口井里打水。孙坚命人下到井中，在下面发现了一枚玉制印章，四寸见方，有一个由五条龙盘着的印纽，印章缺了一个角，印文是八个字：“受命于天，既寿永昌。”孙坚大喜过望，因为这就是传国玉玺。在中平六年（189）的那场洛阳之乱中，这枚传国玉玺神秘失踪了，掌管玉玺的人在混乱中将其投入这口井中。这枚玉玺应归汉献帝所有，但他去了长安，孙坚得到后，就自己保管了起来。《三国志·孙坚传》裴松之注引《吴书》记载：

坚入洛，扫除汉宗庙，祠以太牢。坚军城南甄官井上，旦有五色气，举军惊怪，莫有敢汲。坚令人入井，探得汉传国玺，文曰“受命于天，既寿永昌”，方圜四寸，上纽交五龙，上一角缺。初，黄门张让等作乱，劫天子出奔，左右分散，掌玺者以投井中。

上面这条记载十分著名，人们都认为传国玉玺自此落入孙坚手中。之后，这枚传国玉玺的去向也有着清晰的记载：孙坚死后由夫人吴氏保管，袁术想称帝，逼迫吴夫人交出了这枚玉玺，《三国志·孙坚传》裴松之注引《山阳公载记》记载“袁术将僭号，闻坚得传国玺，乃拘坚夫人而夺之”；袁术死后，这枚玉玺辗转落入徐璆手中，之后历尽艰辛，重新送回朝廷，交到汉献帝那里，《后汉书·徐璆传》记载“璆得其盗国玺，及还许，上之，并送前所假汝南、东海二郡印绶”。这枚传国玉玺本来为东汉朝廷所有，经过一番周折，朝廷最终失而复得。不过，有人对以上几条记载提出了质疑，认为孙坚、吴夫人、袁术、徐璆并没有见过这枚玉玺，因为它其实一直没有离开过洛阳。《三国志·孙坚传》裴松之注引《江表传》记载：

案《汉献帝起居注》云“天子从河上还，得六玺于阁上”，又太康之初孙皓送金玺六枚，无有玉，明其伪也。

根据这条记载，汉献帝重新回到洛阳皇宫后，在皇宫中的某处高阁上重新找到了天子六玺。并且，孙吴政权灭亡后，其最后一位皇帝孙皓向晋朝上交了六枚金玺，其中并没有传国玉玺，所以《江表传》认为孙坚得到的传国玉玺是伪造的。与《江表传》提出的质疑不同，晋代虞喜在《志林》一书中提出了另一种看法，认为孙坚确实得到过传国玉玺，陈寿撰写《三国志·孙坚传》时没有提到这件事，是因为被《献帝起居注》的记载迷惑了，孙吴灭亡时之所以没有将此玺献出，是因为它私藏于孙氏族人手中。虞喜指出：

陈寿为《破虏传》亦除此说，俱惑起居注，不知六玺殊名，与传国为七者也。吴时无能刻玉，故天子以金为玺。玺虽以金，于文不异。吴降而送玺者送天子六玺，曩所得玉玺，乃古人遗印，不可施用。天子之玺，今以无有为难，不通其义者耳。

《江表传》提出的两条理由其实证明不了孙坚没有得到过传国玉玺或者得到的玉玺是伪造的：天子的印玺里除传国玉

玺外，还有“天子六玺”，它们分别有不同的用途，中平六年洛阳之乱后人们没有找到传国玉玺，却找到了“天子六玺”，《后汉纪·孝灵皇帝纪》记载“是日，幸崇德殿，大赦天下。得六玺，失传国玺”，证明传国玉玺确实失踪过一段时间；孙皓在亡国时没有交出传国玉玺，原因更简单，吴夫人早年便已将这枚玉玺给了袁术，袁术死后由徐璆送还朝廷。至于虞喜在《志林》中提出的说法，虽然指出了传国玉玺与“天子六玺”的不同，但对于传国玉玺的下落则更多的是猜测，没有提出有力证据，无法推翻《山阳公载记》和《后汉书·徐璆传》的记载。

记载孙坚得到传国玉玺的《吴书》是三国时期孙吴政权官修的一部国史，始撰于孙权末年，其间历史学家韦昭曾主其事，最后由薛莹统筹完成，《隋书·经籍志》《旧唐书·经籍志》《新唐书·艺文志》等均有著录，现已亡佚。《吴书》是孙吴的官方国史，并不是普通的杂史杂著，它的记载相对更可靠一些。裴松之曾对《吴书》记载孙坚得到传国玉玺一事进行过评论：

臣松之以为孙坚于兴义之中最有忠烈之称，若得汉神器而潜匿不言，此为阴怀异志，岂所谓忠臣者乎？吴史欲以为国华，而不知损坚之令德。如其果然，以传子孙，纵非六玺之数，要非常人所畜，孙皓之降，亦不得但送六玺，而宝藏传国也。受命于天，奚取于归命之堂，若如喜言，则此玺今尚在孙门。匹夫怀璧，犹曰有罪，而况斯物哉！

裴松之认为，孙坚在关东联军的各位将领中最有忠烈的声誉，但他如果真的得到了传国玉玺却没有上交朝廷，而是私自藏匿起来，那就是阴怀篡逆之心了，孙吴的史官本想美化孙坚，却不知道这件事有损孙坚的美德。裴松之还就虞喜在《志林》中的看法提出了质疑，认为假定传国玉玺曾为孙吴政权所拥有，那孙皓最终不可能只交出六枚金玺而不交出传国玉玺，传国玉玺不可能至晋朝时仍在孙氏族人手中。裴松之这里提到的孙吴“六玺”，即虞喜所说的“金玺”，是孙吴政权仿照“天子六玺”制成的六枚金制玺印。

综上所述，可知汉末时传国玉玺的确从朝廷流失过一段时间，先后被孙坚、吴夫人、袁术、徐璆等人保管过，历经波折，最终又回到朝廷。

攻克洛阳是关东联军取得的最大胜利，但也是关东联军彻底分裂的开始。董卓走了，大家失去了目标，关东联军的各路人马反董意志本就参差不齐，之后就更衰弱了。孙坚正在考虑要不要乘胜追击，袁术那边传来命令，要他立即撤军，因为后方出了问题。

袁术表奏孙坚为豫州刺史后，孙坚在豫州也有了相当大的发展，豫州刺史部的一部分地区成为孙坚的势力范围，当时的豫州刺史部基本控制在孙坚以及朝廷任命的豫州刺史孔伷手中，孔伷年龄较大，身体也不好，没有多少野心，未来的豫州就是孙坚的了。谁知道袁绍来个了横柴入灶，派周喁来当豫州刺史，公然抢地盘。这个周喁，就是之前提到过的会稽郡周氏三兄弟中的一个，他们跟袁绍、曹操等人关系密切。《三国志·孙坚传》裴松之注引《吴录》记载，看到关东联军的盟主袁绍竟然带头抢盟友的地盘，孙坚很气愤，慨然叹道：“同举义兵，将救社稷。逆贼垂破而各若此，吾当谁与戮力乎！”说着说着，孙坚又流出了眼泪。孙坚是一员猛将，一直以硬汉形象示人，但他似乎很容易动感情，动不动就流泪。

孙坚从洛阳撤出，回击周喁，周喁败走。大概就在此时，孔伷因病去世，孙坚趁机又把在豫州刺史部的势力范围进行了扩大。如果一切顺利，以孙坚的能力，在逐鹿中原的竞争中他将发展得最快，将超过袁绍、曹操这些人，脱离袁术也是迟早的事。

六、孙坚死于意外

孙坚从洛阳后撤，没有在洛阳留下兵马，因为洛阳城中的人基本上走光了，一支部队无法在那里生存。孙坚率部回到南阳郡，但手下的人马主要在豫州一带活动。孙坚不仅军事经验丰富，而且很有亲和力，很会抓队伍，他的手下凝聚了一批能力突出、又对他忠心不二的将领。这些人包括两个部分：一部分是孙氏族人，另一部分是一些追随孙坚的异姓将领。

与曹操的家族一样，孙氏家族的成员也不少，人数最多的是孙静一支。孙静是孙坚最小的弟弟，孙坚起事时他也纠合乡曲及宗室等数百人参加，追随孙坚征战。但孙静很恋家，不喜欢当官，后来回乡养老去了。孙静有五个儿子，分别是孙暠、孙瑜、孙皎、孙奂和孙谦，个个都是人物，一直追随着孙坚。孙香是孙坚的远房族弟，跟随孙坚出来，但主要在袁术手下任职，最后死在寿春，影响力有限。孙河与孙坚同族，深得孙坚信任，委以重任。孙贲是孙坚的侄子，孙辅是孙贲的弟弟，他们二人能力比较突出，一直跟随在孙坚的左右。在这些孙氏族人中，除了孙坚，论辈分孙静比较高，论能力孙贲最强。

在异姓将领中，资历和地位最高的是朱治。朱治字君理，扬州人，早年担任过县吏，被举过孝廉，后来追随孙坚，在早期的这批将领中他最为重要，曾受孙坚派遣带领人马帮助徐州刺史陶谦攻打黄巾军余部。《三国志·朱治传》记载："从破董卓于阳人，入洛阳。表治行督军校尉，特将步骑，东助徐州牧陶谦讨黄巾。"程普字德谋，幽州人，早年在郡里担任官吏，既有容貌风姿，又有计谋策略，善于应答论对，随孙坚四处征战，参加了宛县、邓县等地的讨伐黄巾军之战，在阳人聚打败过董卓的部队，攻城野战，屡立战功，曾多次受伤。徐琨的表字不详，他是孙坚的吴郡老乡，出身于地方豪族，父亲徐真与孙坚关系很好，孙坚把自己的妹妹许配给了徐真，生下徐琨，徐琨便成为孙坚的外甥，先在郡里任职，孙坚起事后，徐琨辞去郡职成为孙坚的部曲，跟随孙坚征伐。黄盖字公覆，荆州人，少时生活艰难，但素有壮志，不同于凡庸，常在干活的空余学习，喜欢兵事，当过郡吏，被举过孝廉，征辟于公府。孙坚举兵后黄盖毅然追随，他生得很威武，善于和士卒打成一片。韩当字义公，幽州人，擅长骑马射箭，有膂力，受到孙坚喜爱，跟随孙坚征伐周旋，多次遇到危难，陷敌擒虏，立下不少战功。

以孙坚现在的实力，让他放手在豫州一带发展，他将很快控制全州，并继而向洛阳及周边其他州郡拓展。但是，袁术却另有打算，他不愿意看到孙坚发展得太快，想让孙坚帮他去攻打刘表。刘表正在荆州快速崛起，荆州共有七个郡，有六个郡已被刘表控制，只剩下最北面的南阳郡的大部分地区还在袁术手中。袁术知道，刘表一旦兵强马壮，就会来对付自己。

南阳郡是本朝汉光武帝刘秀的家乡，是一个大郡，人口达百万，地方多豪族，本来十分富有，但袁术缺乏治政才能，加上他向来喜欢奢华摆谱，不断向民间征税征粮征兵，一味搜刮盘剥，弄得民怨很大。自从来了袁术，南阳郡百姓便不断有人逃亡。《三国志·袁术传》记载：

南阳户口数百万，而术奢淫肆欲，征敛无度，百姓苦之。

袁术知道，如果不能积极作为，自己不被刘表灭掉也会被孙坚取代，所以他想主动出击刘表。对于袁术进攻刘表的原因，《后汉书·刘表传》给出了另一个解释："袁术与其从兄绍有隙，而绍与表相结，故术共孙坚合从袭表。"这个原因也是存在的，袁绍的确与刘表在结盟，二人采取的都是“远交近攻”的谋略，袁术成为他们共同的敌人。袁术决定进攻刘表，只是自己不准备去，而是支使孙坚。孙坚很听话，去了。

初平二年冬天，孙坚率所部攻打刘表，一直打到了刘表大本营襄阳的外围。看到战斗力很强的孙坚来了，刘表很紧张，他不愿意直接与孙坚对阵，就指使黄祖迎战。黄祖也很听话，立即领兵来了。

黄祖率本部人马在襄阳以北的邓县、樊城一带迎击孙坚，但不是孙坚的对手，大败。孙坚率军渡过汉水，把襄阳城包围起来。襄阳城两面环汉水，背靠群山，易守难攻，刘表来了个闭门不战，想跟孙坚打消耗战。同时，刘表派黄祖乘夜出城，调集军队不断偷袭孙坚。

一天，黄祖又被孙坚打败，逃往襄阳西郊的岘山，孙坚追击，想把黄祖一举拿下。哪知这里有埋伏，追到一片竹林中，提前等在这里的黄祖的部下发射暗箭，孙坚中箭，当场身亡。《三国志·孙坚传》记载：“术使坚征荆州，击刘表。表遣黄祖逆于樊、邓之间。坚击破之，追渡汉水，遂围襄阳，单马行岘山，为祖军士所射杀。”关于孙坚之死，裴松之注引《典略》记载：“坚悉其众攻表，表闭门，夜遣将黄祖潜出发兵。祖将兵欲还，坚逆与战。祖败走，窜岘山中。坚乘胜夜追祖，祖部兵从竹木间暗射坚，杀之。”又引《英雄记》的另一种说法：“刘表将吕公将兵缘山向坚，坚轻骑寻山讨公。公兵下石。中坚头，应时脑出物故。”按照最后面的这条记载，孙坚追击的人不是黄祖而是刘表手下一个名叫吕公的将领，孙坚追击吕公，进入山中，吕公命人用石头攻击孙坚，孙坚头部被石块击中，当场脑浆迸裂而死。

孙坚追的人是黄祖还是吕公？这个问题已不好判断。这位“吕公”仅在史书中出现过这一次，《后汉书·刘表传》也认为孙坚追击的人是黄祖，不过该传李贤等注引《英雄记》则称孙坚追击的人为“吕介”。推测起来，“吕介”更像人名。如果“吕公”或“吕介”是黄祖的部将，那么《英雄记》的说法与《三国志·孙坚传》《后汉书·刘表传》的记载也并不算矛盾。关于孙坚战死的具体时间，《三国志·孙坚传》和《后汉书·刘表传》都认为是在初平三年（192）春天，但史书也有着不同记载：

臣松之案：本传云孙坚以初平三年卒，策以建安五年卒，策死时年二十六，计坚之亡，策应十八，而此表云十七，则为不符。张璠《汉纪》及《吴历》并以坚初平二年死，此为是，而本传误也。（《三国志·孙策传》裴松之注）

（初平三年）五月……刘表与袁绍连和，袁术怒，召孙坚攻表，战于新野。表退屯襄阳，坚悉众围之。表将黄祖自江夏来救表，坚逆击破祖，乘胜将轻骑追之，为祖伏兵所杀。（《后汉纪·孝献皇帝纪》）

坚以初平四年正月七日死。（《英雄记》）

以上出现了三个年份，究竟哪一个是正确的呢？裴松之认为应当是初平二年，理由是《山阳公载记》中有一份孙策给汉献帝的上表，里面提到他在十七岁时丧父，孙策死于建安五年（200），时年二十六岁，向上倒推九年，应是初平二年。《三国志集解》的作者卢弼也就这个问题进行过分析："建安三年，瑜年二十四，瑜与孙策同年，计初平二年，实为十七岁。孙策表云'十七失怙'，孙坚之死实在初平二年，无可疑也。"综合来看，孙坚死于初平二年底的可能性更大，《辞海》《中国大百科全书》等均采用此说，而不是《三国志》《后汉书》记载的初平三年。

孙坚战死后，尸首落入刘表之手。有一个名叫桓阶的人，是长沙郡人，担任过郡里的功曹，而孙坚那时担任长沙郡太守。孙坚曾推荐桓阶为孝廉，桓阶后来离开长沙郡，担任朝廷的尚书郎。桓阶因父亲去世返乡奔丧，正好赶上孙坚在攻打刘表时战死。桓阶冒着生命危险前去拜见刘表，请求为孙坚发丧。刘表被他的义气感动，把孙坚的尸首交给他带走了。《三国志·桓阶传》记载："桓阶字伯绪，长沙临湘人也。仕郡功曹。太守孙坚举阶孝廉，除尚书郎。父丧还乡里。会坚击刘表战死，阶冒难诣表乞坚丧，表义而与之。"

孙坚战死的消息传来，刘表感到庆幸，袁术感到吃惊。对袁术来说，孙坚的死虽然解除了他的后顾之忧，却又让他实力大伤。吴夫人为孙坚生了四个儿子，长子孙策现在十七岁，次子孙权十岁，三子孙翊八岁，最小的儿子孙匡年龄还小。除了这四个儿子，吴夫人至少还为孙坚生过两个女儿。另外，孙坚还有一个儿子名叫孙朗，又名孙仁，年龄比孙匡还小，非正妻吴氏所生。孙策和弟妹们都没有随父亲在外征战，而是跟母亲在一起，先在寿春，后来又去了舒县，距襄阳千里之外。孙坚死得很突然，没有任何征兆，也没有留下政治遗言，大家便推举孙坚的侄子孙贲为首领，整合孙坚的旧部。孙贲无心再与刘表作战，桓阶已将孙坚的尸首送来，孙贲便扶送孙坚的灵柩回到南阳郡。

孙坚自离开长沙郡北上以来，经过不断发展，手下已经有了不少人马，推测起来人数应该在数万之间，是袁术集团的主力。由于孙贲等人缺乏孙坚那样的号召力，这部分人马成为袁术借机侵吞的目标。袁术假意表奏孙贲为豫州刺史，让他继续带领孙坚旧部，但私下里却找各种借口把这些队伍打乱，编组到自己的嫡系部队中。到后来，袁术索性改任孙贲为丹阳郡都尉，让他到江南打游击去，孙坚辛辛苦苦拉起来的队伍让袁术私吞了。

七、刘焉与张鲁

在初平二年前后，益州刺史部也不平静。益州牧刘焉虽然也是刘氏宗亲，但他与刘虞的志向完全不同，刘虞一心报效朝廷，刘焉整天想的则是如何壮大自己的势力，在乱世中拥兵自立。

朝廷当初派刘焉去益州，对他抱有很大期望。当时汉灵帝还在，刘焉出发前汉灵帝专门召见了他，跟他有过一次谈话。汉灵帝告诉刘焉，益州之前的刺史刘隽、郤俭都贪婪成性，待人残忍刻薄，胡作非为，弄得声名狼藉，益州百姓怨声载道。汉灵帝让刘焉一到益州就把他们抓起来依法查办，昭示百姓，还专门提醒刘焉，此事一定要做得保密，不要让消息走漏了，以免横生枝节，给国家造成不必要损失。《三国志·刘焉传》裴松之注引《汉灵帝纪》记载：

帝引见焉，宣示方略，加以赏赐，敕焉为益州刺史。前刺史刘隽、郤俭皆贪残放滥，取受狼藉，元元无聊，呼嗟充野，焉到便收摄行法，以示万姓，勿令漏露，使痈疽决溃，为国生梗。

刘焉领命出发，他打算从荆州沿长江西上益州，结果到达荆州时得知益州发生了变民暴动，声势很大，刺史郤俭等州政府官员生死不明，吓得刘焉不敢再前进，停留在荆州观望。益州的变民首领是马相和赵祗，他们在绵竹起事，也自称黄巾军，起事以后一呼百应，一两天里就聚集了数千人，杀了绵竹县令李升。当时益州刺史部的治所不在成都，而是雒县（今四川省广汉市），马相指挥人马攻打雒县。益州刺史郤俭一向贪赃枉法，捞钱很有本事，应对变民却毫无办法，结果被马相等人杀了，变民声势大增，只用一个月时间就接连攻占了益州郡、蜀郡、犍为郡，人数发展到数万人。马相干脆自称天子，与朝廷公开对立。

刘焉得知这些消息，后悔得要命。他本想去交州刺史部当州牧的，董扶劝他说益州有王者之气，他才改了主意，没想到是这种局面。正当刘焉焦急万分的时候，又有消息传来，说益州的叛乱基本平定了。原来，益州从事贾龙率领数百名家兵坚守在犍为郡的东部，在那里集合力量反攻马相，居然把马相打败。贾龙派人到荆州迎请刘焉，刘焉这才来到益州就任。雒县已经残破，刘焉把治所迁往绵竹，任命贾龙为校尉，招抚离叛民众，实行宽厚的政策，安定社会，恢复经济。

刘焉很快发现，相较于变民，益州本地的大族更具有威胁性。贾龙能迅速平定叛乱，依靠的正是本地大族的支持，这些人可以帮你成事，必要时也能坏你的事，要想在益州站住脚，必须收服或解决这些大族。刘焉的办法是搞权力平衡，他来益州时还带着几个人，除董扶外还有太仓令赵韪等人，他们是益州人，都自愿辞去官职随刘焉来益州。此外，刘焉在荆州滞留期间也有一部分非益州籍的人士跟随他，这些人也来到了益州。益州虽然经历了一次大规模的农民起义，但毕竟是天府之国，经济基础雄厚，中原、关中等地有大量的人逃到这里来避难，他们中间也有不少人才。刘焉从逃难来的外州人中抽调青壮年，组建了一支军队，名叫东州兵。

刘焉重用非益州籍人士和东州兵，对本土势力既任用又打压，对那些公然违背自己意志的本土势力则毫不留情地予以铲除，先后杀了王咸、李权等十多个益州大族首领，以此树立起个人威望。关东联军起兵讨伐董卓，刘焉不参与，闭关自守。《三国志·刘焉传》裴松之注引《英雄记》记载：“刘焉起兵，不与天下讨董卓，保州自守。”但刘焉也不再向朝廷按时进贡，董卓向他征调人员和财物，他也置之不理，令董卓很恼火。

初平二年，贾龙联合犍为郡太守任岐反叛，合兵攻打刘焉，《英雄记》说这次叛乱的背后有董卓的推动：“董卓使司徒赵谦将兵向州，说校尉贾龙，使引兵还击焉。”但是，这时的刘焉已经有了足够的实力，很快便依靠东州兵打败了任岐和贾龙，把他们杀了。这次叛乱后，本土派势力被进一步打压，益州刺史部各郡中只有最北边的汉中郡太守苏固不太听从招呼，刘焉决定用武力予以解决。

刘焉派去解决汉中问题的人名叫张鲁，是一个有些特殊的人。张鲁字公祺，祖籍豫州刺史部沛国丰县（今江苏省丰县），据说是汉初留侯张良的十世孙，他的爷爷是天师道教祖张陵。天师道又称“五斗米教”，性质与太平道差不多，产生时间可能比太平道还要早。张陵上过太学，生性好学，博采五经，尤其热衷黄老之道，后来在太学当博士，为研修道术，又辞去公职专心修道，后来创建了天师道，成为天师道的第一代天师。天师道规定，凡奉其道者须出五斗米，所以该道在民间又称五斗米教。张陵传道的重点地区是益州，建有二十四个分中心，与太平道的三十六方类似，称二十四治。

张陵的儿子名叫张衡，与本朝那位著名的天文学家同名同姓，是天师道的第二代天师，继续传承教义，不过死得比较早。张衡的妻子长得很漂亮，也精通道术，丈夫死后，她经常出入刘焉的府邸。《后汉书·刘焉传》记载:“沛人张鲁,母有姿色,兼挟鬼道,往来焉家。”这是一种比较隐晦的说法,暗指刘焉和张衡的妻子关系暧昧。因为这层关系,加上觉得天师道可以借来为己所用,刘焉对张衡的儿子张鲁较为照顾。

初平二年,刘焉任命张鲁为督义司马,让他与别部司马张修二人带兵进攻汉中郡。张鲁和张修率兵北上,打败了苏固,把他杀了,占据了汉中郡。汉中与长安之间隔着一道秦岭,中间有多条栈道相通,刘焉为彻底闭关自守,命张鲁把栈道全烧了,断绝了与北方的联系。这样一来,刘焉便坐稳了益州。看到天下大乱,朝廷无力顾及,刘焉的野心开始膨胀。刘焉私自制作了只有天子才能使用的车具千余辆,但不知怎么回事让荆州牧刘表知道了。

初平二年,刘表将刘焉种种僭越之事密报给朝廷。汉献帝接到密报,派刘焉的儿子刘璋回益州劝说父亲放弃那些非分之举。幽州牧刘虞的儿子刘和在长安任职,形同人质,益州牧刘焉也不例外。刘焉有四个儿子,其中三个在长安,分别是刘范、刘诞和刘璋,只有最小的儿子刘瑁在自己身边。当然,朝廷不可能把他们关起来派人看着,也都给他们任命了职务,刘范是左中郎将,刘诞是治书御史,刘璋是奉车都尉。《三国志·刘焉传》记载,刘璋回来后,刘焉索性把他留下,不让他再回去了。裴松之注引《典略》则认为,刘璋归来是刘焉一手策划的:“时璋为奉车都尉,在京师。焉托疾召璋,璋自表省焉,焉遂留璋不还。”刘焉身边原来的那个儿子刘瑁有狂疾,也就是精神方面的疾病,今后如果真的称王称帝,没有一个智力健全的儿子接班终究是问题。刘璋回来，解决了这个问题。

八、二袁交恶

到初平二年年底，群雄割据混战的局面更加复杂和激烈，这一年里发生的孙坚之死既是意外事件，也是群雄互相角力的结果：袁术命孙坚进攻刘表，背后有袁绍的影子；袁绍与刘表交好，目的是对付袁术，因为袁术与公孙瓒交好；公孙瓒与袁绍交恶，背后又有刘虞的影子。除董卓的凉州军以及辽东郡太守公孙度、益州牧刘焉更多地专注于内部发展外，其他各路群雄大致可以看作两大互相缠斗的阵营：一个是袁绍阵营，包括刘虞、刘表、曹操等；一个是袁术阵营，包括公孙瓒、孙坚等，后来陶谦也加入这个阵营中。

当初刺史改州牧，刘虞是朝廷首批任命的三位州牧之一，公孙瓒只是一名中郎将，二人地位悬殊，公孙瓒归刘虞节制。刘虞依靠怀柔手段和个人威望让北方少数部族纷纷归附，得到朝廷的认可，也得到大多数人的拥护。幽州刺史部在刘虞治理下逐渐平稳下来，刘虞上疏朝廷提出了一个让公孙瓒郁闷不已的建议：裁撤军队。朝廷当然只在乎事情办得怎么样，同样的效果而能少花钱那是最好不过，朝廷批准了刘虞的建议。这样一来，公孙瓒好不容易积攒下来的人马被裁撤得只剩下了一万来人，朝廷命令公孙瓒把指挥部设在右北平郡。《三国志·公孙瓒传》记载："虞上罢诸屯兵，但留瓒将步骑万人屯右北平。"公孙瓒本就对刘虞有意见，现在意见更大了。公孙瓒认为，刘虞所谓的裁军其实只是冲着他来的，目的是削弱他的势力。但是，慑于刘虞的巨大威望和朝廷的强力支持，他不得不忍气吞声，去了右北平郡。

就在公孙瓒唉声叹气的时候机会来了，董卓进入洛阳，天下大乱，让公孙瓒重新焕发生机。董卓虽然控制了朝廷，可以发号施令，但各地反对他的势力风起云涌，让他心里也没底，除了组织力量与关东联军交战外，对没有参加关东联军或者没有公开表态的地方势力，则想方设法予以拉拢。董卓为拉拢刘虞，给了一个太傅的名号，同时也拉拢公孙瓒，升公孙瓒为奋武将军，封蓟侯。奋武将军在当时看来是一个很受欢迎的头衔，袁绍先给了曹操，后给了韩馥，但如果追根溯源，只有公孙瓒才"正宗"。

公孙瓒抓住机会，迅速扩充人马，打着讨伐黄巾军的名义四处行动，不再局限于右北平郡。初平二年，青州、徐州的黄巾军余部三十万人进入渤海郡，想与在该郡活动的黑山军会合，公孙瓒率领两万步骑，在东光以南与其交战，大破之，斩首三万余级，获各种车辆数万辆。黄巾军余部退走黄河，公孙瓒待其半渡时发起进攻，又大胜，俘虏七万余人，车辆、兵器及其他财物不可胜数。公孙瓒由此实力大增，威名大震。

随着实力的快速增长，公孙瓒不再把刘虞放在眼中，积极寻找打败刘虞的机会，成为北方，至少是幽州的主人。对于幽州的这种形势，很多人都看出来了。田畴当初奉命赴长安，临行前曾与刘虞有过一次秘密谈话。田畴说现在天子幼弱，奸臣擅命，而幽州又有公孙瓒为心腹之患，如不能早日解决他，以后肯定会后悔。对于田畴的建议，刘虞没有接受。《三国志·田畴传》裴松之注引《先贤行状》记载：

畴将行，引虞密与议。畴因说虞曰："今帝主幼弱，奸臣擅命，表上须报，惧失事机。且公孙瓒阻兵安忍，不早图之，必有后悔。"虞不听。

就在这时，发生了刘和事件，让公孙瓒与刘虞之间的矛盾彻底爆发。刘虞的儿子刘和在朝廷任侍中，也到了长安。汉献帝刘协虽然年幼，又被董卓控制，但他是一个很有想法的少年天子，一心想重返旧都。刘和是汉室宗亲，汉献帝对他十分倚重，派他潜出长安，从武关道出关中，回幽州找刘虞带兵来救驾。《后汉书·刘虞传》记载："时虞子和为侍中，因此遣和潜从武关出，告虞将兵来迎。"

汉献帝的想法不错，但路线似乎有问题，长安去幽州应该往东北方向走，捷径是走河东郡，或者由长安往东出函谷关。武关道是往东南方向走了，大致走的是今陕南的安康、商洛，再走鄂西北。武关道一出来就是南阳郡，这里是袁术的地盘。袁术发现了刘和，虽然刘和告诉袁术自己肩负的使命，袁术还是把他扣了起来。作为关东联军的一员，袁术理应支持刘和搬兵救驾，扣留刘和的动机实在不好理解，《三国志·公孙瓒传》的解释是：“术利虞为援，留和不遣。”袁术想通过扣留刘和，把刘虞引为自己的外援，这倒是有可能的，随着袁术、袁绍两大阵营的逐步形成，袁术也想把刘虞拉到自己这边来。

袁术对刘和说，他也将出兵西进，让刘和给刘虞写信。刘虞接到儿子写的信，没有判断出袁术的真实意图，一心救驾，决定派数千骑兵南下。不过，这毕竟是一件大事，刘虞还是跟公孙瓒商量了一下。哪知道，公孙瓒明确反对。公孙瓒的理由是袁术此人有异志，跟他合作得慎重。应该说，公孙瓒的这个判断还是相当准确的。但刘虞没接受，仍决定派兵。《三国志·公孙瓒传》记载：“虞得和书，乃遣数千骑诣和。瓒知术有异志，不欲遣兵，止虞，虞不可。”这反而让公孙瓒担心起来，他害怕自己反对派兵的事被袁术知道，袁术将来恨他。为了弥补，公孙瓒也派从弟公孙越率一千名骑兵前往南阳郡。公孙瓒还另有盘算，他让公孙越给袁术捎话，让他继续扣留刘和，把刘虞派来的数千人马夺去。

于是，从幽州刺史部同时有两支人马先后到了南阳郡。本来与幽州事务毫不相干的袁术现在必须做出选择，是支持刘虞还是按公孙瓒密信中所说行事。经过分析，袁术在幽州的两大势力中更好看公孙瓒，他接受了公孙瓒的建议，吞并了刘虞派来的人马，继续扣留刘和。可是，刘和却伺机逃出了袁术的控制。刘和回幽州，路过冀州时又被袁绍扣下。刘虞得知这些情况后，既对袁绍不满，更深恨公孙瓒。

事情还没有完。虽然公孙越是到南阳郡做客的，袁术也给他派了不少任务，让他率部去打仗，结果在一次战斗中公孙越被流矢射中而死。这让袁术有点头疼，不知道如何给公孙瓒交代。想来想去，袁术决定把这笔账赖在袁绍身上。《三国志·公孙瓒传》记载，袁术写信告诉公孙瓒，说公孙越是袁绍杀害的。公孙瓒不分青红皂白，咆哮道："余弟死，祸起于绍！"就这样，经过袁术一番搅和，整个北方的形势更加混乱了，公孙瓒、刘虞、袁绍之间成为互为对手的关系。

九、界桥之战

袁绍在公孙瓒的配合下从韩馥手里夺取了冀州，事后绝口不提"分赃"的事，公孙瓒已经憋了一肚子火，加上刘和事件，更把袁绍恨得牙疼。袁绍为了息事宁人，也做出一些姿态，把自己担任的渤海郡太守一职让给了公孙瓒的另一个堂弟公孙范，等于从自己的冀州刺史部划出一个郡的地盘给公孙瓒，但公孙瓒的怒气仍无法消去。公孙瓒以打黄巾军为借口大肆封官，任命严纲为冀州刺史，田楷为青州刺史，单经为兖州刺史，还任命了郡太守、国相以及县令等若干。

公孙瓒的做法摆明了就是跟袁绍对着干：任命冀州刺史是成心恶心冀州牧袁绍一下；任命青州刺史是趁原青州刺史焦

和死去来抢地盘，兖州虽然有些远，先派个刺史去也能搅和搅和。公孙瓒的行为激起了袁绍的愤怒。袁绍一向自视甚高，不仅以关东联军盟主自居，而且认为自己才是汉室的中流砥柱，不允许其他人对自己发起挑战。袁绍比较迷信，当汉献帝下诏改年号为初平时，他就认为这是上天降大任于自己的暗示，更坚定了心中的执念。《三国志·袁绍传》裴松之注引《英雄记》记载：

是时年号初平，绍字本初，自以为年与字合，必能克平祸乱。

随着矛盾不断激化，袁绍意识到与公孙瓒的一场决战不可避免，除了积极扩军备战，他还想方设法继续给自己拉外援，给对手制造敌人。不过，从双方兵力对比来看，公孙瓒的实力更胜一筹。推测起来，公孙瓒这时可以调用的总兵力有十万人左右，且骑兵所占比例较大，这与幽州紧临北方少数民族地区有关。而袁绍手中的人马明显不足，要守的地盘很大，能集中起来作战的只有五万人左右，其中骑兵占比不大。

袁绍的主力大都是韩馥原来的人马，虽然张郃、麹义、颜良、文丑是一流猛将，但他们大多归顺不久，忠诚度尚待考验，万一战场上出现失利的情况，他们会不会落井下石都不太好说。相比较而言，麹义投奔自己比较早，与韩馥曾经彻底翻过脸，可靠度较高，关键时候可以委以重任。此外，袁绍要与公孙瓒决战还必须过一道难关，那就是公孙瓒麾下的骑兵劲旅白马义从。在华北平原这样的开阔地带，用步兵打骑兵，且人数不占优势，胜算实在很小，更何况面对的是白马义从。

让袁绍头疼的事并不只有这些，公孙瓒跟黑山军的张燕联系上了，策反了刚刚归顺袁绍的南匈奴单于于扶罗，还跟徐州刺史陶谦建立了联系，加上袁术，袁绍基本上处于四面楚歌的状态。袁绍整天跟沮授、田丰、逢纪、许攸等智囊一块商议，试图找到一条破敌之策。

袁绍还在冥思苦想时，公孙瓒已经等不及了。初平二年冬天，公孙瓒率主力南下，屯兵于磐河，做好了随时向袁绍发起进攻的准备。为配合军事攻势，公孙瓒还发布了一份讨袁檄文。这份檄文虽然不如陈琳后来为袁绍写的讨伐曹操的那份檄文有名，但也很下功夫。这份檄文尽管出自敌对方之手，所说的事情难免有歪曲和无中生有的地方，或者夸大其词、造谣中伤，但也有实事求是的内容，因而保存了一些在其他史书中所没有的史料。据《三国志·公孙瓒传》裴松之注引《典略》所载，这份檄文是以上表汉献帝、历数袁绍各项罪状的形式发布的，全文如下：

臣闻皇、羲以来，始有君臣上下之事，张化以导民，刑罚以禁暴。今行车骑将军袁绍，托其先轨，寇窃人爵，既性暴乱，厥行淫秽。昔为司隶校尉，会值国家丧祸之际，太后承摄，何氏辅政，绍专为邪媚，不能举直，至令丁原焚烧孟津，招来董卓，造为乱根，绍罪一也。卓既入雒而主见质，绍不能权谲以济君父，而弃置节传，迸窜逃亡，忝辱爵命，背上不忠，绍罪二也。绍为勃海太守，默选戎马，当攻董卓，不告父兄，至使太傅门户，太仆母子，一旦而毙，不仁不孝，绍罪三也。绍既兴兵，涉历二年，不恤国难，广自封殖，乃多以资粮专为不急，割剥富室，收考责钱，百姓吁嗟，莫不痛怨，绍罪四也。韩馥之迫，窃其虚位，矫命诏恩，刻金印玉玺，每下文书，皂囊施检，文曰“诏书一封，邟乡侯印”。昔新室之乱，渐以即真，今绍所施，拟而方之，绍罪五也。绍令崔巨业候视星日，财货赂遗，与共饮食，克期会合，攻钞郡县，此岂大臣所当宜为？绍罪六也。绍与故虎牙都尉刘勋首共造兵，勋仍有效，又降伏张杨，而以小忿枉害于勋，信用谗慝，杀害有功，绍罪七也。绍又上故上谷太守高焉、故甘陵相姚贡，横责其钱，钱不备毕，二人并命，绍罪八也。春秋之义，子以母贵。绍母亲为婢使，绍实微贱，不可以为人后，以义不宜，乃据丰隆之重任，忝污王爵，损辱袁宗，绍罪九也。又长沙太守孙坚，前领豫州刺史，驱走董卓，扫除陵庙，其功莫大；绍令周昂盗居其位，断绝坚粮，令不得入，使卓不被诛，绍罪十也。臣又每得后将军袁术书，云绍非术类也。绍之罪戾，虽南山之竹不能载。昔姬周政弱，王道陵迟，天子迁都，诸侯背叛，于是齐桓立柯亭之盟，晋文为践土之会，伐荆楚以致菁茅，诛曹、卫以彰无礼。臣虽阘茸，名非先贤，蒙被朝恩，当此重任，职在铁钺，奉辞伐罪，辄与诸将州郡兵讨绍等。若事克捷，罪人斯得，庶续桓、文忠诚之效，攻战形状，前后续上。

这份檄文列举了袁绍的“十大罪状”：一是袁绍把董卓招到了洛阳，是董卓之祸的根源；二是董卓把持朝政，挟持天子，袁绍不反抗，只顾自己逃命，没有履行臣子向天子尽忠的责任；三是袁绍当上渤海郡太守后，偷偷准备兵马反抗董卓，却不提前告诉家里人，结果招致五十多位家人丧命，实在是不孝；四是袁绍兴兵之后不恤国难，而是四处培植自己的势力，又盘剥富室，搜刮百姓，弄得世人很有怨言；五是袁绍与韩馥一起阴谋另立朝廷，为此私刻金印玉玺一枚，上面刻着“诏书一封，邟乡侯印”的字样，跟过去王莽作乱情形一样；六是袁绍信任一个叫崔巨业的术士，和他同吃同住，什么大事都问他，不像一个大臣的作为；七是前虎牙都尉刘勋与袁绍一同起兵，刘勋立了不少功劳，但袁绍听信谗言，因为很小的过失就杀了刘勋；八是袁绍给前上谷郡太守高焉、前甘陵国相姚贡下达命令，让他们交钱，钱没有按时交来，杀了二人；九是按春秋之义当子以母贵，袁绍的生母本来只是府上的一个奴仆，出身低贱；十是长沙郡太守孙坚兼任豫州刺史，驱走董卓，扫除陵庙，立下大功，袁绍却命周昂盗居其位，破坏了讨董行动。

这是一篇战斗檄文，不是只喊口号，而是重在说事，专揭对手的伤疤，想必一经发布，便发挥了很强的杀伤力。至于檄文中所说的事情，有些可考，有些已经不可考了；有些说得在理，有些强加在袁绍头上则很勉强。比如，制造董卓之祸，袁绍确实负主要责任，但并非全部责任；不反抗董卓、置天子于不顾，这个大家都有责任；使一家五十多口丧命，这不是袁绍的责任，而是董卓的责任；说袁绍起兵以来不对付敌人，只顾壮大自己，这倒是事实；指使韩馥立新君，这也是事实；派周昂攻打孙坚确有其事，但说因此讨董大业就失败了，有些夸张；崔巨业确有其人，其实是一个江湖骗子、算命先生，袁绍很迷信，打仗要挑好日子，决定重大事情要先问吉凶，但这算不算缺乏大臣的风范，则是一个见仁见智的事；刘勋其人已经不可查了，汉末有一个很有名的刘勋，早年跟曹操是好朋友，后来归附了曹操，但袁绍杀的显然不是此人；袁绍向高焉、姚贡要钱，不给就翻脸杀人，这也无法考证，不过既然写在了给天下人看的檄文里，肯定有这两个人，至于内情则不好说了。檄文里最不该有的是揭了袁绍的隐私，说什么他是袁家奴仆下人生的，即便是事实，也显得很不厚道。

进行了强大的舆论宣传后，初平三年春天，公孙瓒率大军继续向南推进，屯兵于界桥。李贤等注《后汉书》时指出：“今贝州宗城县东有古界城，近枯漳水，则界桥在此也。”据此，界桥应位于老漳河附近，具体位置在今河北省邢台市威县城东一带，皇甫嵩讨伐张角的广宗之战就发生在附近。当时这里有一条清河，是冀州刺史部巨鹿郡和清河国的界河，河上有桥，故称界桥。从地理位置看，界桥已深入冀州刺史部以内数百里，距袁绍的大本营邺县只有二百来里，说明这时候公孙瓒处于上风，大军已经逼到了袁绍的家门口，袁绍不拼都不行了。袁绍倾尽所能，集中起所有人马随后开到，两军在界桥以南二十里的地方摆开战场。

两军对阵，公孙瓒一方阵容齐整、甲盔鲜明、旌旗飘扬，很有气势，尤其是队列正中的白马义从，更令人闻风丧胆。在白马义从的两侧还各有五千名骑兵，在骑兵的后面，是三万多名步兵排成的方阵。而对面的袁军却摆出了一个奇怪的阵形，也许是来不及训练，也许不善于打这样的阵地战，袁军排列在正中的只有八百名步兵和一千多名弩兵，身后隐约有数万名步兵，但队列不整，斗志也不高。

看到这种情景，公孙瓒的嘴角想必露出过一丝轻蔑的微笑。作为最擅长打骑兵突袭战的专家，公孙瓒太熟悉接下来的阵法了，打张纯、打青州黄巾军、打乌桓人都是这样的打法：号令一发，他的白马义从会风卷残云般杀过去，下面就只等后续部队上去给敌人收尸了。那一刻，公孙瓒抽出指挥刀在空中划出一道果断且优美的曲线，他下达了总攻的命令。

瞬时，数千名白马义从将士席卷而出，马蹄声如闷雷般响起，夹着数千人的号叫，仿佛不用刀剑而仅凭这吓人的气势就足以把任何敌人撕个粉碎。再看对面，当数千铁骑呼啸而来时，袁军的队形仍然没有动，而列队于最前面的八百名步兵却突然伏下身子，用随身携带的皮盾蒙住身体，然后一动不动地等待敌人骑兵的到来。敌人一点点接近了，这些人仍然不动。白马义从都是马上的射箭高手，离对方还有一箭之地时，他们一边冲锋，一边在马上搭弓射箭，雨点般的箭支射来，但袁军有皮盾保护，没有人受伤。

说话之间，骑兵就到了，伏在皮盾下的这八百人突然同时跃起，扬起阵阵尘土，他们也同时大声呼喊着，气势也足令任何对手胆战心惊。白马义从的将士们突然受到惊吓，正迟疑间，发现这些人手里拿着一种样子奇怪的武器向自己刺来，他们好像受过专门训练，把这种武器用得很老练，无论刺人还是刺马，一刺一个准。公孙瓒不知道，这种秘密武器是袁绍专门为白马义从设计和定制的，叫作大戟，是一种带钩带刺的长枪，具体样子可能有点像评书中说的岳飞大破金人连环马的钩镰枪。前段时间，为破白马义从，袁绍可谓绞尽了脑汁，经过与部下们反复演练，他们发明了这种武器，并挑选了八百名精锐士卒进行特殊训练，具体由麴义指挥。他们是袁绍的撒手锏，数月来反复模拟，刻苦训练，为的就是这一天，他们被称为大戟士。

白马义从遭受到自诞生以来最残酷的重创，但这才是噩梦的开始。守候在这八百名步兵后面的一千多名弓箭手早已为客人准备好了丰盛的礼物，这就是箭矢，待敌人接近时，一齐怒射而出。弓箭手通常会分拨轮换射击，这意味着虽然可以侥幸躲过大戟士的重创，但随之迎面而来的是由近距离射出的、密不透风的箭雨。威名远扬、几乎从未有过败绩的白马义从成了袁军弓箭手练习射击的移动靶，纷纷被射落马下。白马义从遭受到第一次，也是最后一次的惨败，作为一个独立完整的作战单元，他们从此在战场上消失了。白马义从神话般的覆灭震惊了公孙瓒的阵营。还在敌人错愕的当口，袁绍立即指挥后面的队伍全线出击，公孙瓒所部大败。袁军一路追杀，公孙瓒刚任命的冀州刺史严纲也被生擒。

按理说，这一仗可以就此结束了，但后面却出了惊险的一幕，险些让胜利的天平倒倾。袁军虽然得胜，但指挥系统和士兵的训练可能真的有问题，在追击过程中乱了章法，大家只顾追击敌人，把主帅袁绍忘了，此时袁绍跟前只有一百多人。混乱中，袁绍一行与两千多名敌人相遇，败兵反而把获胜一方的主帅团团围住。幸好对方不知道这里面有袁绍，所以攻击得并不激烈。袁绍指挥手下展开防卫，等待援军的到来。敌人开始射箭，情况越来越危险，田丰跟袁绍在一块，田丰拉着袁绍要到一处断墙后面躲避，袁绍不仅不去，索性把头盔也摔了，喊道大丈夫何惧向前战斗而死！危急关头，袁绍用行动给手下人做出了表率，激励起大家的斗志。在袁绍的带动下，袁军士兵拼死抵抗，袁军的后援部队也及时赶到，化解了危机。关于这场界桥之战，《三国志·袁绍传》裴松之注引《英雄记》的记载最为精彩：

公孙瓒击青州黄巾贼，大破之，还屯广宗，改易守令，冀州长吏无不望风响应，开门受之。绍自往征瓒，合战于界桥南二十里。瓒步兵三万余人为方阵，骑为两翼，左右各五千余匹，白马义从为中坚，亦分作两校，左射右，右射左，旌旗铠甲，光照天地。绍令麴义以八百兵为先登，强弩千张夹承之，绍自以步兵数万结阵于后。义久在凉州，晓习羌斗，兵皆骁锐。瓒见其兵少，便放骑欲陵蹈之。义兵皆伏楯下不动，未至数十步，乃同时俱起，扬尘大叫，直前冲突，强弩雷发，所中必倒，临阵斩瓒所署冀州刺史严纲甲首千余级。瓒军败绩，步骑奔走，不复还营。义追至界桥；瓒殿兵还战桥上，义复破之，遂到瓒营，拔其牙门，营中余众皆复散走。绍在后，未到桥十数里，下马发鞍，见瓒已破，不为设备，惟帐下强弩数十张，大戟士百余人自随。瓒部迸骑二千余匹卒至，便围绍数重，弓矢雨下。别驾从事田丰扶绍欲卻入空垣，绍以兜鍪扑地曰："大丈夫当前斗死，而入墙间，岂可得活乎？"强弩乃乱发，多所杀伤。瓒骑不知是绍，亦稍引却；会麹义来迎，乃散去。

在以三国历史为背景的小说和一些影视剧里，经常可以看到两个主将一对一"单挑"的场面，一打就是若干个"回合"。但是，这并不符合汉末三国交战的实际情况。"回合"是车战术语，双方站在战车上，相向冲锋，接近时用手中的兵器搏杀，冲过去后再折回来重新冲锋，一来一回就是一个"回合"。到了汉末三国时代，车战已被骑兵作战所取代，主将之间很少直接面对面打斗了，讲究的是阵法以及骑兵、步兵、弓弩兵等之间的配合。《英雄记》关于界桥之战的记述，形象地还原了当时两军在陆地野战时交战的主要形式，即运用阵法以及多兵种相互配合，这更符合实际情况。

有人说袁绍是草包，有人说公孙瓒、董卓是一介武夫，也有人说刘表、陶谦没有本事。凡此种种，其实都是误解，犯了"胜者王侯败者寇"的经验主义错误，以为只有最终取得胜利的人才有资格被称为英雄。其实，能在风云莫测的历史舞台上崭露头角，能在群雄逐鹿中哪怕只是走个过场，都有着过人之处。袁绍一生中，曾不止一次在危险关头表现出大无畏的气

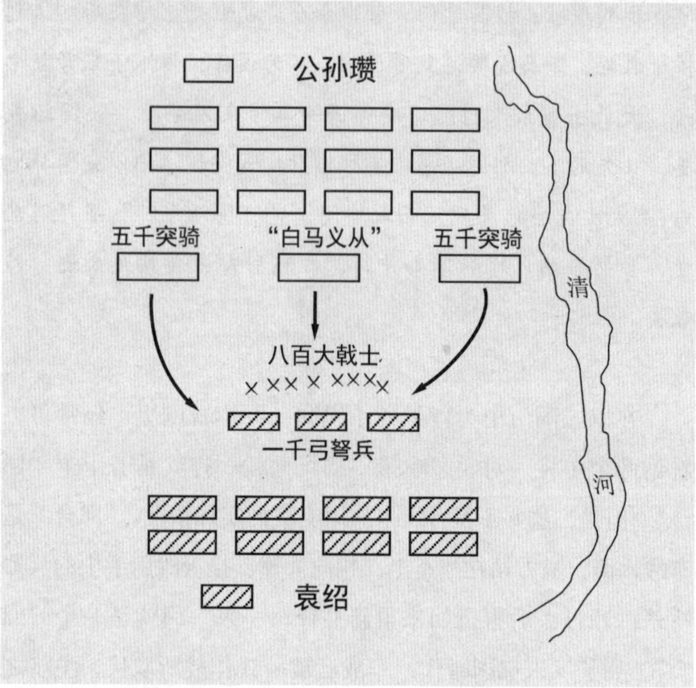

图3　界桥之战中双方对阵情况示意图

概，证明袁绍不缺英雄气，更不是贪生怕死之徒，关键时刻他能拉得出、顶得上，有时候也能打得赢。

在发生于初平三年春天的界桥之战中，袁绍虽然没有全歼公孙瓒主力，但给公孙瓒以重创。界桥之战前袁绍处于被动挨打的局面，界桥之战后二人的实力至少实现了平衡。这场战斗是步兵战胜骑兵的经典战例，也是以少胜多、以弱胜强的典范，此战的全胜使袁绍打破了四面楚歌的被动局面。

第四章

独夫之死

191—192年

一、太师与“尚父”

初平二年四月，带着从洛阳搜刮来的巨额财富，率领仍然十分精锐的凉州军主力，董卓来到了长安。司徒王允率三公、九卿等百官到郊外迎接。董卓所乘的车辆到达，众人一齐参拜在车前。虽然是被敌人赶到关中的，但董卓的霸气一点儿都不减，他睥睨着拜伏在脚下的人们，心里很满意。

董卓的目光在人群中搜寻着，突然发现一个老熟人。这个人就是皇甫嵩，扑灭黄巾起义的头号功臣，担任过车骑将军，也曾经位至三公。前不久皇甫嵩被诬下狱，险些丧命，出狱后被降职为议郎，后改任御史中丞，随百官先期到了长安。《三国志·董卓传》裴松之注引《山阳公载记》记载，董卓停下车，故意对皇甫嵩说：“义真服未乎？”皇甫嵩字义真，董卓问他服不服。皇甫嵩实在厌恶董卓，但不敢跟他发生冲突，说道：“安知明公乃至于是！”董卓也读过一些书，看过司马迁所著的《史记》，这时突然想起里面的一句话，说道：“鸿鹄固有远志，但燕雀自不知耳！”鸿鹄本来有很远大的志向，只是燕子麻雀这些凡鸟看不到罢了。皇甫嵩受到羞辱，但仍然忍住了，回道："昔与明公俱为鸿鹄，不意今日变为凤皇耳。"皇甫嵩说，过去我和明公您都是鸿鹄，没想到今天您已变成了凤凰啊！董卓听了大为满意，高兴地说看来你已经服气了，今天你可以不用参拜了。另据裴松之注引张璠《后汉纪》记载，董卓还拉起皇甫嵩的手同行，故意问："义真怖未乎？"皇甫嵩坦然回答："明公以德辅朝廷，大庆方至，何怖之有？若淫刑以逞，将天下皆惧，岂独嵩乎？"皇甫嵩说，您如果以德能辅佐朝廷，大福刚到，何怕之有？如果滥施淫刑，那天下人都应该害怕，也不只是我皇甫嵩一个人。董卓听完，默然无语。

董卓来到长安，关中百姓从此生活在水深火热之中。董卓想选个人当司隶校尉，之前王允推荐过盖勋，被董卓否决。盖勋也来到了长安，但一直郁郁寡欢，不久即病逝。董卓最后选的司隶校尉名叫刘嚣，这个人名气不大，巴结奉承却有一套，对老百姓十分狠毒。在董卓授意下，刘嚣规定无论官民，有为子不孝、为臣不忠、为吏不清、为弟不顺的一律诛杀，财产全部没收。忠不忠、孝不孝，这都是不太好说的事，解释权由刘嚣掌握，他说谁不孝谁就不孝，他想收拾谁就说谁不忠，往往是先看中人家的财产，再罗织罪名。刘嚣还鼓励大家互相揭发，造成了大量冤假错案，冤死的人数以千计。长安立刻成了一座恐怖之城，大家平时路上见了面只能互相看一眼，话都不敢说一句。《三国志·董卓传》记载："法令苛酷，爱憎淫刑，更相被诬，冤死者千数。百姓嗷嗷，道路以目。"裴松之注引《魏书》记载："卓使司隶校尉刘嚣籍吏民有为子不孝，为臣不忠，为吏不清，为弟不顺，有应此者皆身诛，财物没官。于是爱憎互起，民多冤死。”谁要让董卓觉着不顺眼，那一定得倒霉，不管你是谁，资格有多老，威望有多高，概莫能逃过一死。

董卓心胸狭窄，喜欢打击报复。早年在西线战场作战时，便对名将张温很有意见，而张温也一向不肯巴结董卓，董卓总想找机会收拾张温。张温此时任卫尉，只是个空头衔而已，董卓仍不放过。初平二年七月，太史令报告说，根据天象，近日将有大臣被杀。董卓很信天命，他怕此谶应到自己身上，赶紧给张温捏了一个秘密勾结袁术的罪名将其下狱。十月一日，指挥过千军万马的一代名将张温被人拖到街上，乱棒打死。《三国志·董卓传》记载：“太史望气，言当有大臣戮死者。故太尉张温时为卫尉，素不善卓，卓心怨之，因天有变，欲以塞咎，使人言温与袁术交关，遂笞杀之。”连曾经的上司都随便杀，且手段如此残忍，文武百官只能心惊胆战地侍奉着董卓。

皇甫嵩的叔父、“凉州三明”之一的皇甫规也做过董卓的上司，虽然已死去多年，但也被董卓羞辱。皇甫规的第二任妻子长得很漂亮，还能写文章，工草书，经常为皇甫规做一些文书方面的工作，众人都惊讶于她的才能。皇甫规死后，皇甫夫人仍然年轻，容貌很美，被董卓看上了。董卓用一百辆彩车、二十四马组成豪华迎亲车队，还有许多奴婢、钱财做聘礼求娶。皇甫夫人穿着便服来到董卓那里，跪下来陈述自己的苦衷，言语哀恸。但董卓不理，命人拔出钢刀围住她，加以威胁。她知道不能免于一死，站起来破口大骂，一顿怒斥，把董卓骂得无地自容。董卓恼羞成怒，让人推一辆车子到庭院里，把她绑在车轭上，命奴仆们用鞭子、棍棒使劲打。皇甫夫人忍受剧痛，对打手们说怎么不重重下手打呢，死得越快越好！最后死于车下。《后汉书·列女传》记载：

安定皇甫规妻者，不知何氏女也。规初丧室家，后更娶之。妻善属文，能草书，时为规答书记，众人怪其工。及规卒时，妻年犹盛，而容色美。后董卓为相国，承其名，聘以軿辎百乘，马二十匹，奴婢钱帛充路。妻乃轻服诣卓门，跪自陈请，辞甚酸怆。卓使傅奴侍者悉拔刀围之，而谓曰："孤之威教，欲令四海风靡，何有不行于一妇人乎！"妻知不免，乃立骂卓曰："君羌胡之种，毒害天下犹未足邪！妾之先人，清德奕世。皇甫氏文武上才，为汉忠臣。君亲非其趣使走吏乎？敢欲行非礼于尔君夫人邪！"卓乃引车庭中，以其头悬轭，鞭扑交下。妻谓持杖者曰："何不重乎？速尽为惠。"遂死车下。后人图画，号曰"礼宗"云。

到长安后，董卓一改之前重用士人的做法，开始大肆封拜亲属。董卓的弟弟董旻被任命为左将军、封鄠侯，董卓哥哥的儿子董璜任侍中兼中军校尉，掌握兵权。还有不少董家的人当了大官，一上朝，董家的人能站成一排。连董氏家族抱在怀里的婴儿也都封了侯，颁发金印紫绶，小孩子不懂那是什么，拿着当成玩具耍。董卓被封为郿侯，郿县在长安以西，即今陕西省眉县，此地离后来著名的战场五丈原非常近。董卓在郿县筑起高坛，边长两丈多，高五六尺，坛成，董卓让汉献帝封孙女董白为渭阳君，让她乘着轩金华青盖车来到这里登坛，在郿县的文武官员，包括都尉、中郎将、州刺史等高级官员都到车前，引导着这个小女孩来到坛上，董卓命董璜为使者亲自颁发印绶。《三国志·董卓传》裴松之注引《英雄记》记载："卓侍妾怀抱中子，皆封侯，弄以金紫。孙女名白，时尚未笄，封为渭阳君。于郿城东起坛，从广二丈余，高五六尺，使白乘轩金华青盖车，都尉、中郎将、刺史二千石在郿者，各令乘轩簪笔，为白导从，之坛上，使兄子璜为使者授印绶。"史书从未记载过有关董卓儿子的事，分析起来董卓应该没有儿子，如果有的话，史书应该有所记录。这里的董白有可能是董卓的外孙女，或许是牛辅的女儿，所以不一定姓董。史书还提到董卓有一个孙子，可能也是外孙，此时不到十岁，性格却极其残忍。《太平御览》中有一条引自《董卓传》的记载：

卓孙年七岁，爱以为己子。为作小铠胄，使骑駃騠马，与玉甲一具。俱出入，以为麟驹凤雏，至杀人之子，如蚤虱耳。

董卓在郿县修筑了一座城堡，号称郿坞，城高与长安城相等，里面储藏够三十年吃的粮食。董卓对外宣称：大功如可成，就称雄天下；如果不成，就守着它安度晚年！《三国志·董卓传》记载："筑郿坞，高与长安城埒，积谷为三十年储，云事成，雄据天下，不成，守此足以毕老。"董卓还喜欢玩一些新花样，他亲自设计了一种奇特的车子，这种车用青色的伞盖，爪画两幡，大家给这种车子起了个名字叫"竿摩车"。董卓觉得很得意，也很威风，出门便乘坐着。蔡邕此时改任左中郎将，只有他还敢在董卓面前说几句真话。《三国志·董卓传》裴松之注引《献帝纪》记载，蔡邕认为天子和大臣乘坐的车子都有规定和讲究，董卓这么做很不妥，但又不知道该怎么劝。正巧，长安这时发生了一次小规模地震，董卓有点紧张，问蔡邕是什么原因，蔡邕趁机对董卓说："地动阴盛，大臣逾制之所致也。公乘青盖车，远近以为非宜。"董卓接受了蔡邕的批评，改乘皂色伞盖的车子。

暴君的身边通常少不了一群小人，董卓很快就被刘嚣这样的小人包围了。大家一致认为，董太师的丰功伟绩无人能比，当太师有点委屈了，于是参照周朝开国宰相姜尚的先例，要给董卓再加上一个尊称，叫"尚父"。姜尚不仅是宰相，还是武王的岳父，才称"尚父"。《三国志·董卓传》裴松之注引《献帝纪》记载，董卓吃不准，怕弄出笑话来，就此向蔡邕询问。蔡邕趁机劝道："昔武王受命，太公为师，辅佐周室，以伐无道，是以天下尊之，称为尚父。今公之功德诚为巍巍，宜须关东悉定，车驾东还，然后议之。"蔡邕委婉表示，您的威德没有问题，不过还不是时候，应该等平定了关东，车驾返回旧京，然后再做。董卓听了，觉得有理，采纳了蔡邕的建议。

二、蔡邕的苦恼

在众人眼中蔡邕是极少数被董卓尊敬的士人之一，董卓对他的话不仅相当重视，而且平时也非常尊重他，而蔡邕似乎也甘为董卓所用，除多次秉承董卓之意上疏外，宴会时还常常遵令为董卓弹琴助兴。《后汉书·蔡邕传》记载："卓重邕才学，厚相遇待，每集宴，辄令邕鼓琴赞事，邕亦每存匡益。"在各种公私场合，蔡邕与董卓交往都很多。董卓年轻耕田时得到一把刀，削玉如泥，一直珍藏着。董卓拿给蔡邕看，让他鉴定一下。经蔡邕鉴定，这是项羽的佩刀。南北朝陶弘景所撰《古今刀剑录》记载：

董卓少时耕野，得一刀，无文字，四面隐起作山云文，劆玉如泥。及卓贵，示五官郎将蔡邕，邕曰："此项羽之刀也。"

然而，蔡邕内心却十分痛苦。《后汉书·蔡邕传》记载，蔡邕曾对从弟蔡谷说："董公性刚而遂非，终难济也。吾欲东奔兖州，若道远难达，且遁逃山东以待之，何如？"蔡邕想逃离长安，去兖州，但又担心道路太远，也不知道那里的人如何看待自己，十分矛盾。蔡谷劝他说："君状异恒人，每行，观者盈集。以此自匿，不亦难乎？"按照蔡谷的说法，蔡邕长得跟普通人不一样，走在外面容易招致大家围观。蔡邕究竟长成什么样？史书没有明确记载，但一定是长相特殊，让人见一面就忘不掉。蔡邕听了从弟的话，这才打消逃跑的念头。

好在蔡邕身边有两个年轻人给了他很大的安慰，一个是自己的女儿蔡琰，一个是王粲。曹操小时候曾在家乡的河道里与“蛟”搏斗，这个故事被梁代刘昭写进了《幼童传》一书中，这是当时的一本儿童教育读物，里面记录了大量神童的故事。与曹操一同入选为“神童”的汉末儿童还有一个就是蔡琰，说的是她“六岁辨琴”的故事。蔡邕是一位音乐家，蔡琰受父亲熏陶，很早就是一个音乐天才。一天晚上，蔡邕鼓琴，琴弦断了，蔡琰看都没看就说断的是第二根弦。蔡邕很讶异，断的确实是第二根弦。蔡邕又故意弄断了另一根，问女儿这一次是第几根，女儿说是第四根。答案完全正确。蔡琰字文姬，通常称她为蔡文姬，不过《后汉书·列女传》注引《列女后传》说她“字昭姬也”。史书没有记载蔡文姬出生于何时，据分析她可能出生在177年前后，比曹操小了二十多岁。所以，认为曹操与蔡文姬从小“青梅竹马”是完全靠不住的。

王粲也出生于177年，字仲宣，兖州刺史部山阳国高平县（今山东省微山县）人，他的父亲名叫王谦，曾任大将军何进的长史。王谦这时已因病去世，王粲不知什么原因也来到了长安。蔡邕是名满天下的大学者，经常宾客盈门。一次，蔡邕正在家中跟众宾客谈话，家人进来通报，说有人在外面求见，蔡邕问了来人的姓名，竟慌忙从座上起来跑出去迎接，一着急把鞋子都穿反了。大家很纳闷，这是什么样的重量级人物，能让蔡大师如此呢？进来一看，大家更吃惊了，蔡邕陪着的是一个十几岁的少年，不仅年龄小，而且其貌不扬，个子不高，又黑又瘦，于是一坐尽惊。蔡邕向大家介绍：这是学者王畅的孙子，很有才能，我不如他。蔡邕同时宣布，自己家中的藏书，死后全部留给王粲。《三国志·王粲传》记载：

献帝西迁，粲徙长安，左中郎将蔡邕见而奇之。时邕才学显著，贵重朝廷，常车骑填巷，宾客盈坐。闻粲在门，倒屣迎之。粲至，年既幼弱，容状短小，一坐尽惊。邕曰："此王公孙也，有异才，吾不如也。吾家书籍文章，尽当与之。"

蔡邕的反常举动让人十分不解，王粲即使再有才，也不至于以十几岁的年龄就能让名满天下的大学者折服吧？蔡邕厚遇王粲，想来或许跟他的女儿有关。蔡文姬虽与王粲同龄，但这时她已经有过一次婚姻，她的丈夫出身于河东郡世族，名叫卫仲道，是一个读书人，婚后夫妇很恩爱，但前不久卫仲道病故了，蔡文姬回到了父亲身边。蔡邕刻意栽培王粲，并且说出那些不同寻常的话，也许有把女儿许配给王粲的意思，当然这只是猜测。不过，有了两个年轻人的陪伴，蔡邕在长安的生活才略微增加了一抹淡淡的色彩。

三、一再失败的密谋

关中是最早的天府之国，且易守难攻。关中东有潼关、函谷关，又有黄河天险，南面是秦岭，西面和北面都是边塞，形成了天然屏障。皇甫嵩臣服后，董卓不仅解除了心腹大患，而且将皇甫嵩所率三万多人的朝廷军队纳入自己的麾下。曾经不断闹事的白波军这时也远走他处，关中是个四塞之地，背后又是自己的大本营凉州，董卓觉得迁都这件事情做得再正确不过了，开始憧憬着自己幸福的晚年生活。

可是，有一些人不想看到恶贯满盈的董卓也有一个幸福的晚年，他们无时无刻不想把这个祸国殃民的独夫除掉，他们就是从洛阳被裹挟至此的士人们。在这些士人中，反董意志最坚决的是当初何进引进的那批人，他们和袁绍等人都有着割舍不断的联系，在伍琼、周毖被杀后，他们继续忍辱负重，一面迎合着董卓，一面寻找着除掉董卓的办法和机会。他们认为现在的乱局都是董卓一个人造成的，如果把他杀了，然后夺取兵权，就可以趁着凉州军群龙无首之际占据函谷关，以汉献帝的名义统领全国。

初平三年春天，一连下了六十多天的雨。在春季的关中地区，这比较反常。这一天，王允主持一个祈祷雨停的仪式，之后跟几个同僚一起闲聊，其中有尚书仆射士孙瑞、护羌校尉杨瓒。杨瓒的情况不详，想必和王允等人也志同道合。士孙瑞字君荣，是关中本地人，盖勋担任京兆尹时的下属，很有能力。朝廷来到长安后，士孙瑞担任执金吾，之后在王允推荐下担任现职。《后汉书·王允传》记载，他们几人之前就秘密讨论过铲除董卓的事，看到现在天气这么异常，士孙瑞说：“自岁末以来，太阳不照，霖雨积时，月犯执法，彗孛仍见，昼阴夜阳，雾气交侵，此期应促尽，内发者胜。几不可后，公其图之。”士孙瑞认为，异常的天象显示，眼下这种混乱的日子即将到尽头，如果不把握天机，先发制人，恐怕后患无穷！士孙瑞劝王允早下决心，王允答应了。

王允于是找郑泰商量。郑泰也来到了长安，仍任议郎。郑泰出了一个主意：由王允出面向董卓提出建议，任命杨瓒为左将军，士孙瑞为南阳郡太守，让他们二人领兵由武关道出兵攻击袁术。郑泰的这个主意与他之前给董卓出的主意一样，都是尽可能抓住兵权。一旦手里有了兵权，就有了突然向董卓发难的条件。武关道是关中通往南阳郡的捷径，控制了这条战略要道，进退皆可。说是征讨袁术，关键时刻把袁术从武关道放进来才是真的。然而，这条建议被董卓否决了。并非董卓识破了郑泰的密谋，而是他现在脑子里只有闭关自守，对于主动出击没有兴趣。

董卓十分狡猾，王允等一筹莫展。有一个人等不及了，干脆直接对董卓展开了刺杀行动。这个人名叫伍孚，豫州刺史部汝南郡人。董卓不久前杀害的伍琼也是汝南郡人，有人怀疑他们是一个人，但没有证据。伍孚应该是另外一个人，他担任过何进大将军府里的东曹属，与袁绍、袁术、曹操都很熟。董卓掌权后，伍孚也潜伏了下来，一直不露声色地寻找机会。由于伪装工作做得好，董卓没有识破伍孚的身份，反而让伍孚的职务不断升迁，担任了侍中、河南尹等重职，此时担任的是越骑校尉一职，是北军的将领之一。北军曾是朝廷中央军的主力，驻扎在京师附近，但此时的北军基本上是个摆设，所有的军权都在董卓手中掌握着，长安城内外防守归凉州军。伍孚要刺杀董卓，只能靠自己。

这一天，伍孚在朝服内暗穿小铠，又身藏一柄短刀，借故向董卓汇报事情，其实是要寻机刺杀董卓。《三国志·董卓传》裴松之注引谢承《后汉书》记载，董卓对伍孚很客气，说完事情还把他送到院中，边走边说，还亲热地拍了拍伍孚的后背。伍孚见四下无人，拔刀便刺！虽然是越骑校尉，但毕竟是个文人，这一刀满怀着仇恨而出，力气却明显不够。董卓是个武人，人高马大，反应敏捷，力气还大得惊人。伍孚没有刺中，反被董卓一把扭住，闻讯赶来的人将伍孚拿下。董卓咆哮道："卿欲反邪？"伍孚虽被擒，但仍很英勇，大声喊道："汝非吾君，吾非汝臣，何反之有？汝乱国篡主，罪盈恶大，今是吾死日，故来诛奸贼耳，恨不车裂汝于市朝以谢天下！"董卓怒不可遏，当场杀了伍孚。

事后董卓恐怕会感到后悔，应该把伍孚抓起来仔细审问，看看还有哪些同伙。一般来说，像这样的刺杀行动绝不会孤军作战，伍孚的后面还有人。果然，伍孚倒下后，又有人站了出来，领头的人是何颙。何颙不仅曾是袁绍的头号智囊，"奔走之友"的骨干分子，还是一位名士。在洛阳时，董卓曾想让何颙为己所用，任命他担任自己的长史，何颙以有病相推辞。与周毖、伍琼不同，何颙的斗争方式在更深的地下，他秘密联络了很多反对董卓的人，准备寻找时机对董卓下手。

何颙联络的人有荀爽、王允，以及郑泰、种辑、荀攸、华歆等。荀爽时任司空，是著名的士人；王允、郑泰一直想对董卓下手，但苦于没机会；荀攸是荀爽的侄孙，与华歆一样都是当初何进引进的士人，此时担任黄门侍郎一职，华歆任尚书郎；种辑的地位比荀攸和华歆高一些，任侍中一职。《三国志·荀攸传》记载，他们这些人在一起密谋的时候，荀攸曾说过："董卓无道，甚于桀纣，天下皆怨之，虽资强兵，实一匹夫耳。今直刺杀之以谢百姓，然后据殽、函，辅王命，以号令天下，此桓文之举也。"荀攸认为，董卓虽然聚集了不少精兵，但天下人无不怨恨他，所以他实际上只不过是一名莽夫而已，我们应该刺杀他以谢百姓，然后借皇帝的诏令号令天下，事情如果成功，这将是像齐桓公、晋文公那样的霸王之举。正要大干一场，但不知道什么原因，他们的密谋暴露了。究竟是如何暴露的？史书没有任何交代。一般来说，如果没有人告密，董卓不可能知道得那么及时和准确。是谁告的密呢？无法猜测。

董卓随即展开大搜捕，郑泰、华歆动作快，连夜逃出了长安，辗转由武关道投奔南阳郡的袁术去了。郑泰、华歆到袁术那里后，袁术想利用郑泰的名望为自己服务，表奏郑泰为扬州刺史，这时候扬州刺史部还不在袁术的控制范围内，袁术正考虑向那里发展，表奏郑泰一个空头衔，目的是让郑泰去给他打个前站。郑泰前往扬州刺史部，在半路上去世，年仅四十一岁。华歆被袁术留了下来，袁术想让他给自己当谋士，华歆劝袁术发兵长安去救驾，袁术不予采纳。

荀攸、何颙则没那么幸运，他们被董卓抓了起来。董卓这一回学聪明了，没有马上杀他们，而是展开了审讯。何颙不招，董卓给他用了刑，何颙不堪酷刑，在狱中自杀。荀攸大概也被用了刑，但他扛住了，没有招供也没有自杀，在狱中泰然自若，该吃就吃，该喝就喝。荀攸一直坐牢到董卓被杀后，他出狱时看到了胜利的那一刻。

荀爽是初平元年五月因病去世的，死时六十三岁。那时朝廷刚刚迁来长安，从时间上看，荀爽参与王允、何颙等人后来这些密谋的可能性并不大。《后汉书·荀爽传》则提到荀爽参与了密谋："爽见董卓忍暴滋甚，必危社稷，其所辟举皆取才略之士，将共图之，亦与司徒王允及卓长史何颙等为内谋。"不过，《资治通鉴》没有采用此说，对于其中的原因，《三国志集解》引王补的观点认为：

爽与王允、何颙同谋诛卓，此殆荀彧因爽病薨，虚构是说，以掩其尸位台司，了无匡正之耻耳。范氏震爽盛名，不察其溢美，而谓潜图董氏，几振国命，诬矣！《通鉴》不袭其误，斯为史识。

王补认为荀爽并没有参与相关密谋，所谓参与，是荀彧后来虚构的，所以《资治通鉴》不予采纳。荀攸参与密谋，此事在史籍中有多处记载，《资治通鉴》也予采纳，但有关荀爽的记载却很少。姜宸英进一步指出："攸亦荀氏子耳，其图卓载之袁《纪》，载之《魏志》，范史附之《郑太传》，《通鉴》从而录之，何独于爽而吝之邪？此可以类推而得之者。"二者所说有一定道理，朝廷迁到长安仅两个月后荀爽就去世了，后面这些密谋他确实没有参与。不过，《后汉书·荀爽传》所载之事未必发生在长安，早在洛阳时期荀爽、王允、何颙等人或许已经开始了秘密谋划，只是当时的形势更为凶恶，这些事情只限于荀爽等几个人知道，其他人并不知晓。王补等怀疑荀彧虚构事实，甚至篡改史书，这只能算是一种猜测。

四、貂蝉的传说

王允、种辑侥幸没有暴露，他们继续潜伏下去。看到士人们的密谋一次又一次失败了，而自己的同伴一个又一个倒下或被迫出逃，王允、种辑非常着急。王允已经五十五岁了，作为政治家是一个成熟的年龄，但搞暗杀却总有些力不从心。可是，从此收手的话又很不甘心，这样做既对不起周毖、伍孚、何颙这些烈士，也辜负了作为汉室重臣应当承担起的责任。每当看到恶人董卓继续逍遥地活着，继续危害国家社稷，王允的心里都充满了仇恨，心绪难平。

要接着干就得有人，王允看了看身边能帮上忙的，除种辑以及在尚书台供职的士孙瑞外，也就是杨彪、黄琬等几个人了，但他们年龄也普遍偏大。杨彪、黄琬比王允小几岁，但也年过五十，搞暗杀都没有经验。士人队伍里还有一个人深得董卓的信任，可以经常出入太师府面见董卓的，这就是蔡邕。但王允对蔡邕没有什么好感，蔡邕虽然是名满天下的学者，是士林中的一员，可自从来到董卓身边后立即变了个人似的，极尽讨好、奉承之能事。王允甚至认为，董卓之所以当太师，就是蔡邕带头倡议的。

王允跟蔡邕是老熟人了，二人的关系可以追溯到在已故司徒胡广府中共事的时候。王允曾是胡广的首席幕僚，蔡邕是胡广的得意弟子，二人一起共事，互相知根知底，但关系却很一般，这与他们的性格有关。王允好激动，蔡邕好沉静；王允喜欢"路见不平一声吼"，蔡邕唯唯诺诺、明哲保身。总之，王允有些看不惯蔡邕。现在王允和蔡邕都深受董卓的信任，但在王允看来这有本质的区别，自己是卧薪尝胆，等待时机消灭董卓，而蔡邕是结结实实的士林叛徒。图谋董卓的事情不仅不能跟蔡邕商量，还要提防他才行。

王允冥思苦想，不得要领。这时一个人进入王允的视线，就是他的同乡李肃。李肃跟王允一样都是并州人，现在像他们这样在长安的并州人还有不少，当年丁原手下人多势众，在吕布的带领下都归顺了董卓，并且一同来到了长安。但是，来了以后却感到很失落，与凉州军相比，并州军得不到重视，以李肃为例，不仅在并州军倒戈事件中立有大功，而且协助凉州军与关东联军作战，在与孙坚的战斗中再立战功，但职务升得却很慢，勉强当了个骑都尉，不仅与董家的弟兄子侄不能比，与凉州军的牛辅、李傕、郭汜、樊稠、张济等人也差得很远。李肃如此，并州军的领头人吕布也好不到哪里去，他为董卓立下的功劳更大，职务也仅比李肃高一点，是个中郎将，并州军其他人的情况更可想而知。因为是同乡的关系，李肃和王允有了一定交往，言谈间常流露出不满和牢骚，这让王允重新看到了希望，觉得可以争取李肃，继而争取到吕布和并州军。

王允于是不露声色地加紧了与李肃的往来，并通过李肃联络上吕布。大家既然都是并州老乡，平时有些往来并不致引起太多的注意。一来二去，越说越投机，越说越能说到一块，谈话的中心议题慢慢集中到对董卓的不满上。并州军的弟兄们舍生忘死、背井离乡来到长安，头上顶着忘恩负义、卖主求荣的骂名，为董卓的事业出生入死，到头来得到的却是如此的不公。

说心里话，王允对吕布的为人未必能看得上，仅是卖主求荣这一条，王允就能鄙视他一辈子。但现在为了反董大业，王允也跟吕布套起了近乎，说到对董卓不满时，王允随声附和，添油加醋，有时还会编出一些不利于董卓和吕布团结的消息，让吕布越想越恨，越想越觉得跟董卓这一步棋走错了。恰恰在这时又发生了两件事情，坚定了吕布反董的决心。

第一件事情是，董卓曾经为小事和吕布翻脸，并差点把吕布杀了。董卓性格急躁，冲动起来做事不计后果，有一次因为一件小事对吕布不满意，拔出手戟就朝吕布扔了过去。手戟是一种防身的短兵器，类似匕首，可以随身携带，或刺杀或投掷，都能要人性命。幸好吕布身手好，躲过了。事后吕布主动承认错误，董卓的气也消了些。对董卓来说这件事情可能就过去了。对于吕布，除了心有余悸又增添了许多新的不满。《三国志·吕布传》记载：“卓自以遇人无礼，恐人谋己，行止常以布自卫。然卓性刚而褊，忿不思难，尝小失意，拔手戟掷布。布拳捷避之，为卓顾谢，卓意亦解。由是阴怨卓。”

另一件事情是，吕布勾引了董卓身边的侍女，心里很不安。董卓让吕布负责自己的安全保卫工作，这样吕布就可以经常出入董卓的内室，从这个安排看，董卓其实还是信任吕布的，这与吕布自己的内心感受有差别。董卓已经明确吕布是自己的养子，他从来没有否认过这一点，只有最信任的人才能放在最关键的岗位上，这就是疑人不用，董卓做到了。问题是，董卓的领导艺术过于粗放，如果信任吕布，就应该让吕布感到安心，既要疑人不用，更得用人不疑，对手下的人既要严厉，又要关心爱护，随时掌握他们的心理变化。董卓哪里懂得这些？他一方面重用吕布，另一方面表现得很严厉，说打就打，说骂就骂。吕布利用工作方便，一来二去跟董卓的一个侍婢好上了，吕布很担心这件事最终会被董卓发现，所以很紧张。《三国志·吕布传》记载：“卓常使布守中阁，布与卓侍婢私通，恐事发觉，心不自安。”

这两件事情并没有联系，史书对这两件事的记载也十分简略，没有更多细节。但是，自唐宋以来大量诗文、平话、小说、戏曲对此进行了描绘和演绎，指出前一件事情的发生地点在凤仪亭，后一件事情中与吕布私通的奴婢名叫貂蝉，而且两件事其实是一件事，因为吕布和貂蝉私通，所以董卓要拿手戟掷他。

那么，就来说说貂蝉这个人。

如果不分历史人物还是虚构人物，论起汉末三国最知名的女性可以列出不少来，比如曹操的卞夫人，司马懿的夫人张春华，著名的美女大乔、小乔，还有才女蔡文姬等，但如果跟貂蝉比，她们的名气还是差了不少。一般人会认为，吕布最终下决心反董，貂蝉功不可没，而貂蝉的出现是王允一系列连环计中的一环，先把她献给董卓，再让吕布动心，最后让董吕反目。貂蝉能做到这些，是因为她有异常出众的容貌，一曲“红牙催拍燕飞忙，一片行云到画堂。眉黛促成游子恨，脸容初断故人肠”让她跻身于中国古代四大美女的行列。

但是，与西施、王昭君、杨玉环等其他三位美女不同，貂蝉的事迹在正史中没有留下任何记载，和吕布私通的奴婢正是貂蝉这一说法，更多的只是猜测。有人认为貂蝉不是奴婢，而是董卓的小妾，并且有依据，说在今甘肃省临洮县梁家村发现了貂蝉墓，貂蝉作为董卓的小妾，死后葬在董卓的老家，是合情合理的。但这一说法有致命的错误，先不说这座墓建于何时、是不是后人的伪托，就说这个地方就不对。董卓的家乡确实是临洮，但汉末的临洮并非现在的临洮。

还有人认为貂蝉是吕布的妻子，这也不太好说。吕布有妻子，还有女儿，这在正史里都有记载，但他的妻子叫什么名字，史书却没有说。推测一下，吕布从家乡五原郡出来的时候已经二十多岁了，按照当时的风俗他应该成家了，吕布手下有魏越、魏续兄弟俩，吕布对他们格外信任，《三国志·吕布传》裴松之注引《英雄记》说吕布与他们“有外内之亲”，暗示吕布的妻子或许姓魏。古人的姓氏中，似乎只有姓“刁”而没有姓“貂”的。貂和蝉都是动物，在汉代，皇帝的侍从官员们帽上经常装饰这两种东西，所以“貂蝉”合称时常借指达官贵人，不太像一个人名。这多少让喜爱貂蝉的人失望，但史实是不能虚构的。迄今为止，唯一和貂蝉最接近的史料来自一本名叫《汉书通志》的史书，这部书是给《汉书》做注疏的，作者是谁、成书于何时均不详，该书已散佚。根据这部书的记载，曹操在尚未成事时想诱惑董卓，让他丧失斗志，给他献上了貂蝉：

曹操未得志，先诱董卓，进刁蝉以惑其君。

这条史料最早载于清代学者梁章钜的《浪迹续谈》，据说出自《开元占经》的转引，鲁迅先生在《小说旧闻钞》中曾对其真实性提出过质疑，原因是梁章钜也是道听途说，今本《开元占经》中并无这条引文。不过，与“貂蝉”相比，“刁蝉”确实更像人名，而且从当时的具体情形推测，曹操向董卓献美女倒有一定的可能性。汉灵帝驾崩后曹操改任骑都尉、骁骑校尉，在董卓手下做过事，有过接触。在政治上曹操是反对董卓的，曹操之前也搞过刺杀一类的活动，行刺过大宦官张让。《三国志·武帝纪》裴松之注引孙盛《异同杂语》记载：“太祖尝私入中常侍张让室，让觉之；乃舞手戟于庭，逾垣而出。才武绝人，莫之能害。”为投董卓所好，给董卓献上美女来迷惑他，并以此接近董卓，这种事情曹操完全干得出来。

尽管没有貂蝉这个人，但不影响王允的计划。《三国志·吕布传》记载，在王允努力下，吕布、李肃被成功策反。吕布开始还有些犹豫，对王允说“奈如父子何”。王允觉得他的话可笑，反问道：“君自姓吕，本非骨肉。今忧死不暇，何谓父子？”你姓吕，不是董卓的骨肉，现在大家都盼着他死，你还说什么父子呢？王允的话让吕布不再犹豫，最终答应参与王允的刺杀行动，合力除掉董卓。

五、董卓终于死了

为防备关外武装来攻，董卓把凉州军的主力布防在了陕县、潼关一线，长安的力量相对薄弱一些，这为王允、吕布提供了下手的机会。就在刺杀行动秘密进行之际，长安城里发生了一些诡异的事件。《三国志·吕布传》裴松之注引《英雄记》记载，不知什么时候，民间突然流行起一首名叫《董逃歌》的歌谣。《续汉书·五行志》记载了歌词：

承乐世，董逃！游四郭，董逃！

蒙天恩，董逃！带金紫，董逃！

行谢恩，董逃！整车骑，董逃！

垂欲发，董逃！与中辞，董逃！

出西门，董逃！瞻宫殿，董逃！

望京城，董逃！日夜绝，董逃！

心摧伤，董逃！

这首歌谣的旋律很简单，内容也是重复的，翻来覆去只唱了一个意思：不管你在做什么，只要看见那个姓董的家伙，赶紧逃吧！这简直是对董太师的公然攻击和污蔑！董卓手下的爪牙赶紧报告，董卓大怒，下令彻查。像这种民间集体创作的东西一般很难查出它的作者和来源，董卓不管，只要跟这首歌谣沾边的，比如说唱过或者别人揭发你偷偷传播过的，一律抓起来审问，而一旦被抓，再想活着出来就难了，前后有上千人因此丢了性命。董卓下令禁止传唱这首歌谣，但很难彻底禁绝。有人帮董卓想出了一招，把歌词改了，“董逃”改成“董安”，意思变成：不管你在做什么，只要你看见了董太师，你就平安了。然而，这种欲盖弥彰的把戏毫无用处，只能使这首歌谣传播得更广。

《董逃歌》的事还没有平息下去，另一首歌谣又传唱开了。《三国志·董卓传》裴松之注引《英雄记》：

千里草，何青青。

十日卜，犹不生。

从字面来看，这两句实在不知何意。其实这是一个拆字游戏，“千里草”合起来是个“董”字，“十日卜”合起来是个“卓”字，歌词的意思是说，董卓将不得好死。据说这首歌谣流传的时间更早，在汉献帝刚继位时就有人在洛阳一带偷偷传唱起来了，现在被重新提起，表达的是人们对董卓的愤怒和憎恶。如果董卓下令追查，肯定也查不出来什么名堂。

除了这些令人不安的歌谣，董卓还收到了刺杀的警告。《三国志·吕布传》裴松之注引《英雄记》记载，有一个道士见到了董卓，在一块布上写了个“吕”字，这分明暗示吕布有问题，要董卓注意防范，但董卓没有看懂。除此之外，《太平御览》中有引自《幽明录》的一条记载：

> 董卓信巫，军中常有巫，都言祷求福利，言从卓求布，仓卒无布，有手巾，言曰：“可用耳！”取便书巾上，如作两口，一口大，一口小，相累以举，谓卓曰：“慎此也！”卓后为吕布所杀，后人乃知况吕布也。

上面这些诡异的事件，有些可能是有的，比如歌谣，通常这些都是民意的反映，但有些却不一定有，虽然写在史书上，但也只属于传奇一类，比如有关道士和巫师的事。王允、吕布为刺杀董卓做了大量准备工作，但这些一定是在极其保密的情况下进行的，外人根本无从知晓，同时他们也不会主动刺激或暗示董卓。

李肃此时担任骑都尉，手下有一些人，吕布又亲自挑选了几个身手好、不怕死的勇士，有秦谊、陈卫、李黑等，让他们具体执行刺杀任务。吕布后来手下有个将领名叫秦宜禄，他的妻子后来做了曹操的夫人，他的儿子是曹魏时期有一定名气的秦朗，有人怀疑秦宜禄或许就是参与刺杀董卓的这个秦谊。经过一系列秘密筹划，刺杀董卓的方案逐渐成熟。万事俱备，只等机会。

初平三年四月，机会来了。

在此之前，汉献帝得了病，已经很久没有举行过朝会。现在汉献帝痊愈，按照朝廷制度，天子久病初痊也是一件大事，将举行朝会庆贺。王允提前得知消息，董卓将参加朝会。太师府戒备森严，王允、吕布肯定商量过，要在那里完成刺杀估计很难，即使勉强得手，想脱身更是难上加难，如果不能将董卓一击毙命，或者被他的亲信及时反击，即使杀了董卓，局面也将无法控制，刺杀行动也等于失败了。所以，唯一可行的办法就是在别处将董卓刺杀，之后趁他的心腹以及城外的凉州军来不及反应时将其一一击破，只有这样才能做到不仅刺杀成功还能夺下长安城。

董卓经历过一连几次刺杀事件，已经学精了，很少离开太师府。现在，董卓要出府进宫，那就有办法了。吕布安排李肃以及秦谊等十多名勇士穿上卫士的衣服守在董卓必经的宫门附近，董卓过来时就地诛杀。为做到万无一失，王允还从汉献帝那里要来了一份诏书，必要时拿出来控制局面。为了保密，诏书由参与了刺杀行动的尚书仆射士孙瑞亲自书写。

四月二十三日这一天，天阴沉着，刮着风。董卓换好朝服，准备入宫。刚坐上车，驾车的马受惊，竟将董卓掀翻在地，虽然没有受什么伤，但衣服弄脏了，董卓的一名小妾劝他取消进宫的活动，董卓没有听从，进去换了新的朝服，重新上车出发。《后汉书·董卓传》记载：

卓朝服升车，既而马惊堕泥，还入更衣。其少妻止之，卓不从，遂行。

董卓在大批步骑保护下向未央宫行进，进了掖门，里面就是李肃和秦谊等人埋伏的地方，保护董卓的人再多也不能进去。眼看董卓的死期要到了，有一匹马突然嘶叫起来，怎么都不肯进宫。董卓很迷信，觉得有些异样，想掉头回去。准备了这么久，眼看就要成功，怎能轻易放弃？吕布上前，竭力劝董卓进去。不知什么原因，董卓竟然听了。《后汉书·董卓传》记载："卓将至，马惊不行，怪惧欲还。吕布劝令进，遂入门。"

说起来董卓还是信任吕布的，假如真有那个道人那么直白地提醒，他都没往吕布身上想，现在吕布冒险规劝他进宫，他自然也不会多想。进了掖门，吕布就能看到李肃、秦谊、李黑他们了。在多数人毫无思想准备的情况下，李肃率先举戟向坐在车子上的董卓刺来，其他人跟着便上。李黑等人用戟叉住董卓的车子和马，董卓大吃一惊，高呼吕布在哪里。吕布其实就在他身边，此时手里持矛，举矛便刺，但不是刺向李黑等人，而是刺向了董卓。董卓被刺中，应声坠落车下。董卓临死前还在冲着吕布大骂，说：狗东西，你好大的胆子！离董卓最近的是太师府主簿田仪和一名贴身奴仆，二人见状，本能地想扑上来营救，都被吕布杀了。加上董卓，前后只杀了三个人。在其他人惊愕得不知所措之际，吕布亮出了汉献帝的诏书，没有人再敢乱动了。《后汉书·董卓传》记载：

肃以戟刺之，卓衷甲不入，伤臂堕车，顾大呼曰："吕布何在？"布曰："有诏讨贼臣。"卓大骂曰："庸狗敢如是邪！"布应声持矛刺卓，趣兵斩之。主簿田仪及卓仓头前赴其尸，布又杀之。驰赍赦书，以令宫陛内外。

恶贯满盈的董卓就这样被杀了。原本阴沉的天瞬间变得晴朗，原来刮着的大风顿时停歇。《三国志·董卓传》裴松之注引《英雄记》记载："卓既死，当时日月清净，微风不起。"消息传出，压抑已久的人们终于扬眉吐气，大家载歌载舞，举行了盛大的狂欢活动。有人卖掉了珠宝首饰和漂亮衣服，换来酒肉进行庆贺，长安城大小街道上都是欢乐的人们。《后汉书·董卓传》记载："士卒皆称万岁，百姓歌舞于道。长安中士女卖其珠玉衣装市酒肉相庆者，填满街肆。"看到此情此景，吕布不仅自豪，大概更会感到庆幸，幸亏做出了正确的选择，顺应民心民意，否则他的下场比董卓好不到哪里去，最终只能给董卓陪葬。

王允随即下令释放监狱里的荀攸等人，诛杀董卓的弟弟董旻、侄子董璜等董氏家族成员，把董卓的尸体拖到长安城里最热闹的集市上示众。又派人去郿坞，把那里的董氏族人就地处死。不过，派去的人还没有到，守卫郿坞的军士闻讯已经动手，把董家的人全部抓起来处死了，包括董卓九十多岁的老母亲。董卓搜刮、囤积的大量财物被充公。《三国志·董卓传》裴松之注引《英雄记》记载："卓坞中金有二三万斤，银八九万斤，珠玉锦绮奇玩杂物皆山崇阜积，不可知数。"

董卓的尸体被拖走前，吕布专门赶过去把他的首级割下来。董卓没有头的尸体在集市上被展览，有人点了把火，尸体燃烧起来。董卓重得肥头大耳，浑身流油，火烧得很旺，一直烧了很久火都没有灭。《三国志》《后汉书》均说点火的人是"守尸吏"，袁宏《后汉纪·孝献皇帝纪》则说下令点火的是王允："司徒王允使人然火卓腹上，臭乃埋之。"有一群人格外恨董卓，他们就是袁氏的门生故吏，袁氏一家被董卓灭族，他们敢怒不敢言，连去收尸都不敢，他们忍辱负重地活着，原本已不指望还能看到独夫董卓受戮的这一天，没想到老天爷开眼，董卓死了。他们觉得把董卓烧了还不解恨，等火熄灭，专门跑过去收集了残渣灰烬，然后扬撒在路旁。

六、书生误国

董卓被杀时，他的女婿牛辅率重兵屯驻在陕县一带，凉州军的其他重要将领李傕、郭汜、张济等分别率部在函谷关附近布防，负责守卫长安的是徐荣、胡轸以及杨整修等。徐荣所部虽然战斗力很强，但作为非凉州出身的将领，长期以来颇受压制和排挤，董卓已死，他没有做拼死反抗。杨整修是所谓“凉州大人”，即凉州地方上的豪族，此行是为董卓壮气势的，他也不会为董卓拼命。倒是胡轸，天生一个暴脾气，做事容易冲动，如果带头闹事，将不好收拾。但是，长安民众庆祝董卓被杀所表现出来的狂热大概把胡轸吓到了，他没敢动一兵一卒，也跟徐荣等人一道投了降。

董卓以最彻底的方式被消灭了，王允顿时感到一阵轻松。多年来忍辱负重，期待的正是这一刻，作为一名忠于汉室的士人，王允在关键时刻挽狂澜于既倒、扶大厦于将倾，他有理由为自己感到骄傲。感到骄傲的还有吕布，是他一矛刺死了董卓，整个计划也是他制订和付诸实施的，没有他，一切无从谈起。

汉献帝随即下诏，命王允以司徒“录尚书事”，即主持朝廷的日常工作，同时擢升吕布为奋威将军，“仪比三司”，晋爵位为温侯。“仪比三司”的意思是享受三司的仪礼。三司就是三公，普通的将军品秩与九卿相当，只有车骑将军、骠骑将军与三公相当，吕布之前是中郎将，与将军之间还差着偏将军、裨将军，直接升为奋威将军算是破格了。享受三公的待遇则是更高的荣誉，因为吕布此时只不过三十岁出头。吕布之前的爵位是都亭侯，晋爵为温侯，亭侯变成了县侯。吕布的食邑温县在河内郡，司马懿就是这个县的人，此时的司马懿只有十二岁，还生活在家乡。

不过，吕布还不是军职最高的将领，因为他不具备这样的资历。在王允的推荐下，老将军皇甫嵩重新出山，被拜为车骑将军，统领军事。此时凉州军主力仍在牛辅、李傕、郭汜、张济等人手中，必须有这样一位有相当威望的老将来掌握大局。现在有两件事情比较紧急：一是如何处置在长安的凉州军旧部；二是应对在陕县、函谷关等地集结的凉州军主力。有人向王允建议，胡轸等人虽然投降，但不能掉以轻心，因为这些人的整个家族和全部产业都在凉州，让他们死心塌地效忠朝廷是不可能的，他们只是暂时归顺，一旦有机会势必反叛，始终是朝廷的大患，所以应该把他们关起来。王允不同意这样做，认为说他们反叛，现在没有证据，无法服众。《后汉书·王允传》记载，吕布也劝王允慎重考虑赦免董卓旧部的事，王允有过动摇，但之后又说："此辈无罪，从其主耳。今若名为恶逆而特赦之，适足使其自疑，非所以安之之道也。"吕布又建议，从董卓府里和郿坞那边搜出来大量金银财宝和粮食，现在朝野都很关心这批东西，西迁以来朝臣们和将士生活都很贫苦，不如拿出一部分，以天子的名义赏赐给大家，以提振士气。王允仍不同意，理由是那些财物都是董卓贪污盘剥而来，理应归国库所有，将来朝廷东归，这些都要分毫不少地运回洛阳，将来关东的那些朋友问起来也能说得清，所以不能随意处置。王允看起来是一个很守规矩、很有原则的人，只是在当前情况下，他的这些想法太教条了，思路有些奇怪。

人一旦掌握绝对的大权，本性中不为人知的某一部分也会暴露无遗，让人看到光鲜的表面下面不够阳光甚至丑陋的一面。王允不是小人，算是个君子，但更是一介书生。执掌大权后，王允身上也发生了很多变化，作为诛杀董卓的第一功臣，王允获得朝廷的嘉奖和民众的称赞，所以不自觉地流露出一些骄傲情绪来。过去群臣集会，王允都能跟大家推心置腹，共同讨论问题，态度谦虚而随和，现在成了执政大臣，出现在大家面前时变得正襟危坐起来，一脸严肃。架子端了起来，跟大家的距离自然就拉开了，大家也不再像以前那样推崇和拥护王允了。《后汉书·王允传》记载：

允性刚棱疾恶，初惧董卓豺狼，故折节图之。卓既歼灭，自谓无复患难，及在际会，每乏温润之色，杖正持重，不循权宜之计，是以群下不甚附之。

这时百废待兴，有很多事情要处理，王允却放下不管，非要急着先干一件事：治蔡邕的罪。事情的起因是，蔡邕听到董卓被杀的消息时，情不自禁地当众叹息了一声。《后汉书·蔡邕传》记载："及卓被诛，邕在司徒王允坐，殊不意言之而叹，有动于色。"谢承《后汉书》也记载："蔡邕在王允坐，闻卓死，有叹惜之音。"正是这一声叹息，最终要了蔡邕的命。当时王允正好也在场，当即呵斥蔡邕道："董卓国之大贼，几倾汉室。君为王臣，所宜同忿，而怀其私遇，以忘大节！今天诛有罪，而反相伤痛，岂不共为逆哉？"（《后汉书·蔡邕传》）王允认为董卓是一个大奸贼，几乎使汉室倾覆，你蔡邕身为汉臣，理应同仇敌忾，怎么能因为个人受到董卓的礼遇而忘记了大节？今天诛杀有罪的人，你反而感到难受，你难道跟他们是一伙的？王允越说越生气，当即命人把蔡邕抓起来押往廷尉处审理。对于蔡邕为董卓之死而叹息的记载，裴松之提出了质疑：

臣松之以为蔡邕虽为卓所亲任，情必不党。宁不知卓之奸凶，为天下所毒，闻其死亡，理无叹惜。纵复令然，不应反言于王允之坐。斯殆谢承之妄记也。

裴松之认为，蔡邕虽然被董卓所信任，但算不上董卓的党羽，理应不会为董卓而叹息，即便有叹息，也不会当着王允的面，所以相关记载不实。其实，蔡邕发出这一声叹息倒也不奇怪，人都是有感情的，在某些特定场所，首先反映出来的不一定是理性，有可能是下意识的感性反应。可以试想一下当时的情形：为了庆祝汉献帝病愈，除董卓以外的大臣们早早到了，众人正小心翼翼等待着董卓，突然传来董卓被杀的消息，王允事先知情，所以只会感到欣喜而不会震惊，其他人就不一样了，一定震惊无比，蔡邕此时不仅震惊，而且首先想到的恐怕是董卓死后自己的处境，为此感到担忧，这一声叹息与其是叹给董卓的，何尝不是叹给自己？

现在，蔡邕落入王允手中。蔡邕对王允十分了解，知道这一回性命难以保全。但蔡邕还想挣扎，他在狱中写信向王允认罪，提出愿意像司马迁一样承受黥首刖足之刑以求活命，让自己能够完成正在写作的当朝国史《东观汉记》，但王允坚决不答应。汉明帝刘庄曾命班固等人撰写《世祖本纪》，班固等人写成后又撰写了记述本朝功臣事迹的列传、载记二十八篇奏上。以后各朝不断续增，著书处先在兰台，后改在南宫的东观，又称《东观汉记》。这部史书与现在流行的二十四史最大的不同在于，这是当代人写的当代史，所以不是一次成书，而是不断续修而成，参与编写的都是当朝最权威的学者。汉灵帝在位时，马日磾、蔡邕、杨彪、卢植、韩说等人都参与过编撰，其中蔡邕撰写得最多。

马日磾这时担任太尉，听说王允要杀蔡邕后，赶紧跑来营救，他对王允说蔡邕是旷世逸才，对本朝的事情很了解，如果续成后史，肯定将是一代大典，而且蔡邕以忠孝著称，现在要治他的罪，理由也不充分，如果非要杀他，恐怕会失去人心。马日磾是经学大师马融的族孙，除了与蔡邕一起续写《东观汉记》外，他们还一起合校过《熹平石经》，所以深知蔡邕的学术地位和价值。但是，王允不给这个面子，认为当初武帝不杀司马迁，让他写出来了《史记》那样的谤书，流于后世，现在国祚中衰，神器不固，不能让佞臣执笔于幼主的左右，既对圣德无益，又使我们这些人受到他的无端批评。《后汉书·蔡邕传》记载，马日磾碰了一鼻子灰，对王允很失望，下来后对人说："王公其不长世乎？善人，国之纪也；制作，国之典也。灭纪废典，其能久乎！"

初平三年四月，当时最知名的学者之一、曾与宦官集团坚持不懈斗争的左中郎将蔡邕在长安被杀，死时六十一岁。以宦官的无情尚且留蔡邕一命，以董卓的跋扈尚且对蔡邕礼遇有加，但王允却把蔡邕杀了。擅杀这样有影响力的人难免招致非议，所以《后汉书·蔡邕传》记载："邕遂死狱中。允悔，欲止而不及。"分析起来，王允事后感到后悔的可能性其实并不大，即便王允做出了后悔的表示，那也是做给大家看的，因为王允杀蔡邕并非一时起意，而是早有打算，因而意志十分坚决。有人认为蔡邕受董卓厚遇，王允早就看不惯，或者也有一些嫉妒，这是王允执意杀害蔡邕的原因。还有人认为，蔡邕很有才，口才也好，在公开场合不让王允，常让王允难堪，王允对蔡邕早有意见，所以杀他。《殷芸小说》称：

初，司徒王允数与邕会议，允词常屈，由是衔邕。及允诛董卓，并收邕，众人争之不能得。

但是，董卓也厚待了王允，而且重用的程度超过蔡邕。至于蔡邕平时对王允不够尊重，这固然是王允反感蔡邕的原因，但还不至于让王允起杀心。其实王允坚决要杀蔡邕另有原因，而蔡邕自己和马日磾的话又再一次提醒了王允。蔡邕和马日磾都提到写史，这让王允下意识想到了司马迁。真的，如果当朝国史由蔡邕来写，会写成什么样？最近一两年来王允之所以深得董卓信任，自然说过不少违心的话，干过不少违心的事，别人不太清楚，蔡邕知道的应该不少，如果让他写史，王允的形象肯定毁了。所以在王允看来蔡邕必须死，冠冕堂皇的理由往往只是虚晃一枪，真正的理由往往因为太过卑鄙而说不出口。

辱行污名不可全推，留给自己一些，可以韬光养德；完美的名节不宜独享，应该分些与人，这样可以全身。王允读过不少圣贤书，应该深知这些道理。可惜，即使读了他也做不到。

蔡邕被杀，王粲悲痛不已。王允想招王粲担任黄门侍郎，但他坚决不从。初平四年（193），王粲南下荆州投奔祖父的学生刘表。王粲去荆州，走的是武关道，作为当时最有才情的诗人之一，王粲在路上回过头来又望了望长安，不禁哀从心起，写下了著名的《七哀诗》三首，其中第一首写道：

西京乱无象，豺虎方遘患。
复弃中国去，委身适荆蛮。
亲戚对我悲，朋友相追攀。
出门无所见，白骨蔽平原。
路有饥妇人，抱子弃草间。
顾闻号泣声，挥涕独不还。
未知身死处，何能两相完？
驱马弃之去，不忍听此言。
南登霸陵岸，回首望长安。
悟彼下泉人，喟然伤心肝。

这首诗的大意是：长安城上空黑云乱翻，那些如豺狼猛虎一样的人还在制造动荡，我忍痛告别了那里，把此身暂时托给遥远的荆蛮；送行时亲戚眼里噙着泪水，朋友们依依不舍拉着车辕，走出门，满目萧条一无所见，只有堆堆白骨遮蔽了郊原；一个妇人面带饥色坐路边，轻轻把孩子放在细草中，婴儿的哭声撕裂着母亲的肝肺，饥饿的母亲忍不住回头观望，但终于还是洒着泪独自走了；我自己还不知道死在何处，谁能让我们母子保全——这位母亲痛苦地哭喊；我赶紧策马离去，不忍听这伤心的语言；登上霸陵的高地，我继续向南，回过头我远望长安；领悟了《诗经》下泉诗里思念贤明国君的心情，不由得伤心，不由得叹息！

王粲离开了长安，离开了长安的亲戚朋友，在前往荆州的路上所见到的尽是触目惊心的景象，这是持续不断的战乱留给普通百姓的痛苦，看了怎不令人痛惜！王粲走了，蔡邕的女儿蔡琰没有跟他一起走。命运的阴差阳错，时局的动荡纷乱，又一次改变了蔡琰的命运，还将让她经历更加痛苦的生活。

七、名医张仲景

出了武关道，王粲先到达南阳郡。在这里，王粲遇到了汉末名医张仲景。张仲景名张机，仲景是他的表字，荆州刺史部南阳郡涅阳县（今河南省邓州市）人，年轻时被本郡推举为孝廉。汉末瘟疫频发，张仲景没有像其他士人那样走经学入仕之路，而在医学领域里发奋学习。那时没有专门的医学专科学校，想掌握医术，一方面靠自学，另一方面靠拜师。张仲景从小接触到许多图书典籍，他博览群书，尤其对医学方面的书籍感兴趣，他曾在书中看到扁鹊诊治齐侯的故事，对扁鹊高超的医术十分钦佩，张仲景在《伤寒杂病论·序》中自述：“余每览越人入虢之诊，望齐侯之色，未尝不慨然叹其才秀也。”本郡有一位名叫张伯祖的名医，医术精湛，笃好医方，精明脉证，疗病每有奇效，凡找他看病的人十之八九都能治愈，因此远近闻名。张仲景慕名前往，提出拜张伯祖为师，一番诚意打动了张伯祖，答应了张仲景的拜师请求。于是，张仲景在张伯祖指导下进一步钻研医术，他学习刻苦，除老师耳提面命外，还学习了前人留下的医学成果，涉猎十分广泛，“上古有神农、黄帝、岐伯、伯高、雷公、少俞、少师、仲文，中世有长桑、扁鹊，汉有公乘阳庆及仓公”。

张仲景在医学方面极具天赋，所以学业精进，医术不断提高，甚至逐渐超过了老师，时人称赞“其识用精微过其师”，《襄阳府志》也有记载：“仲景之术，精于伯祖。”作为张仲景的同乡，“奔走之友”何颙曾关注过这个很有潜力的年轻人，不过何颙也不认为仕途是张仲景的发展方向，他曾当面对张仲景说：“君用思精而韵不高，后将为良医。”何颙认为张仲景不仅才思敏捷，而且善于学习，只是不善于做官，日后可以在医学方面发展。

王粲在南下荆州途中见到张仲景，出于职业本能，张仲景对王粲的健康状况进行了诊断，发现有些问题。王粲此时仅十七岁，表面看身体状况不错，但张仲景看出他的身体里隐藏着某种疾病，必须服用五石汤进行治疗，否则十多年后会发病，眉毛会脱落。王粲认为没有必要，一来觉得自己的身体确实不错，二来觉得十多年后的事还远着呢。后来，到王粲三十岁时果然发现有眉毛脱落。鲁迅先生在《古小说钩沉》中辑录《殷芸小说》记载：

王仲宣年十七时过仲景，仲景谓之曰："君体有病，宜服五石汤。若不治，年及三十，当眉落。"仲宣以其赊远，不治。后至三十，果觉眉落。其精如此，世咸叹颙之知人。

这条记载虽然不是出自史书，但可靠性较高，有皇甫谧在《针灸甲乙经·序》中的记载为佐证："仲景见侍中王仲宣，时年二十余，谓曰：'君有病，四十当眉落，眉落半年而死。'令服五石汤可免。仲宣嫌其言忤，受汤勿服。居三日，见仲宣谓曰：'服汤否？'仲宣曰：'已服。'仲景曰：'色候固非服汤之诊，君何轻命也？'仲宣犹不信。后二十年果眉落，后一百八十七日而死，终如其言。"上述记载与《殷芸小说》所述，除王粲的年龄上有些差异外其他内容基本一致。皇甫谧出生于汉末，是名将皇甫嵩的曾孙，西晋时期的医学家和史学家。

晋人王叔和曾整理过张仲景留下的著作，根据他的记述，张仲景曾担任过长沙郡太守一职。1981年，在南阳市医圣祠院内发掘出一块墓碑，上刻"汉长沙太守医圣张仲景墓"等文字，碑座刻有"咸和五年"字样。咸和是东晋成帝司马衍的年号，咸和五年即330年，此碑距张仲景去世仅一百余年，似乎可信。张仲景何时担任的长沙郡太守？史籍对此并无记载，只是传说他担任郡太守期间尽管政务繁忙但仍不放弃给百姓看病，每月初一、十五两天不问政事，打开官府大门为百姓看病。张仲景把官衙大堂当成诊室，于是留下“坐堂医”的美谈。

为战胜当时流行的各种瘟疫，张仲景刻苦研习《素问》《灵枢》《难经》《阴阳大论》等之前的所有古代医书，“勤求古训，博采众方”，对于其中与瘟疫有关的治疗方法尤为关注。《素问》认为“夫热病者，皆伤寒之类也”，还说“人之伤于寒也，则为病热”，这里的“热病”指的就是流行性传染疾病，张仲景将其统称为“伤寒”，于是撰写《伤寒杂病论》一书，对这些疾病进行系统性研究，不仅有理论方面的阐述，还有如何治疗与用药。之前的医书对各类瘟疫虽有涉及，但不够全面和系统，在诊断方面缺乏统一标准，不利于诊断和用药。张仲景对各种疾病发生、发展过程中表现出的不同症状进行总结、归类，区分病邪入侵经络脏腑的深浅、患者体质的强弱、正气的盛衰、病势的进退缓急以及有无宿疾等因素，将疾病分为六种综合征，然后根据不同的病种提出相应的治疗方法，这种先“辨证”再“论治”的原则被后世医学广泛采用。《伤寒杂病论》确立了张仲景在医学史上的地位，但在连年战乱中，许多书简保存不易，《伤寒杂病论》一度也面临散落佚失的危险，晋朝太医令王叔和有感于《伤寒杂病论》的重要性，对其进行了搜集、整理和修复，将其删定为《伤寒论》一书，张仲景的医学著作于是得以流传后世。

治病的第一步是诊断，准确诊断后，要使“病除”还须“药到”，张仲景除花费很大精力研究辨证、诊断外，对方药也进行了刻苦研究，《伤寒论》中载有方剂113个，张仲景另一部医学著作《金匮要略》中载有262个，除去两书中重复的方剂，实收269个，被称为“方书之祖”。张仲景所记述的方剂，全部针对的是当时流行的各类疾病，是百姓平常容易碰到的，而方剂所用药物大多也容易取得，变化之妙，疗效之佳，令人叹服。

张仲景医术高明、医德高尚，为抗击瘟疫做出了巨大贡献，对后世医学发展也产生了重大影响。然而史书对张仲景的记载却不多，《后汉书》《三国志》中都没有张仲景的传记，甚至对他也没有提及，仿佛没有这样一个人。史书不提张仲景，也许觉得他担任过的最高职务不过是郡太守，在政务方面没有什么特殊贡献，也没有与当时的风云人物曹操、刘备、孙权等人有过直接交往。《三国志》中有与张仲景同时代的另一位名医华佗的传记，很大程度上是因为华佗与曹操的关系。

史书虽不载，但张仲景并没有因此湮没无闻。除王叔和外，皇甫谧在《针灸甲乙经》中对张仲景也有很高评价：“汉有华佗、张仲景。其他奇方异治，施世者多，亦不能尽记其本末。”对于《三国志》中没有记载张仲景的事迹，唐代史学家刘知几在《史通》中曾提出过质疑：“当三国异朝，两晋殊宅，若元则、仲景，时才重于许、洛，何桢、许询，文雅高于扬、豫；而陈寿《国志》、王隐《晋史》，广列诸传，而遗此不编。此亦网漏吞舟，过为迂阔者。”与史书有意或无意“忽略”

不同，张仲景在民间拥有着崇高地位，人们推崇他的医学著作，敬仰他的医术和医德，将他称为“医圣”。在张仲景的家乡，人们修建了医圣祠，每年张仲景的诞辰日还举办大型纪念活动。人们怀念张仲景，看中的不仅是他医术高超，更看中他不恋权势、热爱百姓和勇于同瘟疫做斗争的高贵品质。

八、一谋动千危

杀了蔡邕，王允松了一口气。但是，眼前更急迫的问题仍然等着他处理：对陕县等地的凉州军该怎么办？经过思考，王允决定以天子的名义下诏赦免他们，只要他们忠于天子和朝廷就既往不咎，仍留在原地驻守。这本来是正确的策略，但诏书已经拟好，王允却突然改变了主意，决定解散凉州军。《后汉书·王允传》记载，有人劝王允：“凉州人素惮袁氏而畏关东。今若一旦解兵，则必人人自危。可以皇甫义真为将军，就领其众，因使留陕以安抚之，而徐与关东通谋，以观其变。”王允不同意：“不然。关东举义兵者，皆吾徒耳。今若距险屯陕，虽安凉州，而疑关东之心，甚不可也。”王允认为，如果派皇甫嵩去陕县，在那里集结重兵，关东联军诸君还以为我们要凭险据守跟他们对抗呢。

董卓被杀后，应在第一时间明确对凉州军的政策，是杀是留，发出的信号必须清晰，王允不仅拖延了宝贵的时间，而且摇摆不定，使外面谣言四起。长安城里现在都在传，说王允要向凉州军大开杀戒，把凉州军的将士都处死。已经投降的胡轸、徐荣等人当然很紧张，留在关中地区的凉州军则转而拥兵自守，观望下一步形势如何发展。

王允派李肃带人去陕县，向牛辅宣布天子的诏书。要么是王允太自信，要么是王允太无知，派个人去就能把手握重兵的将领押回来审问，这种想法实在幼稚。结果可想而知，正在犹豫不决的牛辅看到诏书后不再多想，立即反抗，李肃带去的那点人不是牛辅的对手，李肃大败。不过，牛辅能力有限，且十分迷信，无力将董卓所有旧部整合起来。牛辅平时给自己弄了很多避兵灾的符，旁边放着刑具，以此壮胆。要见什么人，先让相面的人看看能不能见，又搞了一些占卜活动，以卜吉凶。有一个名叫董越的中郎将来见牛辅，占卜的人说是大凶，牛辅二话不说就把董越杀了。其实，这是因为占卜人曾被董越殴打，怀恨在心，故意那样说的。《三国志·董卓传》裴松之注引《魏书》记载：

辅恇怯失守，不能自安。常把辟兵符，以铁锁致其旁，欲以自强。见客，先使相者相之，知有反气与不，又筮知吉凶，然后乃见之。中郎将董越来就辅，辅使筮之，得兑下离上，筮者曰："火胜金，外谋内之卦也。"即时杀越。

牛辅不缺实力，缺少的是谋略。过去，凡重要的事情都由董卓拿主意，他只负责执行，现在轮到自己拿主意，牛辅感到头疼。《三国志·董卓传》记载，一天夜里，牛辅在军帐中辗转难眠，突然外面人声顿起，哭喊声一片，牛辅第一个反应是有人来劫营，赶紧出帐迎敌。月黑风高，伸手不见五指，借着火把的光亮，他看到营中东窜西跑的兵士，整个大营已乱成一团，不知道对方来了多少人。牛辅肝胆俱裂，只求活命，带着胡赤儿等几名亲随，骑马向营外逃去。牛辅"逾城北渡河"，但"赤儿等利其金宝，斩首送长安"。《后汉书·董卓传》注引《献帝纪》记载得更为详尽：

辅帐下支胡赤儿等，素待之过急，尽以家宝与之，自带二十余饼金、大白珠璎。胡谓辅曰："城北已有马，可去也。"以绳系辅腰，踰城悬下之，未及地丈许放之，辅伤腰不能行，诸胡共取其金并珠，斩首诣长安。

是什么人来"劫营"呢？吕布指挥的人马还没有到，关东联军更在千里之外，他们都来不了。来的也不是白波军，他们最近已退到太行山一带。更不是李傕、郭汜、张济等起了内讧，这些人都还在陕县以东。那么，究竟是谁能一夕之间解决了凉州军悍将牛辅呢？其实说来有些可笑，消灭牛辅的不是别人，而是他自己。事后查明，当夜牛辅军营里发生了夜惊，由于白天过于劳累，或者精神过于紧张，有人睡觉做噩梦，突然惊醒，晕晕乎乎间大喊大叫，旁边的人以为敌人来劫营，紧张和惊吓之下也跟着乱喊乱叫，整个兵营很快乱成一团。黑夜中辨识不清对方，再动起刀枪，就更乱了。古代行军打仗这种事经常会发生，有经验的人如果看见旁边有人突然乍起，不问青红皂白，先一拳或一棍把他打晕，让他安静下来再说。倒霉的牛辅遇到了夜惊，丢了命。

李傕、郭汜、张济等听说陕县出了事，于是从不同方向率众赶来。得知牛辅已死，他们都六神无主。和牛辅一样，别看他们平时很骄横，目空一切，手段残暴，但缺乏智谋，遇到棘手问题往往不知所措。思来想去，李傕等人唯一能想到的出路是向朝廷乞降。

李傕派人前往长安，请求朝廷赦免他们的罪过。这时已经有不少人看出了时局所蕴藏的巨大危险，纷纷劝王允接受，但王允仍坚决拒绝。《后汉书·董卓传》记载，王允这一次的理由更有些滑稽："傕等恐，乃先遣使诣长安，求乞赦免。王允以为一岁不可再赦，不许之。"初平三年正月，汉献帝的确曾下诏大赦天下，而一年不能两次大赦的祖制也许是有的，可非常时期面对非常之事，何必古板教条？如果认为这只是王允不想赦免凉州军的托词，那可能高估了他的政治智慧。更可能的是，李肃被杀后王允也有了一定的警醒，想赦免李傕等人，但内心里的确有个"祖制"无法逾越，要他颁发赦免令，或许真得再等一年。现在才五月，下一次大赦至少在大半年以后，王允能等，凉州军没法等了。王允拒绝接受投降的消息传到陕县，李傕等人如雷轰顶，最后一丝求生的希望破灭了。大家商议了半天，也想不出好办法。《后汉书·董卓传》记载，大家最终决定就地解散，之后"间行归乡里"。就在众人收拾东西准备散伙时，有一个人站了出来，说了几句话：“闻长安中议欲尽诛凉州人，诸君若弃军单行，则一亭长能束君矣。不如相率而西，以攻长安，为董公报仇。事济，奉国家以正天下；若其不合，走未后也。”这个人认为，咱们分散逃跑，半路上一个亭长就能把大家活捉了，此去凉州远隔千山万水，不知道能有几个人逃回家。咱们不如团结起来，集结在一起向西攻打长安，我们也拥戴皇上，只杀王允、吕布，替董太师报仇，事情如果成功，可以挟天子号令天下，如果不成功，再跑也不迟。众人听了，都觉得这个人说的有道理。李傕与郭汜、张济一商量，也都同意这么干。

说话的这个人名叫贾诩，字文和，凉州刺史部武威郡姑臧县（今甘肃省武威市）人，此时四十多岁。贾诩年轻时并不出名，只有凉州名士阎忠认为他与众不同，说他有张良、陈平那样的智慧。贾诩后来被举过孝廉，在洛阳的朝廷里任职，后来生了病，辞官回家。《三国志·贾诩传》记载，贾诩与十几个人同行，路上遇到了叛乱的氐人，一行人被抓。氐人经常劫掠过往商旅，财物一抢，人全都活埋，手段很残忍，所以大家吓坏了。只有贾诩十分冷静，他对氐人说：“我段公外孙也，汝别埋我，我家必厚赎之。”段公就是“凉州三明”之一的段颎，时任太尉，他久在凉州，威震西土，而贾诩跟段颎毫无关系，他这么说只是故意吓唬氐人的。氐人果然不敢害他，还和他盟誓，之后送他回去，而其余的人都遇害了。类似这样随机应变的事，在贾诩的身上还有很多。

贾诩回到凉州后到了董卓手下，并跟着董卓来到了洛阳。董卓担任太尉时贾诩任太尉掾，后来又到黄河上的平津渡口担任平津都尉。牛辅驻扎在陕县，贾诩被分派到牛辅所部接受指挥，职务是讨虏校尉。贾诩现在出了这个主意，对凉州军来说的确是一招胜负手，对朝廷来说，自然是个彻彻底底的“馊主意”。所谓一谋动千危，后世多认为贾诩的这个主意闯下了大祸，使有可能出现的和平契机化为乌有，使东汉再次陷入混乱。裴松之就此评价道：

仁功难著，而乱源易成，是故有祸机一发而殃流百世者矣。当是时，元恶既枭，天地始开，致使厉阶重结，大梗殷流，邦国遘殄悴之哀，黎民婴周余之酷，岂不由贾诩片言乎？诩之罪也，一何大哉！自古兆乱，未有如此之甚。

裴松之认为，这个时候元凶已除，天地始开，但随之国家又四分五裂，黎民百姓再次遭受涂炭，这一切难道不都源于贾诩的一句话吗？类似的看法在后世较为普遍，如宋代学者陈亮说：“汉室再乱于贾诩。”宋代历史学家萧常说：“董卓，国之贼，天下所共仇，而诩为之报怨。东京之亡，祸根于此。”的确，贾诩的这个主意造成了严重后果，分量当然很重。然而，说这个主意改变了历史的走向，甚至将之后三国鼎立局面的形成都归罪于贾诩，那就有失公允了，因为它夸大了贾诩的作用。

东汉末年朝廷的权威逐渐丧失，各地割据势力并起，董卓虽然被除掉了，大大小小的割据势力却仍然存在，彼此的争夺也越来越激烈，由王允、吕布等人掌握的朝廷没有能力结束这种局面。这是大势，是宏观层面。具体到微观层面，也许没有贾诩出的主意凉州军会受到重挫，没有机会再次控制朝廷，但凉州军的失败意味着其他势力会立即参与到关中地区的争夺中，可能是势力已经很大的袁绍、刘表、陶谦，也可能是正在崛起的曹操，总之这些人不会留下权力的真空，也不会坐等东汉朝廷重新振作起来。从这个意义上说，有没有贾诩这句话都一样，天下该乱仍然会乱下去。

九、长安陷落

在贾诩的谋划下，凉州军各部重新集结，由李傕、郭汜、张济等人率领，浩浩荡荡向长安杀来。李傕等人从陕县出发时人马不算太多，但一路行进，不断有凉州军加入，樊稠、李蒙等凉州军将领也闻讯率部赶来，人马越聚越多，到达长安时已超过了十万人。各地的凉州军本来都准备散伙，听说有人挑头讨伐王允，自然跟来了。《三国志·董卓传》记载："用贾诩策，遂将其众而西，所在收兵，比至长安，众十余万。"

凉州军一到长安城外，立刻把城池围了起来，看到这阵势，王允紧张了，这才想起和谈。他派胡文才、杨整修出城去见李傕等人，让他们捎话给凉州军，只要撤兵，一切都好商量。可已经晚了，李傕等人看到手下有了这么多人马，心里想的就不再是自己如何活命了，而是想要别人的命。而胡文才、杨整修二人一见到李傕，不提和谈的事，反劝李傕他们加紧攻城，他们告诉李傕城里的防守兵力很有限，不必担心失败。《三国志·董卓传》裴松之注引《九州春秋》记载：

傕等在陕，皆恐怖，急拥兵自守。胡文才、杨整修皆凉州大人，而司徒王允素所不善也。及李傕之叛，允乃呼文才、整修使东解释之，不假借以温颜，谓曰："关东鼠子欲何为邪？卿往呼之。"于是二人往，实召兵而还。

胡文才即胡轸，杨整修即杨定。凉州军挑战，王允派胡轸和徐荣出城迎敌，不出所料的是，胡轸投降，徐荣战死。徐荣虽然出身于凉州军，但他很有原则，他的原则只有两个字：朝廷。当年，徐荣在凉州追随董卓，因为董卓代表着朝廷；跟着董卓来到洛阳，因为这是朝廷的命令；与关东联军作战，因为那些人反抗朝廷；董卓死后没有造反，因为董卓虽然不在了，朝廷还在；现在义无反顾地与李傕等人厮杀，也是因为朝廷。表面上看徐荣很矛盾，其实他活得最清楚。

凉州军继续攻城，皇甫嵩以车骑将军的身份主持守城事务，吕布协助他。长安长期做过京城，城墙相当厚实，攻起来并不那么容易，但凉州军好像发了疯似的，死多少人都不在乎，非攻下来不可。个个嘴里嚷着为董太师复仇，其实大家心里最清楚，城里有粮食，有大量的财宝，仅查抄董卓的财宝就数不清。而粮食更重要，董卓被杀后李傕等人就断了供应，凉州军将士都处在饥饿状态，而打开长安城，一切都有了。

皇甫嵩是一名有经验的老将，在他的指挥下，守城将士打得还算顽强。王允不断给大家鼓劲，说顶多坚持一个月，关东方面的援军准到。但是，只守了八天，城里就出现了叛军，长安城被攻破，叛变的是叟兵。《后汉书·董卓传》记载："城峻不可攻，守之八日，吕布军有叟兵内反，引傕众得入。"

叟人是西南的一个少数民族，叟兵以打仗勇猛而著称，这支叟兵有一千多人，是益州牧刘焉派来协助朝廷的，董卓执政时他们就来了，董卓死后，他们归朝廷指挥。这是一群外形装束很有特点的人，他们个个曲着头发，耳朵上挂着环铁，穿着奇奇怪怪的衣服，他们善使藤牌、弓箭，初次交手一般人都会吃他们的亏，但是过上几次招，熟悉了他们的套路，他们的战斗力也就不怎么样了。朝廷西迁后不断向刘焉催税催人，刘焉大概为了应付，就派了这支叟兵来，他们不是刘焉的嫡系，更像一支雇佣兵，谁发军饷听谁的，在战场上随时会倒戈。皇甫嵩偏偏让他们担任了防守长安城东门的重任。

叟兵打开东门，凉州军杀入长安城。《三国志·董卓传》裴松之注引张璠《后汉纪》记载，城破时吕布带着几百名骑兵杀出城去，这一行人里应该有张辽、高顺等人。吕布临走时不忘把董卓的人头挂在马鞍上，这个东西他见着袁术、袁绍时用得上。路过青琐门，吕布看到了王允，招呼他一块走。王允不想走，慷慨激昂道："安国家，吾之上愿也，若不获，则奉身以死。朝廷幼主恃我而已，临难苟免，吾不为也。努力谢关东诸公，以国家为念。"到了这时，王允还没有忘记"关东诸公"，让吕布给他们带话。吕布只得自己逃命。

太常种拂虽是文臣，却很刚烈，面对凉州军，慨然赴死。李傕、郭汜率兵攻到未央宫南宫掖门，在这里杀了太仆鲁馗、大鸿胪周奂、城门校尉崔烈、越骑校尉王颀等朝臣。长安城里，凉州军见人就杀，见东西就抢，官民死了一万多人，在当时这是一个不小的数字。街道上到处是尸体和烧抢的痕迹，一片混乱。《三国志·董卓传》裴松之注引张璠《后汉纪》记载，王允扶着吓坏了的汉献帝登上宣平门，李傕等人来到城门下，伏地叩头。汉献帝打起精神，勉强对李傕等人喊话："卿无作威福，而乃放兵纵横，欲何为乎？"李傕等人回答："董卓忠于陛下，而无故为吕布所杀。臣等为卓报仇，弗敢为逆也。请事竟，诣廷尉受罪。"凉州兵非要让王允出来对话，他们大声质问董太师犯了什么罪。王允无法回答，只好下了城楼。

凉州军于是重新控制了朝廷，李傕胁迫汉献帝任命自己为扬武将军，郭汜为扬烈将军，樊稠为中郎将。三个月后，李傕升任车骑将军兼司隶校尉，郭汜、樊稠分别升任后将军和右将军，三人共同主持朝政。张济则升任骠骑将军，按理说这个职务高于李傕的车骑将军，但他似乎受到了排挤，率本部出屯潼关以东的弘农郡一带。与凉州军关系密切的韩遂、马腾等人听说长安大乱，也带兵前来凑热闹。李傕等只得任命韩遂为镇西将军，让他驻扎在金城（今甘肃省兰州市）；任命马腾为征西将军，驻扎在董卓昔日苦心经营的大本营郿坞附近。

初平三年六月二日，李傕等人以天子的名义大赦天下。这个决定既是出于安抚民心的需要，同时也是故意给王允看的：谁说一年不能两赦？

对朝廷里原有的大臣，李傕等人分别对待，有的留任，有的杀掉。前车骑将军皇甫嵩因为有巨大声望，凉州军不敢动他，改任他为太尉。不久，皇甫嵩因病去世，朝廷追赠他为骠骑将军。赵谦被任命为司徒，接替王允。马日磾仍为太尉，杨彪担任司空。为凉州军立下大功的贾诩拟任命为左冯翊，并封侯，但被贾诩拒绝。贾诩认为自己的那些计谋只是为了救命而被逼出来的，算不上什么功劳。贾诩大概很清楚，自己出的一个主意虽然是为保命所迫，但带来了严重后果，他哪里再敢以此居功呢？贾诩自愿到尚书台任职，李傕想任命他为尚书仆射，贾诩又推辞，只担任了尚书，并慢慢与凉州军将领们拉开了距离。《三国志·贾诩传》记载："后诩为左冯翊，傕等欲以功侯之，诩曰：'此救命之计，何功之有！'固辞不受。又以为尚书仆射，诩曰：'尚书仆射，官之师长，天下所望，诩名不素重，非所以服人也。纵诩昧于荣利，奈国朝何！'乃更拜诩尚书。"

李傕等人想立即杀了王允，但还有顾虑。王允主持朝廷后重用了两个与他同郡的老乡，一个是宋翼，任左冯翊；一个是王宏，任右扶风。左冯翊、右扶风相当于两个郡，位于长安左右。《后汉书·王允传》记载，李傕等人杀王允前担心二郡造反，就以朝廷的名义征召宋翼和王宏。王宏接到诏书，派心腹去联络宋翼，跟他商量："郭汜、李傕以我二人在外，故未危王公。今日就征，明日俱族。计将安出？"王宏看得很清楚，郭汜、李傕之所以不敢杀害王允，是因为他们二人在外，所以他们不能束手就擒，必须想一个办法来。哪知宋翼回答："虽祸福难量，然王命所不得避也。"看到宋翼也是一身的书呆子气，王宏急了："义兵鼎沸，在于董卓，况其党与乎！若举兵共讨君侧恶人，山东必应之，此转祸为福之计也。"王宏认为，现在举兵响应关东联军，不失为转祸为福的办法。但宋翼只打算接受命令去长安报到，王宏无奈，一同去了。结果，王允、宋翼、王宏同时被杀。王允死时五十五岁，清代学者钱大昭认为他虽然诛杀了董卓，但其实是汉室的罪人：

自王允有一岁不可再赦之议，且欲尽诛凉州人，于是李傕等遂蚁聚蜂屯，至于败坏不可收拾。卒之允既诛死，汉遂以亡。故吾谓汉室之亡，不亡于贾诩，而亡于王允之一言也。允虽有诛卓之功，实为汉室之一大罪人矣。

钱大昭的看法有一定道理，王允的确缺乏雄才大略，诛杀董卓前显得深沉有谋，但成功之后尽显书生意气，浪费了很多机会。王允的长子王盖任侍中，也被杀。王盖的弟弟王景、王定以及王氏宗族十多人全部遇害，只有王允哥哥的儿子王晨、王凌侥幸逃脱，回到并州故里。这位王凌，是三国后期的风云人物。凉州军杀完王允，尸体暴置在长安街市，没人敢去收尸。曾为王允部下的平陵县令赵戬自愿弃官，给王允收尸，为他下葬。对赵戬的义举，李傕等人不敢加害。赵戬后来去荆州避难，最后投身于曹操阵营。

王宏临死前骂宋翼："宋翼竖儒，不足议大计！"应该说，王宏的计划也只能是送死，皇甫嵩、吕布都对付不了的凉州军，他们两个文官上去等于自杀。至于说依靠关东联军，看来他们的信息比较闭塞，不知道那些人早就散伙了，他们现在只关心自己的事，几千里之外的长安城里发生了什么，对他们来说恐怕跟不存在是一样的。但是，人固有一死，死法却不同，与其束手就擒，像绵羊一样被宰杀，不如奋起一击，死也死得壮烈些。

与王允一起被杀的还有曾任三公的黄琬，李傕等人认为他也参与了暗杀董卓的阴谋，黄琬死时五十二岁。当初董卓被杀，除了王允、吕布以外，士孙瑞也有谋划之功，杀董卓的诏书就是他亲笔书写的。但王允为独享功劳，事后不提士孙瑞，士孙瑞没有因为诛杀董卓而被封侯，这反而救了他一命。

李傕等人重新安葬董卓，但董卓的尸体被烧成了灰，首级在吕布手里，他们只能把烧董卓留下的灰搜集了一些，用一口棺材安葬在郿坞。《三国志·董卓传》记载，下葬的那天突然刮起了大风，暴雨倾盆而下。一道闪电击中了董卓的坟墓，劈开一道口子，水瞬间流进了墓室，把董卓的棺材都漂了起来。大家赶紧重新弄好，但又被风雨雷电劈开，"如此者三四"。

第五章

曹操崛起

191—193年

一、“大河之南”

最近一段时间曹操一直依附于袁绍，过着无所事事的日子。曹操手下的人马有限，因为袁绍不可能放手让曹操在自己控制的地区大规模招兵买马。好在曹操麾下的骨干成员都在，包括“诸夏侯曹”以及于禁、乐进等人，这是曹操翻身的基础。曹操派人把妻子卞氏接到了怀县，一同接来的还有十多岁的长子曹昂、五六岁的曹丕以及更小一些的曹彰。曹昂已经长成了大人模样，骑马射箭都像那么回事，他一心想上前线打仗。作为曹家的长子，曹操觉得有必要让他早点接受锻炼，就把他放在曹仁手下，接受正规的军事训练。

这段时间关东联军已彻底散伙，各路人马回到自己的驻地，内斗随之而起。袁绍从韩馥手中夺取冀州后，济北国相鲍信曾来到怀县与曹操有过一次密谈。鲍信对袁绍有着清醒的认识，他对曹操说袁绍这个人野心很大，整天谋划自己的事，将来难免成为另一个董卓。鲍信向曹操建议，跟着袁绍不是长久之计，应该独立发展，最好到黄河以南去，待机而动。《三国志·鲍勋传》裴松之注引《魏书》记载："绍劫夺韩馥位，遂据冀州。信言于太祖曰：'奸臣乘衅，荡覆王室，英雄奋节，天下响应者，义也。今绍为盟主，因权专利，将自生乱，是复有一卓也。若抑之，则力不能制，只以遘难，又何能济？且可规大河之南，以待其变。'"

鲍信的这些话正说到了曹操的心里。对于袁绍的看法，曹操比鲍信其实更清楚，但以他现在的地位和实力，还不能有任何表露。在一般人心目中袁绍仍是一面旗帜，可以一呼百应，而曹操没有这样的天然优势。不过鲍信的话提醒了曹操，他认为继续待在袁绍的身边不会有任何前途，只能作为袁绍的附庸而存在。曹操认为应当寻找机会，脱离袁绍独立发展，而黄河之南似乎是最好的，也是唯一的选择。这段日子里，曹操的心情很低落，也很苦闷，在这种心境下，曹操写下一首题为《薤露行》的诗。诗中写道：

惟汉二十二世，所任诚不良。
沐猴而冠带，知小而谋强。
犹豫不敢断，因狩执君王。
白虹为贯日，己亦先受殃。
贼臣持国柄，杀主灭宇京。
荡覆帝基业，宗庙以燔丧。
播越西迁移，号泣而且行。
瞻彼洛城郭，微子为哀伤。

"薤露"是薤菜叶子上面的露水，意谓人的生命就像它一样，太阳一晒，就会干掉。《薤露行》属乐府《相和歌》歌辞，和另一首比较流行的乐府歌《蒿里行》一样，都是古人出丧时所唱的歌曲。曹操在诗中写道：汉家第二十二世皇帝汉灵帝，用人实在不得当；何进只不过像一只披衣戴帽的猴子，没什么智慧却又想谋划诛杀宦官，优柔寡断，不敢下手，致使皇帝被张让等人挟持外出；天象出现白虹贯日，最终何进被张让等人杀了；之后贼臣董卓入京，掌握国家大权，杀了少帝，把洛阳也毁掉了；董卓彻底倾覆了汉朝政权，烧毁了刘家祖庙；董卓还裹挟皇帝和官民颠沛流离向长安迁都，一路上尸骨盈野，哭声遍地；看着洛阳的城郭，我就像微子一样感到无比哀痛。

汉灵帝刘宏是东汉第十二位皇帝，曹操说的第二十二位，是连着西汉一起算的，那时的人们并没有东汉、西汉这样的概念。曹操借旧瓶装新酒，借古乐府写当下的时事，在诗中写了董卓之乱，哀叹国家不幸、君王遭难、百姓受殃，读来如同浏览了一幅汉末的历史画卷，展现出当时重大的历史事变及社会生活纷繁复杂的具体面貌，表达了诗人对汉室倾覆、人民遭受离乱之苦的悲伤和感叹。后人对这首诗给予了极高评价，明人钟惺在《古诗归》中评论曹操"汉末实录，真诗史也"，使曹操与杜甫一样也获得了"诗史"的称号。

正当曹操苦苦寻找机会的时候，机会来了，带来这个机会的是黑山军。初平二年年初，于毒、白绕、眭固（一作"畦固”）等几股“黑山军”队伍联合作战，人数十余万，攻击魏郡和东郡等地。东郡属兖州刺史部，在黄河两岸，治所濮阳县是黄河上的著名城市，也是战略要地，自古以来常有大战在此发生。当时黄河是主要航运河道，濮阳的地位有点类似现在长江上的重庆、武汉或者南京。袁绍曾在此当过县长，曹操在距此不远的顿丘县当过县令。

黑山军越过魏郡、河内郡后迅速进入东郡境内。当时的东郡太守是王肱，他组织人马迎战黑山军，但不是对手，被打得落花流水。史书未记载王肱是否战死，但其后再不见关于此人的记载。东郡眼看要落入黑山军手中，袁绍十分着急。东郡虽属兖州刺史部，但它与袁绍的后方基地河内郡相邻，东郡陷落后袁绍的侧翼将完全暴露在敌人面前，为今之计是尽快收复东郡，赶走黑山军。但袁绍这时忙着从韩馥手中夺取冀州，还要应对公孙瓒，既分不开身，也派不出人。想来想去，袁绍觉得只有一个人可用，那就是曹操。

初平二年秋天，曹操受袁绍之命，率所部渡过黄河，进入东郡境内与黑山军作战。经过侦察，黑山军的白绕部驻扎在濮阳，曹操把这里作为主攻目标。曹操率部攻击濮阳，黑山军惯常打游击战，对守濮阳这样的城池没有经验，很快曹军就占领了濮阳，白绕逃走。曹操指挥人马进一步肃清了东郡境内的黑山军，基本控制了东郡。袁绍接到报告后，表奏曹操为东郡太守。六年前，朝廷任命三十一岁的曹操担任东郡太守，但曹操以生病为由没有接受，现在他终于担任了这一职务，看来曹操注定与东郡有缘。

东郡除治所濮阳外还有阳平、卫国、白马、东阿、聊城、东武阳、发干、博平等县，曹操考虑到自己立足未稳，黑山军新败，有反扑报复的可能，于是决定把治所由黄河南岸的濮阳迁至北岸的东武阳。东武阳因居武水之阳而得名，故城位于今山东省莘县十八里铺。黑山军并未再来袭扰，他们退回太行山区，继续在那里发展壮大，以纵横交错的山谷为依托，把冀州、并州和司隶校尉部所辖的许多郡县作为游击区。

曹操在东武阳站住脚，立即把卞氏和儿子们从怀县接了过来，袁绍对此没有表示异议。几年后，袁绍回想起来一定有些后悔。那时，为控制曹操，袁绍千方百计想把曹操的家眷弄到邺县去，但都没有成功。取得东郡，让曹操有了一块自己的地盘，此前他依附于张邈和袁绍，虽有雄心壮志，但总有寄人篱下之感。东郡虽小，却可以从这里成就自己的事业。

查阅这一时期的史料，还发现一则有意思的记载。琅邪王刘容这时派遣其弟刘邈到长安进贡，此行可能路过东郡，见到曹操并有过交谈。刘邈后来到了长安，盛赞曹操对朝廷的忠诚，曹操知道后，对此深表感谢。《后汉书·光武十王列传》记载：“初平元年，（刘容）遣弟邈至长安奉章贡献，帝以邈为九江太守，封阳都侯。……初，邈至长安，盛称东郡太守曹操忠诚于帝，操以此德于邈。”此处的“初平元年”或为“初平二年”之误，因为初平元年曹操尚未就任东郡太守。不过，也有一种解释，如清代学者赵一清所说：“操虽不就东郡之命，当时犹以此称之也。”这则记载从侧面反映了曹操此时的政治立场，这个立场与之前他反对另立合肥侯以及刘虞相一致。作为袁绍的属下，虽然袁绍热衷于搞废立，但曹操始终对当今天子怀抱着忠诚。

二、荀彧的选择

就在曹操进入东郡前后，袁绍与韩馥之间的明争暗斗结束了，袁绍夺取了冀州。韩馥的失败，一个重要原因是冀州本土派不支持他。韩馥是豫州刺史部颍川郡人，他曾派人到老家招聘名士，荀谌、辛评、辛毗、郭图等于是来到冀州。韩馥的策略是用颍川郡人压制冀州本地派。派系斗争对政权稳固的伤害很大，韩馥手下能人众多，战斗力却不强，缺乏凝聚力，韩馥本人也没有足够的威望，这些原因造成了他最后的失败。

袁绍夺权之后，沮授、田丰、审配等本土派争先恐后到城门口迎接袁绍进城。袁绍一改韩馥的做法，开始重用冀州人士，用冀州人把颍川郡人压下去。但袁绍也留了一手，他也要搞平衡，用的是老家汝南郡人。袁绍也学韩馥的做法，派人到汝南郡招人。于是，汝南郡人、颍川郡人、冀州本地人在袁绍阵营中成为三个主要派别。袁绍对手下的派系斗争情况很清楚，但他只当没看见，有时候还会来点小权术，让他们斗得更厉害。袁绍默允和纵容各派争斗，逢纪与沮授不合，审配与许攸交恶，郭图一直想找机会置张郃于死地，重要的文臣武将都陷入内斗之中，为袁绍日后的失败埋下了伏笔。从这个角度反观曹操一生的用人原则，则明显高出一个层次。曹操不拘一格用人已为大家所熟知，除此之外他在用人上还有一个特点：反对派系斗争。作为一个有事业心的领头人，如果看到手下派系斗争很严重却任由其发展，最终受伤害的一定是自己。曹操阵营里团结工作做得相对较好，一来出于曹操的个人权威和领导魅力，对属下产生了凝聚力，二来是曹操在人事安排上更讲求公平，反对拉帮结派。

荀谌当初应韩馥之邀来到冀州，开始很受重视，袁绍势力起来之后荀谌一看不妙，主动抛弃韩馥，投靠了袁绍，为袁绍夺取冀州立下大功。袁绍掌权后重用沮授等冀州人和汝南郡人，颍川郡人有些失势，荀谌对此无可奈何。荀谌的哥哥就是荀彧，受荀谌的影响，他也来投靠韩馥，刚到冀州，正好赶上韩馥下台。

荀彧字文若，此时不到三十岁。荀彧小时候就显露出相当高的才华，袁绍的坚定支持者、“奔走之友”骨干分子何颙见到荀彧，很是惊讶，称赞说：“王佐才也。”何颙看人一向很准，曹操刚参加工作时，他就看出曹操日后能成大事。荀彧后来也被举为孝廉，担任守宫令一职，这是一个较低级的职务，属九卿之一的少府，掌管皇宫所用的纸、笔、墨、封泥等办公用具。荀彧在宫中供职的时间是中平六年（189），袁术围攻南北宫、大杀宦官的时候他没准就在场，但躲过了这一劫。董卓把控朝廷后，荀彧的叔父荀爽由布衣百姓直接担任了三公，在荀爽帮助下，荀彧得到一个亢父县令的职务。这个地方在哪里荀彧并不想知道，因为他的目的只是逃离洛阳。

荀彧离开洛阳后，没有去亢父县上任，而是回到了颍川郡，他的老家在颍阴县（今河南省许昌市）。一到家，荀彧就对乡亲们说颍川是四战之地，现在天下有变，这里必遭劫难，应该尽快离开，不要久留。但故土难离，大家心里都很犹豫。这时韩馥派人来颍川郡招募人才，荀彧于是带着家人到了冀州。后来，董卓的军队果然侵犯到颍川郡、陈留郡等地，留在家乡没有走的人很多都被杀害了。

袁绍夺了韩馥的位子，对荀谌、辛评、郭图等表面上依然如旧，但颍川郡人已开始失势。这时的荀彧还是一个默默无闻的青年，并没有引起袁绍的特别关注。由于有弟弟荀谌的关系，加上颍川郡荀氏的知名度，袁绍"待彧以上宾之礼"，但荀彧对自己在这里发展的前景并不看好，一直闷闷不乐。在荀彧看来，自己在袁绍手下不会有太大的前途：一来袁绍此时帐下已是精英会集，发展空间有限；二来袁绍反韩馥之道对颍川郡人予以压制，颍川郡人的处境十分微妙；三来袁绍明里暗里纵容文臣武将争斗，弄得文武失和，说明袁绍虽有盛名，却很难有更大成就。

还有一个原因对荀彧来说很重要，却无法说出口，这与荀彧的家事有关。荀彧的正妻是大宦官、汉灵帝时"五侯"之一的中常侍唐衡的女儿，那时权势如日中天的唐衡一心结交士林，想把女儿嫁给汝南郡人傅公明，但为傅公明所拒绝，在唐衡极度难堪之时，荀彧的父亲、"荀氏八龙"之一的荀绲主动请求把唐衡的女儿娶过来与儿子荀彧成亲，此事在当时便被广泛议论，受到人们的讥嘲。《三国志·荀彧传》注引《典略》

记载：

中常侍唐衡欲以女妻汝南傅公明，公明不娶，转以与彧。父绲慕衡势，为彧娶之。彧为论者所讥。

唐衡也是颍川郡人，与荀氏同乡。《后汉书·荀彧传》记载："绲畏惮宦官，乃为彧娶中常侍唐衡女，彧以少有才名，故得免于讥议。"对于这件事，虽然裴松之表示过怀疑，主要是唐衡的女儿在年龄上与荀彧不太相符，但这件事不完全是捕风捉影，否则《后汉书》不会收入。总之，这成了荀彧的一个污点。荀彧与曹操一样，因为家族或家室与名声极差的宦官有关而承受诟病，这成为他的一个心病。

在袁绍那里，荀彧虽然受到了上宾之礼的款待，但在颍川郡人整体受抑制和排挤的情况下，远大的抱负无从施展，敏感的内心还要承受来自他人的暗中讥讽，对于出身名门、少年时期即为大名士何颙称誉的荀彧来说，留在邺县一天，就会痛苦一天。荀彧的心境与此时另一个年轻人很相似，这个人就是郭嘉。郭嘉字奉孝，比荀彧小七岁，也是颍川郡人，跟韩馥同一个县。他从小就有远大的志向，后来喜欢暗中交结有识之士，可能就包括荀彧、辛评、郭图等人。郭嘉现在也在袁绍这里，经过一段时间的观察，他对袁绍的评价更差。郭嘉对同乡辛评、郭图说，明智的人应该认真辨别主公，袁绍只是效仿周公那样礼贤下士的做法，却不领会用人的实质，他生性多疑寡断，好谋无决，想跟着他打天下、定霸王之业，简直太难了。

《三国志·郭嘉传》记载：

> 初，北见袁绍，谓绍谋臣辛评、郭图曰："夫智者审于量主，故百举百全而功名可立也。袁公徒欲效周公之下士，而未知用人之机。多端寡要，好谋无决，欲与共济天下大难，定霸王之业，难矣！"于是遂去之。

郭嘉劝辛评、郭图离开袁绍另寻明主，辛评、郭图不同意这样做，他们认为袁氏的恩德和威风布于天下，现在人们都来归顺，力量越来越强，为什么放着这么有前途的地方不待而要离开？郭嘉知道他们听不进去，不再多说，就自己离开，找了个地方闲居起来了。不仅荀彧、郭嘉这些颍川郡人对袁绍评价不高，在袁绍的老家汝南郡，也有人对袁绍有负面看法，比如和洽。《三国志·和洽传》记载：

> 袁绍在冀州，遣使迎汝南士大夫。洽独以"冀州土平民强，英桀所利，四战之地。本初乘资，虽能强大，然雄豪方起，全未可必也。荆州刘表无他远志，爱人乐士，土地险阻，山夷民弱，易依倚也"。遂与亲旧俱南从表，表以上客待之。洽曰："所以不从本初，辟争地也。昏世之主，不可黩近，久而阽危，必有谗慝间其中者。"

和洽认为袁绍为人昏聩，又不能轻易接近，在他身边待久了还会受到谗言的挑拨离间，难以保全，所以应当远离。对照一下许攸等人后来的经历，会发现和洽的判断十分准确。在冀州，郭嘉离开前有没有跟荀彧商量不得而知，不过荀彧与郭嘉关系很好，以后正是在荀彧力谏下郭嘉才重新出山，成就了自己的英名。郭嘉的出走，对荀彧深有触动，他也下了离开袁绍的决心。

初平二年年底，三十七岁的曹操在东武阳与专程来投奔自己的二十九岁的荀彧第一次相见。二人做了一次长谈，谈完后曹操激动异常，拉着荀彧的手久久不放。《三国志·荀彧传》记载："初平二年，彧去绍从太祖。太祖大悦曰：'吾之子房也。'以为司马，时年二十九。""子房"是西汉开国功臣张良，后世有人常拿这句话攻击曹操，说他早就有称王称帝的野心，因为如果荀彧是张良的话，曹操就自视为刘邦了。

荀彧初至曹操处，被任命为司马一职。司马是军中领兵的武职，手下约有一千人，类似于今天的"团长"。荀彧是文人，曹操怎么会让他直接领兵上阵拼杀呢？关于这一点，《后汉书·荀彧传》的记载或许更准确："以为奋武司马，时年二十九。明年，又为操镇东司马。"曹操这时除袁绍表奏的东郡太守外还有一个代理奋武将军的头衔，"奋武司马"即奋武将军属下的军司马。后来曹操升任镇东将军，荀彧改任"镇东司马"，指的还是军司马。"司马"与"军司马"虽同在军中却大不相同：军司马相当于武职的长史，类似于"秘书长"的角色。曹操让荀彧担任自己的军司马，是把内部事务都交给了他。

曹操得到荀彧，格外高兴。正在事业上升期的曹操对人才十分渴求，尤其需要那些能出谋划策的人。曹操更深知荀彧的潜在价值，荀家是颍川郡大族，几代人都是知名人士，有相当大的影响力。曹操说过一句名言："汝颍固多奇士也。""汝颍"即汝南郡和颍川郡，东汉末年，在这两个地方诞生了一大批风云人物。有数字统计，在东汉180年中担任过三公、有名可记的共226人次，其中出自汝、颍二郡的有33人次，占比是各郡国平均水平的7倍以上。至于三公以下的各级官员，这两个郡出身的人所占比例也很高。朝廷里一度有"汝半朝"的说法，说半朝的官员都来自汝南郡，虽然有点夸张，却能反映出汝、颍二郡人才之盛。

曹操怀着一颗渴求人才的心看待盛产名士的汝颍二郡，但与他们没有太多的交往。曹操早年与袁绍、何颙等人过从甚密，但他在这些士人中不具备号召力。荀彧的到来恰逢其时，曹操不仅得到了一个荀彧，也不仅跟一个荀氏家族建立了联系，还通过荀彧这座桥梁与整个颍川郡士人都建立了联系。以后的岁月里，在荀彧介绍下戏志才、郭嘉、荀攸、钟繇、陈群、辛毗、赵俨、杜袭、应玚、繁钦、邯郸淳、和洽、孟建、石韬、郭诞、袁忠等一大批颍川郡士人聚集到曹操阵营中，成就了"武有谯沛、文有颍川"的人才格局。

除荀彧外，陈宫大约也是在这时加入曹操阵营的。在人们印象中陈宫早就与曹操相识了，但《捉放曹》里的陈宫与真实的历史人物陈宫是两回事。《后汉书·吕布传》称"武阳人陈宫"，这里的"武阳"即东武阳，曹操驻兵于此，陈宫与曹操才开始接触。《后汉书·吕布传》李贤等注引《典略》记载有陈宫早年的行迹："刚直烈壮，少与海内知名之士皆连结。及天下乱，始随太祖。"这说明，陈宫与张邈、何颙、鲍信很相似，是一个好结交、有侠气、有远大志向的人。

三、寿张之战

在黑山军东进兖州的同时，青州的黄巾军也开始活跃起来，这支队伍人数众多，达百万以上，不过这一数字包括了所有随军家属及后勤人员，真正能参战的要少得多。青州刺史焦和生性软弱，一见到黄巾军就跑，最后生病而死。袁绍马上任命臧洪为青州刺史，在此之前公孙瓒也任命田楷为青州刺史。臧洪到任后，一改焦和的软弱政策，主动寻求与黄巾军决战，黄巾军连吃败仗，不得不考虑战略转移。

公孙瓒任命的青州刺史田楷事迹不详，不仅田楷，包括公孙瓒手下另外两位刺史严纲、单经在史书上也没有太多记载，也许是史料淹没散佚了，也许这几位本身也不是多么重要的角色。刺史虽为高位，但公孙瓒的用人观实在与众不同。《三国志·公孙瓒传》裴松之注引《英雄记》记载，公孙瓒不喜欢用名门望族子弟，"所宠遇骄恣者类多庸儿"，比较有名的是算命先生刘纬台、布贩子李移子、商人乐何当等，公孙瓒跟他们结成异姓兄弟。《英雄记》甚至说，公孙瓒的表字"伯圭”是后来才改的，一家如果有四个兄弟，他们的表字里通常分别有伯、仲、叔、季这几个字，公孙瓒为了表示跟上面这三位“异姓兄弟”很亲，他自称伯，几个兄弟则分别称仲、叔、季。在公孙瓒的提携下，这些人很快富了起来，身家过亿，公孙瓒还跟他们结成儿女亲家，常把他们比作汉初的开国功臣曲周侯郦商、颍阴侯灌婴。有人对此不解，问公孙瓒为什么这么做，公孙瓒回答：“今取衣冠家子弟及善士富贵之，皆自以为职当得之，不谢人善也。”那些衣冠子弟本来就很富贵，你要重用他们，他们会认为理所应当，不会感激你，这是公孙瓒的逻辑。

在青州，公孙瓒有两个对手，一个是袁绍的儿子袁谭，另一个是青州的黄巾军。田楷赴青州上任后，刘备也被公孙瓒派到青州，《三国志·先主传》说刘备“数战有功”，被公孙瓒任命为代理平原县令。平原县是平原国的治所，现在仍叫平原县。以刘备的年龄、资历以及投奔公孙瓒以来立下的战功，区区一个县令还要先代理，别说有老同学的交情在，即使没有也有点太委屈了。这让人想起另一个人：项羽。项羽是公认的英雄，打仗没得说，但在为人方面也有些独特的地方。《史记·淮阴侯列传》记载，韩信对项羽有一个很到位的评价：“项王见人恭敬慈爱，言语呕呕，人有疾病，涕泣分食饮，至使人有功当封爵者，印刓敝，忍不能予，此所谓妇人之仁也。”平时对人很好，但当有功劳应当奖励时就显得抠抠搜搜，把刻好的官印留在手里，摩挲来摩挲去，官印上的棱角都磨平了仍舍不得给人。

在此期间刘备又结识了两个人，一个是赵云，另一个是田豫。赵云字子龙，冀州刺史部常山国真定县（今河北省石家庄市）人，《三国志·赵云传》裴松之注引《赵云别传》说他“身长八尺”，合今一米八以上，“姿颜雄伟”。常山国属冀州刺史部，但有一部分人不满袁绍，他们聚集起来投奔公孙瓒，这些人推举赵云为首领，一起来到幽州，受到公孙瓒的欢迎。赵云在公孙瓒处的军职不详，按照《赵云别传》记载，赵云和刘备等人一前一后来到公孙瓒这里，他们互相接触后，双方印象都很好，很投脾气，“得深自结托”。

刘备随田楷到青州后，赵云也跟了过来。赵云转投刘备，跟荀彧转投曹操有点类似，公孙瓒和袁绍之所以没有在意，原因在于，此时无论刘备还是曹操，名义上都是公孙瓒和袁绍的属下，荀彧和赵云相当于在同一个系统中的“内部工作调动”。还有一个重要原因，此时的荀彧和赵云还没有崭露头角，没有引起公孙瓒或袁绍的重视。可惜的是，没过多久赵云就离开了刘备。《赵云别传》记载赵云的哥哥这时突然去世，赵云向公孙瓒请了假，回常山国老家奔丧。常山国那时已是袁绍的势力范围，赵云此去还能不能回来难以预料，刘备依依不舍，与赵云“捉手而别”。赵云也深为感动，告诉刘备自己“终不背德也”。

刘备结识的另一个朋友田豫字国让，幽州刺史部渔阳郡雍奴县（即今天津市武清区）人，他是主动投奔刘备的，这时年龄还不大。刘备对田豫的才能很赏识，不过早期的田豫没有留下太多记载。田豫成名是在曹魏时代，这位刘备早期的部属后来成为曹魏的四代重臣。

刘备代理平原县令一段时间后，公孙瓒又让他兼任了平原国相。平原国在青州刺史部最西端，西边是冀州刺史部的清河国、安平国，由袁绍控制。推测起来，平原国本不属于公孙瓒，刘备等人到来后通过武力逐渐扩大了地盘，由平原县慢慢拓展，最后占据了整个平原国。公孙瓒知道他的那些拜把子兄弟守不了平原国这样的地方，要论能力还得用老同学，所以任命了刘备。刘备在平原国前后待了三年左右，具体时间应在初平二年至初平四年之间。

初平二年十一月，就在曹操就任东郡太守后不久，青州黄巾军主力进入兖州境内的泰山郡，被郡太守应劭击破。青州黄巾军此后又进攻渤海郡，此时公孙瓒的势力已经向这一带发展，青州黄巾军又受到公孙瓒的攻击，再打败仗。

青州黄巾军接连受挫，便想到跟西边的黑山军联合作战，改变战场上的被动局面，于是集合力量，向西面的兖州、冀州一带杀过来。于毒、白绕、眭固等人率黑山军主力离开太行山区，向东边的河内郡、东郡进攻，配合青州黄巾军的行动。曹操打败白绕后，黑山军基本上撤出了东郡，曹操在兖州北部一带声名大振，与东郡相距不远的山阳郡豪族李乾和侄子李典率部众投奔了曹操，曹操的实力进一步增强。李典字曼成，此时还不到二十岁，作战勇敢，同时喜欢学问，为人儒雅，礼敬士大夫，以后成长为曹军的一员儒将，有“军中长者”之称。

初平三年春天，曹操率主力离开东武阳，驻扎在离战略要地濮阳不远的顿丘县，此行的目的可能是配合袁绍的军事行动。袁绍夺取冀州后与公孙瓒的矛盾激化，二人正在冀州北部和幽州一带酝酿大决战，为免去后顾之忧，袁绍命令曹操护卫南线的安全。

曹军一动，就出事了。又悄悄摸过来的黑山军看到曹操率军西进，于毒立即集结人马进攻东武阳。东武阳此时是曹军的后方基地，家属和粮草辎重都在这里，于毒这一招既快又准。消息传到顿丘，曹军将士都慌了神。《三国志·武帝纪》裴松之注引《魏书》记载，大部分人主张立即回师救援，曹操则认为回师已晚，不如采取围魏救赵的办法，直击黑山军的老

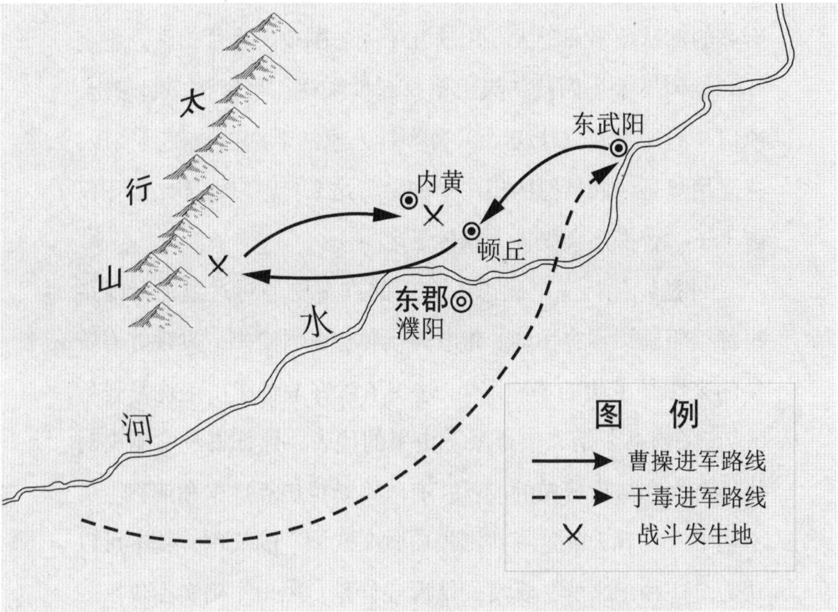

图4 《三国志》所载曹操解东武阳之围示意图

巢，迫使黑山军回兵。曹军于是弃东武阳于不顾，向西北进击，直扑位于太行山南部的黑山军基地。进攻东武阳的黑山军闻讯果然撤兵，曹操又率军在路上打了一个漂亮的伏击，击败眭固所部。之后，路上又遇到了刚刚归顺袁绍，但又趁袁军北上而反叛的南匈奴单于于扶罗，曹操在内黄将其打败。

一个奇谋，两场胜仗，东武阳之围应声而解，确实算得上经典战例。但是，如果在地图上复原一下此战的路线，就会发现诸多疑点。顿丘虽然在东武阳以西很远的地方，但再往西去的太行山更远，中间远隔整个河内郡不说，而且敌人的老巢究竟在哪里也实在不好说。黑山军的组织很分散，黑山不是一座城池，也不是一个山寨，是一大片地域的统称，曹操能长途奔袭的部队顶多几千人，用这几千人去围攻一大片山区，肯定不知如何下手。而且，黑山军打起仗来往往将家眷一起带走，所以一行军就有几十万人，曹操抄人家的老窝以迫使其回援，这恐怕只是一厢情愿的想法。如果真这么打，东武阳之围不仅解不了，曹操还会先被人家抄了老巢。

可是，包括《三国志》在内的许多史书对这场运动战讲得都很明确，不容怀疑。带着疑问再去翻看史书，发现陈寿资料的来源是王沈的《魏书》，这一下就好理解了。王沈是曹魏大臣，《魏书》是“亲曹派”史书的代表，这部书经常不失时机地夸大和渲染曹操的成就，有时不妨也搞点虚构和挪移。关于初平三年春天的这场“围黑山救东武阳”的战例，基本可以认为是虚构出来的。真实的情况或许是：黑山军确实围攻东武阳了，但在留守部队的顽强抵御下东武阳一直没有被攻下，黑山军的优点是不恋战，打得赢就打，打不赢就走，所以主动撤退，曹操在回师的路上遇到眭固所部，将其击败；至于迎战于扶罗，而且指明是在河内郡的内黄县（今河南省内黄县），如果有这件事的话，可能是曹军的一部，而不是曹操亲自率领的。

在黑山军围攻东武阳的同时，青州的黄巾军也向这个方向运动，总人数达百余万，不过这并非指的是兵力，而是他们的人口总数。青州黄巾军首先进入兖州刺史部的任城国，任城国相郑遂被杀。消息传到山阳郡的昌邑，在此据守的兖州刺史刘岱决定出兵迎击。济北国相鲍信也在这里，劝刘岱不要冒进。鲍信的战法是坚守，让队伍养精蓄锐，等敌人进退不得、粮草耗尽时再出击。刘岱不听，率军出击，结果被杀。

刘岱死后，兖州刺史部的八个郡国处于群龙无首的局面，面对来势汹汹的黄巾军，当务之急是推举一位有实力、有能力的领头人打退黄巾军，保护地方安全，这是兖州本地官民们共同的愿望。在这种形势下，陈宫联络了一些兖州地方知名人士，共同推举东郡太守曹操来主持兖州事务。《三国志·武帝纪》裴松之注引《世语》记载，陈宫对曹操说："州今无主，而王命断绝，宫请说州中，明府寻往牧之，资之以收天下，此霸王之业也。"陈宫又去游说州中官吏和士绅，济北国相鲍信第一个表示拥护，大家也跟着同意。最后，推选鲍信和州吏万潜做代表，前往东武阳迎接曹操就任。万潜自此成为曹操的部属，虽然此后在史书中较少被提到，但他一直追随曹操，且职务不断提升。曹操进位为魏王时，劝进表中就有万潜的名字，职务是长史。《三国志·文帝纪》中也提到过万潜，他在魏文帝时代已升任九卿之一的少府。

这样，曹操就任了兖州刺史部的行政长官，不过不是刺史，而是州牧。曹操几年前便担任过济南国相，品秩二千石，州刺史的品秩只有六百石，以曹操既往的资历，担任州牧是够条件的。但这不是朝廷正式的任命，顶多算“集体推荐”。可不管怎么说，就任兖州牧后，曹操成为与刘虞、刘焉、袁绍、刘表、陶谦等人并列的地方大员。

就任兖州牧后，曹操立即整顿兵马，准备与青州黄巾军决战。青州黄巾军前无退路，后有强敌，拿出了拼命的劲头，往日一打就跑的情况不见了，让这场仗打得异常艰难，就连王沈在《魏书》中也不得不这样描述：一次，曹操率领一千多人在战场间巡视，突然遭遇黄巾军主力的攻击，手下顿时死伤近半，不得不撤退，黄巾军却不依不饶，继续进攻，他们久经战阵，士兵强悍，而曹军队伍尽是新兵，缺乏经验，士气也不高昂，曹操亲自披甲戴胄，身临一线，严明军纪，明确赏罚，士气才稍稍提高。

这场战役的高潮是寿张之战。恶战中，曹操多次陷入危境，其中一次全赖鲍信的拼死抵抗才得幸免，而鲍信却战死了。鲍信是曹操事业起步时期最忠实的战友和最可靠的盟军，对曹操充满敬佩，多次给曹操以帮助。鲍信的战死是曹操的一大损失，令曹操极度伤心。鲍信死后连尸首都没有找着，曹操下令悬赏寻找，仍没有找到，只能让人用木头刻了一个鲍信的雕像来祭拜。

对手其实打得更艰难，黄巾军慢慢有些招架不住，他们给曹操写了一封信，信中先从曹操当济南国相禁淫祠说起，说曹操的政治主张与他们的太平道教义其实是一致的，然后劝曹操顺应天道，不要与黄巾军为敌。曹操不理，继续攻击，《魏书》称曹操“遂设奇伏，昼夜会战，战辄擒获，贼乃退走”。黄巾军向济北国方向败走，曹操指挥人马追击，黄巾军没有退路，只好请求投降。曹操接受他们的投降，就地整编，组建了一支新的队伍。《三国志·武帝纪》记载：

（曹军）追黄巾至济北。乞降。冬，受降卒三十余万，男女百余万口，收其精锐者，号为青州兵。

按照这个说法，曹操接收的降卒共有三十多万，曹操组建的“青州兵”人数则不详，只说“收其精锐者”。如果十个人里面选两个人的话，也至少有六万人，十分可观。但其实不然，青州黄巾军能作战的士卒并没有三十多万人，这个数字包括了各种随青州黄巾军行动的人员，如果能从中选拔出二三万人的队伍，那已经相当理想了。鲍信战死后，曹操把他原来的队伍交给鲍信的老部下于禁来指挥，于禁从此进入曹军一线将领的行列。

曹操虽然当上了兖州牧，但此时实际控制的地方有限。兖州的治所原来在山阳郡昌邑县（今山东省昌邑市），这里距黄河太远，与曹操的后方基地东郡也有相当距离，曹操便把大本营迁到了济阴郡与东郡相交的鄄城（今山东省鄄城县），仍把战略重点放在黄河一线。刘岱死后，朝廷任命金尚为兖州刺史。金尚带人前来上任，曹操当然不干，就在金尚进入州界的地方布下了伏兵。金尚一看，知道打不过，往南阳郡投奔袁术去了。

曹操屯驻鄄城后，把妻子卞氏及几个儿子接了过来。初平三年冬天，卞氏为曹操生下了第三个儿子，也是曹操的第四个儿子，取名曹植。此时曹操的长子曹昂有十多岁，曹丕六岁，曹彰三岁。曹丕日后在回忆文章中写道，五六岁时父亲曹操曾亲自教自己射箭，使他从小就养成了喜好弓马的习惯，说的正是这个时候。

四、向长安朝贡

董卓死后，李傕、郭汜、樊稠等人把持了朝廷，他们虽然都是武人，但也想在政治上有所作为。初平三年八月，由汉献帝下诏，派太傅马日磾、太仆卿赵岐为正副使，前往关东宣达罢兵诏，抚慰天下。这二位都与已故著名经学大师马融有亲戚关系，马日磾是马融的族孙，小时候曾得到马融的亲自教导；赵岐是马融哥哥马续的女婿。马日磾此时年龄不详，但不会小于七十岁，而赵岐已八十四岁高龄。李傕等人把二人搬出来，也是动了一番脑筋的，因为马家跟袁家关系不一般。袁绍和袁术有一位很有名气的婶娘，袁隗的妻子、汉末才女马伦，而这个马伦正是马融的女儿。按这个论法，马日磾跟袁绍和袁术是平辈，赵岐是他们的长辈。李傕等人让既是士人领袖、又是袁家亲戚的马日磾和赵岐二人前往关东，化解他们与关东联军之间的矛盾，哪怕争取一个互不侵犯、划地为安的局面也行，当然这仅是他们的想法。

马日磾和赵岐从长安出发后先到了洛阳，之后分成两路：马日磾去南阳郡找袁术，赵岐去冀州找袁绍。朝廷西迁后，拥护汉室的人心中一直挂念着汉献帝的安危，见到朝廷的特使来了，都十分高兴。《后汉书·赵岐传》记载："日磾行至洛阳，表别遣岐宣扬国命，所到郡县，百姓皆喜曰：'今日乃复见使者车骑。'"

马日磾此去颇费周折，到南阳郡时袁术已离开大半年了，后来辗转到了扬州刺史部九江郡寿春县才找到袁术。《三国志·袁术传》裴松之注引《献帝春秋》记载，袁术见到马日磾，就把他扣了下来，压根不谈正事，袁术先是要借马日磾的符节看看，这是皇帝亲颁的信物，马日磾作为朝廷特使的凭据。袁术借来看完，竟要起无赖，再不说归还的事。不仅如此，袁术还让马日磾以朝廷特使的身份任命他手下人的官职，名单报上来，上面有一千多人。马日磾请求袁术放他走，袁术不放。马日磾又急又气，最后在忧愤中死于寿春。

相比较而言，赵岐还算幸运。听说长辈来了，袁绍亲自迎出了数百里，在迎接的队伍里还有已经身为兖州牧的曹操。

赵岐分别给陶谦、公孙瓒等人写了信，传达朝廷“罢兵安人”之道。公孙瓒在界桥战败后仍然与袁绍在冀州北部、幽州以及青州一带开战，双方均处于疲惫期，虽然都打不动了，但仍硬扛着，赵岐的到来给双方一个休战的台阶，公孙瓒立即送来一封言辞恳切的回信，表示尊重朝廷，立即停战。《后汉书·赵岐传》记载，袁绍、曹操等还与赵岐相约不久后将迎接汉献帝归来，“期会洛阳，奉迎车驾”。

就在这前后出现了一个意外情况，让袁绍受惊不小。《后汉书·袁绍传》记载，袁绍与公孙瓒罢兵，返回邺县时路过漳水之上的渡口薄落津，在此大会宾客，曹操可能也在其中。正热闹的时候，突然接到情报说后方的魏郡有人造反，叛军与黑山军的于毒部取得联系，人数多达数万人，已经把袁绍的大本营邺县占领了，郡太守被杀。在座很多人的家眷都在邺县，听说后顿觉五雷轰顶，“皆忧怖失色”，有的人当场哭了起来。面对突如其来的变故，袁绍再次表现出从容不迫的气概，他当时正在玩投壶游戏，就是把箭投向远处的一个壶中，看谁投得准，输的人罚喝酒。听到消息，袁绍“容貌自若，不改常度”。后来，幸亏黑山军里有一个叫陶升的人投降袁绍，把袁绍以及众人的家眷送到斥丘，并帮助袁绍重新收复了邺县，袁绍任命陶升为建义中郎将。

对于与赵岐的约定，袁绍只是说说而已，他现在满脑子都是公孙瓒。送走赵岐，袁绍一回去就开始谋划新的军事计划。但是，曹操把这个约定当真了。朝廷特使一行带来了长安的最新消息，也表达了奉迎天子回洛阳的渴望。曹操回到鄄城，就与荀彧等人商议此事。荀彧赞成派人出使长安，向朝廷进贡。毛玠的看法更进一步，他提出了一个更大胆的计划。毛玠认为现在天下分崩，天子流亡，国家没有储备，百姓不能安居，这种状况难以持久，袁绍、刘表等人虽然士多民强，但都缺乏远大志向，不能树基建本，当今之际应该奉天子以令不臣，发展农业，积蓄军资，这样一来霸业可成。曹操认为毛玠分析得很有道理，表示接受。《三国志·毛玠传》记载：

玠语太祖曰："今天下分崩，国主迁移，生民废业，饥馑流亡，公家无经岁之储，百姓无安固之志，难以持久。今袁绍、刘表，虽士民众强，皆无经远之虑，未有树基建本者也。夫兵义者胜，守位以财，宜奉天子以令不臣，修耕植，畜军资，如此则霸王之业可成也。"太祖敬纳其言。

毛玠字孝先，兖州刺史部陈留郡平丘县（今河南省封丘县）人，当过县吏，为人清廉公正。中原地区陷入动荡后，他本想到荆州投奔刘表，后来听说刘表政令不明，能力有限，于是转道去了别处。曹操担任兖州牧后，征他为州政府的治中从事，负责州里的人事工作。曹操发现毛玠深有谋略，且清正无私，就改任他为奋武将军府的功曹，从事军中的人才选拔工作。以后曹操的地位不断提升，毛玠一直负责人事工作。后人评论曹操，多说他"挟天子以令诸侯"，这个说法的出处是毛玠的话，不过他的原话是"奉天子以令不臣"，内容或许差不多，但"挟"与"奉"在感情色彩上有天地之差。

曹操一边忙着巩固兖州，一边考虑派人到长安走一趟。至于派谁去，曹操一时没有想好。这个人首先要有胆识和能力，因为此去长安路途险阻，要穿越各种势力以及黑山军的防地，必须随机应变，保证顺利到达长安并安全返回；其次要熟悉那边的情况，最好认识长安那边的人；最后，也是最重要的，一定要忠诚可靠，因为除了代表他以兖州牧的身份向朝廷进贡外，还要找机会替他拜会几位在长安的老朋友。

想来想去，曹操觉得只有一个人具备上述条件，这个人就是王必。王必在史书上记载不多，他似乎很早就跟着曹操了，类似于家臣的角色，曹操多次委他以特别的任务，体现出对他不同一般的信任。如果真是曹操的家臣，他有可能在曹嵩时代便在洛阳的曹府待过，熟悉此时仍在长安的丁宫、丁冲、钟繇等曹操的朋友。

初平三年冬天，王必受命出发，一开始就极不顺利。《三国志·董昭传》记载，一行人刚到河内郡，就被河内郡太守张杨扣留。曹操虽然没跟张杨发生过冲突，但张杨跟袁绍曾经有过降而复叛的经历，曹操是袁绍的人，张杨自然不把曹操当成朋友，所以不想让王必过境。这时张杨身边出来一个人，劝他说："袁、曹虽为一家，势不久群。曹今虽弱，然实天下之英雄也，当故结之。况今有缘，宜通其上事，并表荐之；若事有成，永为深分。"此人认为，曹操虽然跟袁绍是同盟，但二人情况不同，不可能永远亲近，曹操现在虽然弱小，但他的确是个英雄，将军您应当结交他，现在刚好是机会，应该帮他完成通使长安的事，并且上书表荐他，如果事情成功，曹操一定感激将军。张杨想了想，觉得说得对，于是同意王必过境。

这个帮曹操说话的人不是张杨的手下，而是张杨的客人，他就是董昭。董昭字公仁，兖州刺史部济阴郡定陶县（今山东省菏泽市定陶区）人，举过孝廉，当过县令，后来在袁绍那里参军事。《三国志·董昭传》记载，袁绍属下的巨鹿郡太守李邵等人想叛变投靠公孙瓒，袁绍抽不出兵来征讨，董昭自告奋勇，愿只身前往把事情解决。袁绍大喜，还以为他有什么好主意，便问他具体如何办，董昭实话实说："计在临时，未可得言。"袁绍没有更好的办法，只好让董昭去试试。董昭到了巨鹿郡，经过明察暗访，发现李邵反叛这件事是由郡里的大户孙伉等数十人在背后策划的。董昭当机立断，将幕后分子一网打尽，但要向袁绍请示已经来不及。董昭伪造了袁绍的公文，说抓到敌人的间谍安平、张吉，据他们交代，本郡的孙伉等人暗中通敌，以为内应，现在发布檄文，将其逮捕，军法处置。董昭用这一手段迅速平定了巨鹿郡，为袁绍立下大功。后来冀州治下的魏郡又发生动乱，袁绍派董昭兼任魏郡太守，董昭到境后软硬兼施，使魏郡得以平定。

董昭一再立下大功，却在袁绍那里待不下去，起因是董昭有个弟弟名叫董访，在张邈手下任职，袁绍与张邈这时的关系越来越紧张，已经发展到势不两立的程度。有人在袁绍面前进谗言，说董昭不可靠，是张邈派来的卧底，董昭听到风声，不敢再待。董昭想到长安去，在朝廷里谋个职务，也是在路过张杨防区时被扣下的。董昭确实不错，自己的未来还没有着落，却替曹操说了话。其实，董昭这样做也是为自己铺路，他真的看好曹操。正是因为有这件事，日后曹操见到董昭时将其视为自己人，引以为心腹智囊。

王必总算离开了河内郡，辗转到了长安。李傕、郭汜、樊稠认为曹操是袁绍阵营的人，而袁绍对天子的态度一向暧昧，一会另立天子，一会散布谣言说天子不是汉灵帝亲生的。李傕等人对袁绍、曹操印象都不太好，想把王必扣下。《三国志·钟繇传》记载，曹操年轻时的好朋友、现任黄门侍郎钟繇出来说了话："方今英雄并起，各矫命专制，唯曹兖州乃心王室，而逆其忠款，非所以副将来之望也。"钟繇认为，现在群雄并起，大家都以天子的名义行独断专行之事，只有曹操心系皇室，如果我们拒绝他的诚意，那些也有同样想法的人必然失望。李傕等人想了想，觉得有道理，于是放王必回去，并给了一些赏赐。

钟繇字元常，豫州刺史部颍川郡长社县（今河南省长葛市）人，出身于著名的颍川郡钟氏家族。汉桓帝时，钟繇的祖父钟皓为士大夫所仰慕，教授门徒千人，与同郡的陈寔、荀淑、韩韶合称"颍川四长"。钟繇年轻时被举为孝廉，任尚书郎、阳陵县令等职，后因病离职，又被三公府征召，担任廷尉正、黄门侍郎等职，随汉献帝来到长安。钟繇与曹操一样，都是书法家。钟繇少时随刘胜去抱犊山学习书法，后来与曹操、邯郸淳、韦诞等书法家经常在一起讨论书法技巧。韦诞那里有一件蔡邕的真迹，钟繇想借来看看，韦诞不肯给。钟繇气得捶打自己的胸部，直至吐血，曹操用五灵丹才将钟繇救活。韦诞去世，钟繇让人偷偷挖掘了韦诞的坟墓，才得到了蔡邕那件真迹。《太平广记》引南北朝羊欣《笔阵图》记载：

魏钟繇，字元常。少随刘胜入抱犊山，学书三年，遂与魏太祖、邯郸淳、韦诞等议用笔。繇乃问蔡伯喈笔法于韦诞，诞惜不与。乃自捶胸呕血。太祖以五灵丹救之，得活。及诞死，繇令人盗掘其墓，遂得之。由是繇笔更妙。

钟繇不仅跟曹操相熟，还与荀彧是同乡，在一块共过事。南阳人阴修当颍川郡太守时，把颍川郡的才俊都延揽到自己手下：钟繇任功曹，负责人事工作；荀彧任主簿，负责郡里的日常事务；杜祐为贼曹掾，负责治安；郭图任计吏，负责上计。除了他们几位，还有荀攸、名士张礼等人，堪称当时天下最强的郡级领导班子。《三国志·钟繇传》裴松之注引谢承《后汉书》记载：

南阳阴修为颍川太守，以旌贤擢俊为务，举五官掾张仲方正，察功曹钟繇、主簿荀彧、主记掾张礼、贼曹掾杜祐、孝廉荀攸、计吏郭图为吏，以光国朝。

王必回到兖州后，详述了通使的经过。曹操多少有些失望，他原本想，此行与朝廷建立正常联系，朝廷对他即使不升官晋爵，也会正式下达诏令，对他的兖州牧一职给予确认，但李傕等人压根不提这件事。不过这次出使长安也有很多收获，此行想必会让汉献帝以及长安的公卿们对曹操忠于汉室的心迹有所了解，董昭、钟繇等人关键时刻替自己说话，说明这些人以后还会对自己给予帮助，加上在天子身边供职的丁宫、丁冲等人，日后真要按照毛玠说的“奉天子以令不臣”的话，这些人都能用得上。

五、五战五捷

到了初平四年年初，天下总体格局是南北对峙，以袁绍、袁术为核心的两大阵营态势更为明显。除去盘踞在长安的凉州军集团和偏安于益州的刘焉集团、割据于辽东的公孙度集团外，从北至南，刘虞、公孙瓒、袁绍、曹操、陶谦、袁术、刘表等实力派都牵涉到这两个集团的对抗中，中间还穿插有黑山军、河内郡张杨、南匈奴于扶罗等势力。至于孙策和刘备，这时势力还十分有限，分别附属在袁术和公孙瓒之下。这种格局很有意思，用一句话总结就是“远交近攻”：眼前的都是敌人，敌人的身后是朋友，最终形成夹击和相互夹击的局面。这种态势还将不断变化，在打败对方阵营里的人后，同一阵营也开始相互厮杀。

此时，袁绍眼中的最大敌人是公孙瓒，而公孙瓒与袁术结盟，让袁绍很恼火。待在南阳郡的袁术，初平四年年初突然向北运动，目标直指曹操的势力范围兖州。关于袁术离开南阳郡另谋发展的原因，一种看法是袁术在配合公孙瓒、陶谦的军事行动，另一种看法是刘表给袁术施加了压力，刘表不断向北出击，尤其攻击袁术的粮道，使袁术在南阳郡发展困难。

这一年春天，袁术亲自带兵进入陈留郡境内，这时陈留郡太守是张邈。说起来，三四年前袁绍、袁术、曹操、张邈都还是好朋友，在洛阳时常小聚，而现在却要刀兵相见了。曹操担任兖州牧后张邈的心态有了一些微妙变化，但支持曹操的立场总体上仍未改变。面对袁术这个不请自来的客人，张邈立即通报给曹操，请求增援。袁术行动后，黑山军和于扶罗立即响应，在西北方的侧翼给袁术助威。袁术的前锋由刘详率领，进驻匡亭，此地在陈留郡平丘县境内，已深入陈留郡内一百多里，再往前就是曹操的后方基地东郡了。曹操不敢大意，亲自引兵迎战。

荀彧等人分析刘详北上只是袁术的试探性进攻，可以先围住匡亭不打，看袁术下一步反应。曹操采纳这个建议，将匡亭围住，袁术果然率军北上增援。曹操在平丘、东昏一带摆下阵势，等袁军开到，双方展开激战，曹军以逸待劳，袁军北上的只是一部，实力稍逊一筹，结果大败，袁术退到封丘（今河南省延津县北）。封丘与关东联军会盟的酸枣不远，也在陈留郡境内，曹操挥军追赶，将封丘围住。

这是一个机会，因为袁军主力部队还未赶到，袁术孤军冒进，如果曹军行动迅速一点的话，有可能将封丘城围死，从而打死或活捉袁术，但那将是一件很棘手的事，无论杀掉袁术还是将其活捉，都不符合曹操的利益。曹操决定围城的时候留下一个缺口。袁术倒也识趣，知道这是老朋友放自己一马，于是顺着缺口突围逃走。但是，袁术逃往的地方是襄邑（今河南省睢县东），仍在陈留郡地盘上，曹操不能不管，又追到襄邑。袁术未等曹军主力来到，主动撤到襄邑附近的太寿，这时袁术的增援部队也赶到了。

一败再败，袁术颜面尽失，他不想跑了，准备打一仗赢回面子。但是，这只是袁术的愿望而已。围攻太寿虽然不像前几次那么容易，但曹军仍取得了胜利，他们采取的办法是掘开附近的渠道，用水灌城。袁术不敌，放弃太寿，逃到宁陵（今河南省宁陵县）。襄邑、宁陵相距不远，曹操曾在这一带募兵，这里是曹操事业的起点。曹操带兵再次追击，袁术这一回干脆向淮南逃去。扬州刺史陈瑀拒绝袁术入境，袁术只好退到阴陵（今安徽省定远县），在淮河北岸集结人马，向扬州刺史部治所寿春（今安徽省寿县）发起攻击。陈瑀不敌，逃往下邳（今江苏省睢宁北）。袁术占领寿春，在淮南一带发展势力。

曹操五战五胜，把袁术彻底从陈留郡赶了出去。雄心勃勃的袁术深受打击，没有想到自己一向颇为自负，亲自带兵打仗居然水平这么差，如丧家之犬般一路奔命。从此之后，袁术心中的雄图大志锐减，不再奢望吞并中原、虎步天下，能偏安于淮南一隅他已经相当知足了。由匡亭到宁陵，曹操现身说法地给老朋友上了一堂军事课，把袁术打服了。

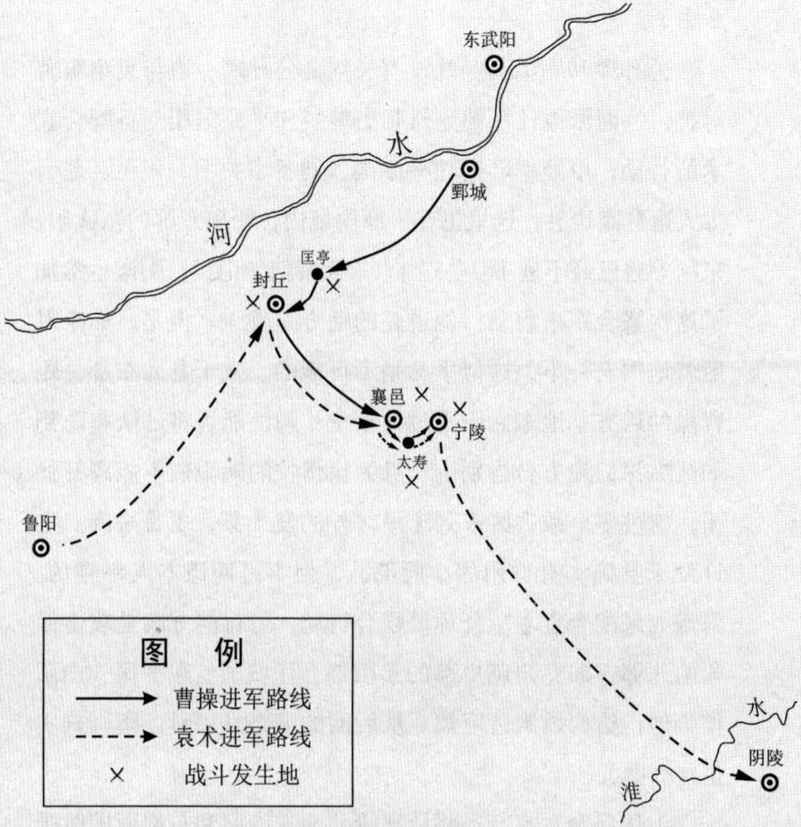

图5　193年曹操击败袁术示意图

其实，袁术敢于轻军冒进是有原因的，那就是公孙瓒和陶谦的配合。他们原计划统一行动，从各个方向同时向曹操施压。袁术一直逃到九江郡时恐怕都还纳闷：公孙瓒和陶谦做什么去了？

公孙瓒和陶谦其实并没有失约，公孙瓒一边与袁绍艰苦对抗，一面派他任命的兖州刺史单经和平原国相刘备配合袁术的行动，单经率部进驻平原国，刘备率关羽、张飞、赵云等人进驻高唐县，这里也在平原国境内，距离东郡的东武阳、东阿等地已经不远了。《三国志·武帝纪》记载，陶谦也参加了这次联合军事行动，他进驻的地方是发干。但是，如果对照着地图看一下，这似乎又是不可能的。发干县属东郡，距曹操的后方基地东武阳不过几十里，陶谦能否将部队布防到如此纵深的地方另当别论，身为徐州牧的陶谦能不能离开徐州，越过多个敌占区来到千里之外的发干县，更是疑问。也许发干县确实有徐州的小股部队，但不是陶谦本人率领的。陶谦如果配合袁术、公孙瓒联合行动，可行的方案是攻击徐州的北邻，即兖州刺史部的泰山郡、任城国、东平国、山阳郡等地，给曹操制造麻烦。从后面的事态发展看，陶谦确实也这么做了。

上述联合军事行动将使曹操北面、南面和东南面同时受敌，兖州十分危险。但曹操轻易化解了这场危机，原因是时间差。联合军事行动之所以称为联合，必须在时间、地点上同时达成默契。北路的单经和刘备到达预定地点后，袁术的队伍还在来兖州的路上，这样一来曹操在袁绍的支持下就能从容地先解决北面之敌，他主动出击，将刘备和单经击退。单经撤走，刘备退保平原国，公孙瓒方面首先退出了联合作战。

曹操一路追击袁术的时候，陶谦本可以帮忙，但一来路途还是有点远，二来陶谦想保存实力，抱着先看看再说的想法，等曹操与袁术打上一阵再上前帮忙。让陶谦吃惊的是，呼声一向很高的袁术，军事才能却如此之差，被曹操一路打过去，没有任何招架之力，只有逃命的份儿。看到此情此景，陶谦放弃了后续的增援行动。这样，三方联合作战计划被曹操成功瓦解，打退了刘备、单经，打跑了袁术，剩下一个陶谦，就好办多了。

六、一桩灭门惨案

曹操担任兖州牧后，把东郡太守一职交由夏侯惇代理，命其驻守在黄河岸边的战略要地濮阳。曹操想让队伍集中起来休整一段时间，然后认真思考一下如何对付陶谦。相对于远道而来的袁术以及中间隔着袁绍的公孙瓒来说，对付眼前的陶谦更是曹操的当务之急。

初平四年夏天，曹操率军到达定陶，这里位于兖州刺史部济阴郡中部，是济阴郡的治所。在打退了袁术的进攻后，曹操顺势扩展了势力范围。现在整个兖州刺史部的形势是：东郡、济阴郡、山阳郡、任城国为曹操直接控制，陈留郡太守张邈、泰山郡太守应劭作为曹操的属下听从他的调遣，济北国、东平国处在与公孙瓒拉锯的状态，双方互有攻防。

在逐渐巩固了兖州后，下一步朝哪个方向发展需要尽快定下来。北边是袁绍，往东以及东北方向是公孙瓒的地盘，不可能有发展的空间；往西是残破不堪的司隶校尉部，人口大量外逃，稍大一点的城市都成了废墟，又处在各种势力的交汇之处，别说不好占领，就是占住了也没法待；只有南边以及东南方向的徐州适合发展。这个方向的敌人是陶谦，在曹操眼中陶谦是一个狡猾的人：在凉州一带打过仗，能带兵，有些谋略，手下也有一些人，经营徐州有几年了，这样的敌人不那么好对付。双方虽然还没有正面交过手，但早已经在心中把对方当成了假想敌。曹操盯着地图，目光在兖州与徐州交错的郡县间游走着，他的目光停在了徐州刺史部最北面的琅邪国附近，这里是夫人卞氏的老家，东邻大海，远离中原，是一个避乱的好地方。

突然，曹操想起了什么，心里一惊。曹操突然想到，他的父亲曹嵩等此时正在那里。曹操在己吾起兵后，除曹操的弟弟曹德外，曹氏以及夏侯氏兄弟们纷纷离开家乡追随曹操去了，曹家在谯县很不安全。曹嵩经过考虑，决定找一个地方避难。一两年前，在谯县的曹家人都来到了琅邪国。当时，从中原地区到这里避难的人有不少。即便是现在，原属琅邪国的山东省日照市一带仍然是内陆的河南人、河北人、安徽人以至陕西人到海边买房居住的首选之地。

曹嵩一行到这里不是为了欣赏大海，而是来避难的。之所以选择这里，与卞氏的老家在该地有一定关系。卞氏老家在开阳县，是琅邪国治所，曹家人来琅邪国应该住在开阳县一带。曹家非常富有，尽管刻意保持低调，但从吃穿用度以及众多仆人随行等处，都能看出他们与一般逃难人家不同。

不管怎样，琅邪国是陶谦的地盘，开战之前必须把家人从那里接出来。琅邪国紧邻兖州刺史部泰山郡，曹操派人到琅邪国通知父亲准备离开，同时命令泰山郡太守应劭派兵接应，把父亲一行接到鄄城来。但是，有人却抢先了一步，把曹嵩等曹家数十口人杀得一个不剩，制造了轰动一时的血案。关于这件事，史书有以下记载：

嵩……子操起兵，不肯相随，乃与少子疾避乱琅邪，为徐州刺史陶谦所杀。(《后汉书·宦者列传》)

初，曹操父嵩避难琅邪，时谦别将守阴平，士卒利嵩财宝，遂袭杀之。(《后汉书·陶谦传》)

（应）劭，字仲远。少笃学，博览多闻……前太尉曹嵩及子德从琅邪入太〔泰〕山，劭遣兵迎之。未到，而徐州牧陶谦素怨嵩子操数击之，乃使轻骑追嵩、德，并杀之于郡界。劭畏操诛，弃郡奔冀州牧袁绍。(《后汉书·应奉传》)

初，太祖父嵩，去官后还谯，董卓之乱，避难琅邪，为陶谦所害，故太祖志在复仇东伐。(《三国志·武帝纪》)

嵩在泰山华县。太祖令泰山太守应劭送家诣兖州，劭兵未至，陶谦密遣数千骑掩捕。嵩家以为劭迎，不设备。谦兵至，杀太祖弟德于门中。嵩惧，穿后垣，先出其妾，妾肥，不时得出；嵩逃于厕，与妾俱被害，阖门皆死。劭惧，弃官赴袁绍。后太祖定冀州，劭时已死。(《三国志·武帝纪》裴松之注引《世语》)

太祖迎嵩，辎重百余两。陶谦遣都尉张闿将骑二百卫送，闿于泰山华、费间杀嵩，取财物，因奔淮南。太祖归咎于陶谦，故伐之。(《三国志·武帝纪》裴松之注引《吴书》)

于是，这桩灭门血案便有了不同版本：《世语》说陶谦派去的人扑了个空，曹嵩一行已离开了琅邪国，他们于是追赶，在泰山郡的华县一带追上，曹家人在这里等应劭来接应，还以为这是应劭的人，没有防备，结果全部被杀；《后汉书·应奉传》与上面这个说法差不多，说曹嵩偕曹德等一行进入泰山郡，应劭派人已经接上了，但此时遭遇陶谦的突然袭击，全家人被杀；《后汉书·陶谦传》对此进行了补充，说不是陶谦派人袭击的，而是陶谦手下一个将领，此时驻扎在距事发地华县不远的东海郡的阴平，他手下的士兵听说曹家人很有钱，就在路上设伏，在华县、费县一带把曹嵩等人杀了；《三国志·武帝纪》认为这件事就是陶谦干的；韦曜的《吴书》认为陶谦听说曹嵩想儿子，就派部将张闿带领二百人护送，曹家人很有钱，值钱的东西装了一百多车，张闿等见财起意，在华县、费县一带将曹嵩等人杀了，抢光了东西，跑到淮南去了。上述各种记载中，《世语》将过程描写得最细，说陶谦的人先把曹德杀了，曹嵩听到外面有动静，知道不妙，就往后院跑，后院墙上有一道缝，他想从这里钻出去，跟他一块跑的还有一个最喜欢的妾，曹嵩想让她先钻，无奈这个妾长得太胖，钻不过去，曹嵩没办法，只好跑到厕所里躲起来，但被发现，一行人全部被杀。

考察一下这些说法，《吴书》最不可靠，这部书一贯尊吴贬曹，按照它的说法，陶谦是个大好人，好心好意办了件好事，曹操不仅不领情，事后还归罪于他，实在冤枉。《世语》的说法有点像传奇故事，尽管细节很生动，却不可靠，陶谦如果想杀曹嵩等人，恐怕早就动手了，琅邪国在陶谦的地盘上，非等曹操来接人才动手吗？况且，把人杀得一个不剩并不符合陶谦的利益，如果他真想跟曹操翻脸，把人控制起来做人质也许更明智。当这些不同的材料摆在司马光面前时，经过慎重分析，他采用了《后汉书·陶谦传》的记载。《资治通鉴》是这样记述这件事情的：

前太尉曹嵩避难在琅邪，其子操令泰山太守应劭迎之。嵩辎重百余两，陶谦别将守阴平，士卒利嵩财宝，掩袭嵩于华、费间，杀之，并少子德。

应该说，《资治通鉴》的说法较为合理。不管怎样，曹嵩、曹德等数十口人全部被杀死在泰山郡的华县附近，没有留下一个活口，这已成为事实。与此有关联的，一个是陶谦，他是重要的嫌疑人；另一个是应劭，这位著名的学者、《风俗通义》的作者，害怕曹操连他一块追究，干脆弃官而逃，到邺县找袁绍去了。

消息传到兖州，还在定陶休整的曹操几乎不敢相信，听到消息，他简直疯狂了。虽然父亲对自己选择的道路一向不是很看好，但作为自己事业上最大的支持者，父亲一直以来对自己尽可能地给予帮助。自起兵以来，父亲整天担惊受怕，不敢待在谯县，远避琅邪国，如今又丧命，说起来这一切都是自己造成的。由于曹家没有一个人能够活着回来，应劭又不知去向，对于整个事件的经过，曹操不是很清楚。但他不用太多思考就得出结论：这件事只有一个人能做，也只有一个人敢做，那就是陶谦。曹操一定在愤怒地咆哮着：陶谦，我要让你血债血偿！

七、“屠彭城”真相

曹操迅速做出部署，准备亲自领兵杀往徐州，找陶谦报仇雪恨。然而，曹操的复仇行动还未展开，陶谦那边先动了手，主动向兖州发起了进攻，时间大约是初平四年夏天。在此之前，陶谦这边发生了三件重要的事情，需要交代一下。

第一件事情是，陶谦曾想牵头组建一个类似关东联军那样的联盟，尊朱儁为太师。《后汉书·朱儁传》记载，董卓死时朱儁仍在中牟一带活动，陶谦联络了前扬州刺史周干、琅邪国相阴德、东海国相刘馗、彭城国相汲廉、北海国相孔融、沛国相袁忠、泰山郡太守应劭、汝南郡太守徐璆、前九江郡太守服虔、博士郑玄等人给朱儁写去一封信，信中说董卓虽然死了，但朝廷仍遭李傕、郭汜之祸，“幼主劫执，忠良残敝，长安隔绝，不知吉凶”，而各地起兵三年来“互争私变，更相疑惑”，所以我们推举您为统领，“简选精悍，堪能深入，直指咸阳”。这时李傕听从周忠、贾诩等人的建议也在争取朱儁，派人用天子的诏书征召朱儁入朝。朱儁的手下都不愿意去关中，想与陶谦等人联合，但朱儁坚持去，于是来到长安，接替周忠担任了太尉一职，陶谦构建一个新联盟的想法落空了。陶谦所联络的那些人，有些可能真的参与了他的计划，有的只是在未经允许的情况下被陶谦挂了名，比如泰山郡太守应劭就是袁绍的人，不可能参与进来，郑玄也一向不过问外界的纷争，也不可能参与。上述这件事情为袁宏《后汉纪·孝献皇帝纪》所印证：“徐州牧陶谦、北海相孔融谋迎天子还洛阳，会曹操袭曹州而止。”东汉无“曹州”，此处当为“徐州”之误。

第二件事情是，陶谦被控制长安朝廷的李傕、郭汜、樊稠正式任命为徐州牧。陶谦尊朱儁为太师的计划失败后，转而向长安朝廷示好。大约在曹操派王必出使长安的前后陶谦也派人到长安进贡，他派的人名叫赵昱，是徐州名士。陶谦手下有几个有名气的人，除赵昱外还有王朗、张昭等。王朗字景兴，是杨赐的学生，算起来跟汉灵帝刘宏和大将军何进是同学。王朗、赵昱劝陶谦通使长安，陶谦接受建议，派赵昱到了长安。与曹操的情况不同，赵昱在长安受到欢迎，这是因为陶谦是朝廷正式任命的州刺史，而曹操的兖州牧则查无出处。最后，朝廷拜陶谦为安东将军，由徐州刺史升格为徐州牧。《三国志·陶谦传》记载："董卓之乱，州郡起兵，天子都长安，四方断绝，谦遣使间行致贡献，迁安东将军、徐州牧，封溧阳侯。"朝廷同时任命赵昱为广陵郡太守，任命王朗为会稽郡太守。王朗就是这时候离开陶谦到江南上任的。

第三件事情是，陶谦与黄巾余部阙宣联合，势力大增。《续汉书·五行志》记载，初平四年夏天，中原及华北地区出现了罕见的自然现象：正值炎夏，却刮起了寒风，像冬天一样。这种神奇的自然现象鼓励了那些想造反或者正在造反的人，在他们看来这是天亡刘汉的又一明证。徐州刺史部下邳国一带有一个名叫阙宣的人领头造反，响应他的人很多，当他看到上天也出来惩戒当权者时，便不再客气，自称天子，与长安的汉献帝分庭抗礼。当时敢造反不算什么本事，而敢于自称天子的才算胆大。刚刚被朝廷任命为徐州牧的陶谦不仅不率兵讨伐，反而跟阙宣联合起来，势力进一步增强。《后汉书·陶谦传》记载："下邳阙宣自称天子，谦始与合从，后遂杀之而并其众。"

陶谦一方面派人跑到长安向天子宣誓效忠，另一方面却与自称天子的人结成盟友，这有些不可思议，所以后世也有很多人对此表示怀疑，比如《资治通鉴》的作者司马光，他不相信身为徐州牧的陶谦真的会与造反分子公开合作，因为这种行为跟直接造反并没有两样，所以《资治通鉴》没有采纳《后汉书》的说法。还有近代学者黎东方，他认为不仅曹嵩被杀与陶谦无关，而且与阙宣联合这样的事情根本就是子虚乌有。这代表了一种流行的看法，在许多人眼中陶谦是君子而不是小人。但是，如果结合陶谦早年在西北前线时就流露出来的独特个性来看，说他纯粹是一名温和长者似乎有点勉强，陶谦到徐州后亲信小人，打压正直之士，玩弄手腕，大搞两面派，一桩桩事情都有记录，关键时刻与阙宣这样的实力派合作没有什么不可能的。得到徐州牧的头衔，联合阙宣，如果把这两件事情结合在一起，就可以看出这个时候的陶谦既提高了名分，又增强了实力，正是事业的上升期。所以，陶谦未必会把曹操放在眼里，如果他早就有挑战曹操的想法，那么说曹嵩被杀事件是由他有意策划的也不是没有可能。

有意策划也罢，被误会也罢，眼下与曹操的一战已难以避免。陶谦与阙宣于是组成联军，率先向兖州发起了进攻。他们进攻的方向不是曹操正面的陈留郡、济阴郡，而是右翼的泰山郡、任城国等地。泰山郡太守应劭已弃官逃往袁绍那里，曹军在这里的防守相对薄弱，任城国以及泰山郡的很多地方被陶谦占领。

对手在军事上先发制人，曹操首先发动的却是政治攻势。《三国志·陶谦传》裴松之注引《吴书》记载，曹操“欲伐谦而畏其强，乃表令州郡一时罢兵”。之前有“表奏”，这里又出现了“表令”，大约想与“挟天子以令诸侯”或“奉天子以令不臣”相呼应。问题是，曹操此时还没有将天子掌握在自己手中，这个“表令”有人听吗？但《吴书》的记载很详细，还列出了曹操代天子所拟的一份“诏书”，其中写道：

今海内扰攘，州郡起兵，征夫劳瘁，寇难未弭，或将吏不良，因缘讨捕，侵侮黎民，离害者众；风声流闻，震荡城邑，丘墙惧于横暴，贞良化为群恶，此何异乎抱薪救焚，扇火止沸哉！今四民流移，托身他方，携白首于山野，弃稚子于沟壑，顾故乡而哀叹，向阡陌而流涕，饥厄困苦，亦已甚矣。虽悔往者之迷谬，思奉教于今日，然兵连众结，锋镝布野，恐一朝解散，夕见系虏，是以阻兵屯据，欲止而不敢散也。诏书到，其各罢遣甲士，还亲农桑，惟留常员吏以供官署，慰示远近，咸使闻知。

诏书陈述了战争给人们带来的各种痛苦，要求参战各方罢兵，只留下常设的官吏在官署中供职。陶谦接到了这样的“诏书”，自然不服，但也没有等闲视之，而是向天子上了一道奏疏，重点阐述现在不能放弃武备的原因。这份奏疏写得也挺郑重，结尾处写道：“华夏沸扰，于今未弭，包茅不入，职贡多阙，寤寐忧叹，无日敢宁。诚思贡献必至，荐羞获通，然后销锋解甲，臣之愿也。臣前调谷百万斛，已在水次，辄敕兵卫送。”陶谦说自己调集了一百万斛谷物，准备通过水路运往长安，还准备派兵保护。有人怀疑《吴书》的这条记载，但无论曹操“代写”的诏书还是陶谦的上疏，都写得极为认真，费功夫造这样的假，动机何在呢？其实，结合不久前赵岐带来的罢兵诏就容易理解这个问题了：诏书未必是曹操“代写”的，应该出自长安的朝廷，只是被曹操利用，这就解释了陶谦面对这份诏书不敢大意的原因。至于陶谦上疏中所说向朝廷朝贡一百万斛粮食之事倒不必当真，对手既然发动的是政治攻势，那就用政治语言来回应。

做完这件事，曹操决定将人马分为三路：一路由夏侯惇统领留守兖州，重点是鄄城、濮阳、定陶、东武阳等战略要地，荀彧、程昱留下协助他；一路由曹仁率领，由东郡的北部进入东平国、任城国，进而到泰山郡迎击那里的徐州军；一路由曹操亲自率领，由济阴郡南下，进入已为陶谦所控制的豫州刺史部沛国的北部，进而攻击徐州刺史部的彭城国、下邳国等地，直捣陶谦的大本营郯县（今山东省郯城县）。这个部署的要点是，以偏师对抗陶谦的主力，而将主力向敌人的侧翼发动进攻，对于已失去先发优势的曹军来说，这不失为一个正确选择。

曹操的反击战从初平四年秋天拉开序幕，这是一场无法预料结局的战争，曹操离开鄄城前告诉夫人卞氏说，自己如果回不来了，就领着孩子们前往陈留郡投奔张邈。不过，曹操的担忧似乎有些多余，战事开始后曹军一路顺风，势如破竹。

曹操亲自率领的这一路人马，一口气拿下兖州境内十几座被陶谦占领的城池，直逼徐州境内的战略要地彭城（今江苏省徐州市），逼得陶谦不得不从右路撤军，亲自率军来战，双方在彭城附近进行了激战。彭城是一座古城，城池四周虽然被大小不等的丘陵、高地所环绕，但交通十分发达。东汉时有一条起自洛阳的东方大道，基本走向是，前半段约沿着现在的陇海铁路，后半段约沿着现在的京沪铁路，彭城就是这条大道上的交叉点。彭城周边还有泗水、汳水在此交汇，使之自古以来便成为兵家必争之地，也是大兵团交战的理想战场，四百年前刘邦和项羽曾在此有过一场大战，结果刘邦完败，项羽险些把刘邦生擒。

但是，曹操与陶谦的彭城之战没有楚汉相争时打得那么惨烈，战事呈现一边倒之势，曹军大胜，陶谦所部有近万人被杀，陶谦撤军，向东退到郯县。对于这场大战，《三国志·武帝纪》里只有十六个字的记载："秋，太祖征陶谦，下十余城，谦守城不敢出。"《三国志·陶谦传》的记载与此大体相同，只是多了十个字："死者万数，泗水为之不流。"后面这句翻译过来大意是：被杀死的接近上万人，尸体使泗水都要断流了。打仗会死人，一场战役死上几千人并不太奇怪。《三国志·陶谦传》裴松之注引《吴书》也写到彭城之战，称曹操"乃进攻彭城，多杀人民"。《三国志·荀彧传》裴松之注引《曹瞒传》说得更严重："自京师遭董卓之乱，人民流移东出，多依彭城间。遇太祖至，坑杀男女数万口于泗水，水为不流。"而到范晔撰写《后汉书·陶谦传》时，相关记载变成了："初平四年，曹操击谦，破彭城傅阳。谦退保郯，操攻之不能克，乃还。过拔取虑、睢陵、夏丘，皆屠之。凡杀男女数十万人，鸡犬无余，泗水为之不流。"对于范晔的说法，司马光予以采用，并结合了《曹瞒传》的情节。《资治通鉴》是这样记述的："秋，操引兵击谦，攻拔十余城，至彭城，大战，谦兵败，走保郯。初，京、洛遭董卓之乱，民流移东出，多依徐土，遇操至，坑杀男女数十万口于泗水，水为不流……鸡犬亦尽，墟邑无复行人。”就这样，在史书记载中曹操杀的人越来越多，手段越来越残忍，最终成为“坑杀男女数十万口”，这就是“屠彭城”的由来。一次活埋了几十万人，简直骇人听闻！如果曹操真的干了这件事，那么他的恶名将超过董卓，成为汉末最凶残的屠夫。

可是，这不是真相。由于史料缺乏，还不太清楚这件事是如何从“陈寿版”演变到“司马光版”的。在较早一些的汉桓帝时期，彭城国全部人口是493027人，当时全国人口有5000多万人。经过黄巾起义、自然灾害、群雄混战，到再晚一些时候，全国人口已锐减到1000多万人，此时彭城国的人口想必也大为下降。曹操一边打仗，一边派人四处出击，把彭

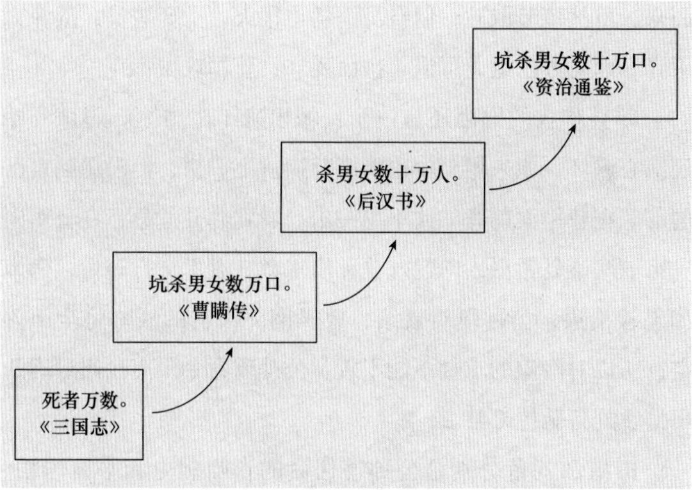

图6　曹操“屠彭城”的演变过程

城国全国的人都抓到一块，然后全部活埋，难道不匪夷所思吗？曹操远途奔袭，此时用在彭城战役的充其量只有几万人。现在，攻破彭城后，曹操给大家下令，先不要打扫战场，也不忙追击敌人，而是分给每个人十多名从敌占区抓来的士兵和老百姓，让大家把他们领到泗水河谷里，全部活埋。即使被抓来的人已提前被捆好、绑牢，即使将要被活埋的这些人也愿意配合，完成这项任务所涉及的工程量也是惊人的。但是，由于被《资治通鉴》所引导，很少有人动脑筋去细想，使得曹操“屠彭城”的说法在后世颇为流行。

陶谦退保郯县，曹操继续追击。曹军在郯县西南的武原与陶谦主力部队又进行了一场恶战，并再次取得胜利，兵临郯县城下。从鄄城出发到郯县，直线距离已有上千里，曹军远道而来，虽然节节取胜，但自身消耗也很大，士卒减员，战斗力下降。而对方已退无可退，拼命死守，曹军攻城不克。

郯县难攻的原因还有一个：城里来了生力军。陶谦开始还信心满怀，原来想至少也能跟曹操拼上一拼，但没想到自己的部队在曹军面前竟如此不堪一击。看到郯县危急，在曹军围上来前陶谦赶紧派人向盟友公孙瓒求救。袁术被打跑后，陶谦如果被消灭，公孙瓒对袁绍、曹操南北夹击的战略将全面落空，所以对陶谦的求救不能不管。公孙瓒命令距离徐州最近的田楷、刘备驰援郯县。

田楷和刘备分别是公孙瓒任命的青州刺史和平原国相。刘备带着关羽、张飞、赵云等人率先到达，他这时兵力很有限，只有一千多人，此外还有一些乌桓族骑兵，以及数千难民。尽管战斗力有限，但这些都是生力军，兖州军和徐州军已经打了几个月，都很疲惫。郯县因为有刘备的加盟，防守力量明显增强，所以尽管曹洪、夏侯渊等人亲自督战，试图一举拿下郯县，但猛攻了几次，都没能攻下。

长期围城是不现实的，因为这里是在敌占区，敌人的后援会逐渐聚集，而自己队伍将面临后勤补给方面的难题。曹操决定放弃攻城，班师兖州。不过，在泰山郡方向，曹仁进展得却很顺利，打败了陶谦在那里的部队，收复了开县、华县、费县等地，将曹操的实际控制范围扩大到整个任城国和泰山郡。

八、刘虞之死

初平四年还发生了一件大事：刘虞与公孙瓒彻底决裂，二人发生决战，结果刘虞战败被杀。此前，公孙瓒多次与袁绍交战，刘虞嫌公孙瓒穷兵黩武，增加幽州百姓的负担，同时也担心万一他打败了袁绍，就更不好控制了，于是不许公孙瓒再出兵，并想法削弱他的权力。

公孙瓒大怒，屡次违反命令，同时公开侵夺百姓。刘虞赏赐给游牧民族的物品多次被公孙瓒抢夺，刘虞无法制止，便上报朝廷诉说公孙瓒掠夺百姓的罪行。公孙瓒也上表，告发刘虞办事不力。二人相互指责，朝廷自然无力处理。刘虞几次邀请公孙瓒来议事，公孙瓒都称病不来。

时间一长，脾气再好的人也动怒了。《后汉书·刘虞传》记载，刘虞跟自己的心腹、太傅府东曹掾魏攸商量，想用武力解决公孙瓒。魏攸不同意这么做："今天下引领，以公为归，谋臣爪牙，不可无也。瓒文武才力足恃，虽有小恶，固宜容忍。"魏攸强调以德服人，这或许不是他真正想表达的意思。魏攸也许认为，动起手来刘虞并不是公孙瓒的对手，但没有直说，而是换了个说法。刘虞很信任魏攸，暂时作罢。不久魏攸死了，公孙瓒仍一次次惹怒刘虞，刘虞再想动武时就没人劝阻了。

初平四年冬天，刘虞调集十万人马攻打公孙瓒，如果只从兵力上看，双方可谓势均力敌，甚至刘虞还略占上风。可是，刘虞也许只顾生气了，他的准备工作做得很不充分，尤其忽视了一点：没有联合袁绍共同行动。《后汉书·刘虞传》记载，有个名叫程绪的从事看出了问题，劝道："公孙瓒虽有过恶，而罪名未正。明公不先告晓使得改行，而兵起萧墙，非国之利。加胜败难保，不如驻兵，以武临之，瓒必悔祸谢罪，所谓不战而服人者也。"程绪认为，公孙瓒虽然干了很多坏事，但还没有正式的罪名，不先晓示天下并让他改正就直接起兵，是错误的。程绪建议先用武力给公孙瓒施加压力，等待公孙瓒悔过谢罪，不战而屈人之兵。程绪的出发点是好的，但刘虞很生气。盛怒之下，刘虞以扰乱军心的罪名将程绪处斩。

幽州刺史部治所是蓟县（今北京市附近），公孙瓒也常在这一带活动，不过他没有驻军在蓟县城内，而是在蓟县的东南新筑了一座小城，平时就住在那里，《资治通鉴·汉纪五十二》记载："瓒乃筑小城于蓟城东南以居之。"公孙瓒没有料到刘虞会先动手，当时他的人马分散在各地，面对突然袭击，有些凶多吉少。关键时刻，公孙瓒在刘虞身边安排的耳目发挥了作用。这个卧底名叫公孙纪，因为跟公孙瓒同姓，二人来往较多，后来发展成公孙瓒的耳目。刘虞发起攻击前，公孙纪连夜跑了出去，及时把情报送出，为公孙瓒防守反击赢得了时间。当刘虞向公孙瓒的小城发起进攻时，公孙瓒已经有了防备，下令坚守不出。刘虞一向爱民如子，为减少百姓的死伤，总攻前特意发布命令："无伤余人，杀一伯珪而已！"刘虞还命令士卒注意战场纪律，不要毁坏百姓的房屋，不拿百姓的财物。

刘虞的确是一个好官，一个有德之人，但他不是一名好统帅。作为幽州牧，刘虞理应爱民如子，有仁爱之心，但作为十万大军的统帅，他此时考虑的应该是如何取胜，从而为这么多的生命负责。果然，刘虞所部打起仗来畏手畏脚，"不习战，又爱人庐舍"，攻了半天也拿公孙瓒的小城没有办法。公孙瓒瞅准时机，晚上派精锐数百人出击，一边攻击一边顺风放火，刘虞军大乱，十多万大军居然一战而溃。刘虞只好携带家眷和一部分士兵退到上谷郡的居庸县（今北京市延庆区一带）。公孙瓒追击，围城三日将城攻破，把刘虞和其家人抓回蓟县。

如何处置刘虞？这让公孙瓒颇费思量。公孙瓒知道刘虞在幽州百姓心中拥有崇高威望，所以没敢直接向他下手，甚至州政府的往来文书还让他批阅。

远在长安的朝廷不知何故突然间再次关注起幽州事务来，派段训为使臣，来增封刘虞的食邑，并命刘虞“督六州事”，即负责幽州、并州、青州、冀州、兖州、凉州的事务，这是一项史无前例的职务，相当于把东汉王朝的一半江山交给了刘虞。可惜的是，这个职务对刘虞已毫无用处，反而害了他。此时，上述六个州被公孙瓒、袁绍、曹操、刘备、袁术等人把持着，中间还有张杨、张燕、公孙度等枭雄，长安的朝廷突然抛出这项任命，打的还是分化瓦解各实力派的主意，想以党人治党人、以群雄治群雄。朝廷也升了公孙瓒的官职，提拔他为前将军，封易侯，督幽州、并州、青州、冀州四州，范围不仅比刘虞小一些，而且与刘虞的六个州重复。

公孙瓒面临选择：如果承认朝廷的任命，那刘虞仍然是自己的上司；如果不承认朝廷的任命，就要给个说法。公孙瓒于是旧事重提，向段训揭发刘虞曾与袁绍合谋造反，想自己称帝。如前所述，这件事情完全是袁绍、韩馥等人的一厢情愿，与刘虞毫无关系，刘虞不仅没有参与，还断然与袁绍、韩馥划清界限，并把韩馥派来的人杀了，把首级送往长安。

公孙瓒不管这些，非说刘虞也参加了谋反，就以朝廷特使的名义将刘虞斩首于集市之上。《后汉书 · 刘虞传》记载，临刑前公孙瓒要个了花招，宣称：“若虞应为天子者，天当风雨以相救。”你不是想当天子吗？如果真有当天子的命，上天就会刮风下雨来救你。此时的华北地区已经旱了很久，没有一丝下雨的意思。刘虞于是被杀，时间是初平四年十二月。刘虞的老部下、原常山国相孙瑾以及在州政府任职的张逸、张瓒等人忠义愤发，愿意随刘虞一块赴死，公孙瓒成全了他们。孙瑾等人临死前大骂公孙瓒。刘虞是汉末刘氏宗亲的代表人物，有修养也有能力，忠心为国，仁心爱民，执行了正确的少数民族政策，执政期间保证了北部边疆的安定。但是，刘虞的仁爱拿到战场上是行不通的，战争就是战争，更何况面对公孙瓒这样强悍的对手。

公孙瓒下令将刘虞的首级送往长安，中途被一个名叫尾敦的刘虞故吏劫下，予以安葬。当初被刘虞派往朝廷公干的田畴还在长安，听说刘虞被抓，马上往回赶，回到幽州时刘虞已死。田畴跑到刘虞墓前痛哭祭拜，拿出朝廷的公文向刘虞报告此行过程。田畴悲伤欲绝，以至于神思恍惚。东晋王嘉在《拾遗记》中记载了这样一个故事：

刘虞为公孙瓒所害，畴追慕无已，往虞墓设鸡酒之礼，恸哭之音，动于林野，翔鸟为之凄鸣，走兽为之吟伏。畴卧于草间，忽有人通云："刘幽州来，欲与田子泰言平生之事。"畴神悟远识，知是刘虞之魂，既近而拜，畴泣不自支。因相与进鸡酒，畴醉。虞曰："公孙瓒求子甚急，宜窜伏以避害。"畴拜曰："闻君臣之义，生则尽礼。今见君之灵，愿得同归九地，死且不朽，安可逃乎！"虞曰："子万古之贞士也，深慎尔仪！"奄然不见，畴亦醉醒。

刘虞向田畴"托梦"，说公孙瓒正四处捉拿你，这倒是事实。《三国志·田畴传》记载，公孙瓒抓住了田畴，质问道："汝何自哭刘虞墓，而不送章报于我也？"田畴毫无畏惧，正色回答："汉室衰颓，人怀异心，唯刘公不失忠节。章报所言，于将军未美，恐非所乐闻，故不进也。且将军方举大事以求所欲，既灭无罪之君，又雠守义之臣，诚行此事，则燕、赵之士将皆蹈东海而死耳，岂忍有从将军者乎？"田畴讽刺说，朝廷公文里没说你什么好话，恐怕不是你乐意知道的，所以没有送上。公孙瓒担心杀了田畴这样的义士会激起更多怨恨，只得把田畴放了。之后，公孙瓒拉段训下水，胁迫他担任幽州刺史。刘虞在幽州多年，深得民望，有不少景仰者和追随者，公孙瓒杀了刘虞，在幽州的势力虽然有所扩大，但麻烦并没有完。

第六章

争夺兖州

194年

一、“马中赤兔，人中吕布”

过了年，在长安的汉献帝刘协下诏改年号为兴平。兴平元年（194）春天，曹操结束了为期近半年的第一次远征徐州班师鄄城，陈留郡太守张邈亲自到州界迎接。想到出征时未卜生死、曹操以家室相托付的情景，两位老战友不禁流下了热泪。《三国志·张邈传》记载：“太祖之征陶谦，敕家曰：‘我若不还，往依孟卓’。后还，见邈，垂泣相对。其亲如此。”然而，曹操不知道的是，眼前这个自己最信任的人正在悄悄酝酿着一场针对他的密谋，参与这场密谋的有三个人，除张邈外还有吕布和陈宫。

吕布是怎么出现在兖州的呢？这还得倒回去叙说。

在董卓被杀、李傕等人控制朝廷后不久，刘表也派使者前往长安，向汉献帝表忠心。像对待陶谦一样，李傕等人对于曾经被朝廷正式任命过的刘表也表示欢迎，刘表不仅升了一级，由刺史变为州牧，而且同时加上了镇南将军的头衔，封成武侯。没有跟关东联军搅和到一块并且与袁术刀兵相见的刘表，被李傕等人寄予了厚望。刘表的使者来回走的都应该是武关道，这条沿着汉水南下的道路，在当年来说比今天还显得重要。刘表的使者在这条路上匆忙行走，也许会遇着一支数百人的马队，率领这支队伍的是在当时已天下闻名的“飞将”吕布。吕布从长安杀出来，狼狈不堪，手下仅剩了几百人，不过张辽、高顺、成廉、魏续、魏越、侯成、宋宪等骨干都在。出了武关道，来到南阳郡，那时袁术还在这里。袁术见到吕布，后面的事情有两种不同说法。

一种说法是，袁术隆重接待了吕布，但吕布却不好好待着，他自恃亲手杀了董卓，是袁家的恩人，所以一安顿下来就要这要那。要知道，袁术此时被刘表逼迫得日子也不好过，对吕布自然不能有求必应。袁术稍有怠慢，吕布就放纵手下去抢，结果二人闹得很僵，吕布在南阳郡待不下去，就领着部下走了。《后汉书·吕布传》记载：“布与傕战，败，乃将数百骑，以卓头系马鞍，走出武关，奔南阳。袁术待之甚厚。布自恃杀卓，有德袁氏，遂恣兵抄掠。术患之。布不安，复去从张杨于河内。”

另一种说法是，袁术压根没有接纳他。袁术知道吕布这个人，在丁原手下时杀了丁原投奔董卓，在董卓手下时又杀了董卓，现在来投自己，莫非自己就是下一个丁原和董卓？袁术一向很迷信，经常神经兮兮的，有这些想法也难怪。袁术不接纳，吕布无奈，只好领着人马另找出路。

无论哪种情况，结果都差不多：吕布的南阳郡之行很失败，乘兴而来，扫兴而走。其实，即使吕布不走，他在南阳郡也留不下来，因为没过多久袁术自己也尽起大军开拔往豫州、兖州方向打曹操去了。离开袁术，吕布下一个去依靠的人是张杨。他们是并州老乡，过去都在丁原手下做事，董卓把持洛阳朝政后，张杨没有像吕布和张辽那样投靠董卓，而是率领自己招募来的几千人在黄河沿线的河东郡、河内郡一带发展，这一地区也是黑山军、白波军以及南匈奴的游击区，张杨跟他们结成了一个松散联盟，在袁绍和公孙瓒对峙时更多的是倾向于公孙瓒。

吕布到了河东郡，见到了张杨，但形势也不乐观。控制长安朝廷的李傕等人对吕布恨之入骨，一直在通缉他，张杨的防区离长安较近，早已接到悬赏捉拿吕布的通告。张杨的手下看到长安那边开出的赏金很高，就想把吕布杀了换赏钱。吕布知道了消息，有点害怕，主动对张杨说，看在咱们是同乡的情谊上我给你出个主意，杀了我未必划算，不如把我活着押到长安，可以得到更高的奖赏。吕布这话像是老朋友之间在开玩笑，但其实是想试探张杨的态度。但张杨却真把吕布的话当成玩笑了，所以也回了一句玩笑话：我认为你说得很对。《后汉书·吕布传》记载：

时李傕等购募求布急，杨下诸将皆欲图之。布惧，谓杨曰："与卿州里，今见杀，其功未必多。不如生卖布，可大得傕等爵宠。"杨以为然。

吕布决定再跑，河东郡之行也告失败。还有一个说法，说张杨其实一直在保护吕布，在张杨的调停下李傕等人不再视吕布为仇人，他们封吕布为颍川郡太守。这个说法仅见于《三国志·吕布传》裴松之注引《英雄记》，可信度不高，各家史书均未采纳，吕布也没有到颍川郡去上任。

偌大的中原，难道没有我的立足之地吗？吕布思来想去，只有投袁绍了。此时的袁绍正与公孙瓒在冀州北部、幽州南部直至青州一线全面开战，公孙瓒虽然有界桥之战的惨败，但实力犹存，压得袁绍喘不过气来。在这个时候，袁绍的左翼，也就是太行山一线又出了问题，黑山军首领张燕支持公孙瓒，袁绍派兵攻打，却不见成效，袁军的一部分主力被牵制在了这里。

袁绍也不大喜欢吕布，可见做人还是要积点口碑的，口碑没了，什么也都没了。吕布汲取在袁术那里的教训，不敢再耍脾气，只求袁绍接纳自己，安排个出路。袁绍见状，就派吕布带着他的人马去打张燕。袁绍打张燕很吃力，但吕布一出马情况就不一样，虽然人数处于劣势，但吕布连战连胜。并非吕布比袁绍高明多少，而是情况有了变化。张燕的主力是一支数千人的骑兵，战斗力很强，以步兵为主的袁绍也曾创造过战胜精锐骑兵的战例，但那是在双方主力的对决中，给袁绍施展谋略留下了空间，张燕的策略是你来我走，你走我来，比谁跑得快，这样一来袁绍就没办法了。然而现在换成了吕布，你快，我比你更快；你熟悉地理，我长期生活在并州，对太行山也熟门熟路，一点都不吃亏。吕布跟手下的成廉、魏越等人挑了几十个身手好的将士，骑上快马，组成一个突击队，专门冲击敌人的核心区，一会儿“闪电战”，一会儿“斩首行动”，来如疾风，去如闪电，无人能挡，打得黑山军节节败退。

吕布是一员骁将，吕布的马也是一匹好马，打张燕不仅进一步成就了吕布的名气，也成就了吕布坐下的这匹战马。《三国志·吕布传》裴松之注引《曹瞒传》记载，吕布在太行山下的出色表现，为他赢得了当时人所共知的两句话：“人中有吕布，马中有赤兔。”于是，人们知道吕布经常骑的战马名叫“赤兔”，大部分史书里都这么写，但它其实还有一个名字叫作“赤菟”。《后汉书·吕布传》李贤等注引《曹瞒传》记载：

时人语曰：“人中有吕布，马中有赤菟。”

如果仔细考察一下的话，后面这个名字似乎更恰当。从字面上看，用“红色的兔子”来比喻马，实在不知道想说什么，是说马跑得快？但只能跑过兔子的马肯定不是快马。说马的威猛？跟温驯可爱的兔子又不搭边。如果换成“赤菟”，那意思就容易理解得多。“菟”是一种植物，开一种淡红色的花，“赤菟马”就是像“赤菟花”一样颜色的马。另外，它还有一解，古人把老虎称为“于菟”，“赤菟马”就是红色的、像老虎一样威猛的马。陈寿评价吕布用的也是类似的词，叫“虓虎”，意思是怒吼的猛虎。要论战斗力，吕布以及他的手下都是超一流的。但陈寿同时认为，吕布只是勇敢、勇猛，而没有“英奇之略”，加上他“轻狡反覆，唯利是视”，在外界没有公信力，公众形象大打折扣，这些构成了他的致命伤。

张燕被打败，退入太行山深处，袁绍侧翼的威胁解除。这时候吕布的老毛病又犯了，他自以为给袁绍立下大功，开始向袁绍伸手要这要那。要别的还好办，吕布要袁绍给自己增加部队，然后帮助自己到司隶校尉部发展，这令袁绍头痛不已。让袁绍协助吕布当上司隶校尉，那是不可能的。养一个小虎崽当宠物，不消两年工夫小虎崽长成大老虎，那就该吃主人了，而吃人这种事情吕布最拿手。袁绍经过考虑，决心除掉吕布。这绝对是过河拆桥的做法，不管吕布既往的历史怎么样，毕竟人家杀了你们袁家的仇人，还帮你打张燕解除你的后顾之忧，怎么说都是个功臣吧。但袁绍还是决定解决吕布，他假装答应吕布的请求，表奏吕布为司隶校尉，给他拨了三千名甲士，随他一同去上任。《三国志·吕布传》裴松之注引《英雄记》记载，袁绍派的不是三千人而是三十人，这不大可能，因为张辽、高顺等一直跟随吕布的嫡系应该同行，他们的人都不会少于三百人，派区区三十个人来只能是送死。

司隶校尉部治所在洛阳县，吕布一行走的路线应该是由冀州往南经河内郡渡黄河，然后往西。这是吕布计划走的线路，但不是袁绍的计划，袁绍没打算把这趟旅行走得那么远，他的人得到命令，半路上干掉吕布。可是，吕布早有预料，他使了一计，晚上故意让袁绍的人住在自己的大帐外，半夜让人在帐中弹筝，而自己悄悄逃走。袁绍的人冲进来，只能向着吕布的床乱砍一通。袁绍得报，吓得要命，问左右谁愿意带兵去追击吕布，“飞将”的威名居然让袁绍手下众将无人敢应征。袁绍害怕吕布回来报复，下令关闭邺县的城门，严加防卫。《三国志·吕布传》裴松之注引《英雄记》记载：

布自以有功于袁氏，轻傲绍下诸将，以为擅相署置，不足贵也。布求还洛，绍假布领司隶校尉。外言当遣，内欲杀布。明日当发，绍遣甲士三十人，辞以送布。布使止于帐侧，伪使人于帐中鼓筝。绍兵卧，布无何出帐去，而兵不觉。夜半兵起，乱斫布床被，谓为已死。明日，绍讯问，知布尚在，乃闭城门。布遂引去。

袁绍这里也没法待了，吕布想去找公孙瓒，但必须经过袁绍的防区，不可行；去找曹操，与曹操没有什么交情不说，听说曹操是袁绍的人，去了就得给绑上送给袁绍。吕布现在最能体会到穷途末路的含义，他想了想，还得去投老同事张杨。

二、背后的密谋

吕布在何处摆脱袁绍的暗杀不详，应该在冀州境内或者司隶校尉部的河内郡。吕布要投张杨，最便捷的路径是走东方大道西行，如果他走的是这条道路，首先要渡过黄河。站在黄河边的吕布，想来心情无比沮丧。吕布生年不详，估摸此时应有三十多岁，多年来他纵横驰骋，奋力拼杀，干的都是玩命的活，换来的却是众人的冷眼，以至于到现在仍没有一块属于自己的立足之地。

吕布就是怀着这种心情过的黄河。过河后，正要向西行，却被一伙不速之客拦下。这些人好像是专门在此等候他的，

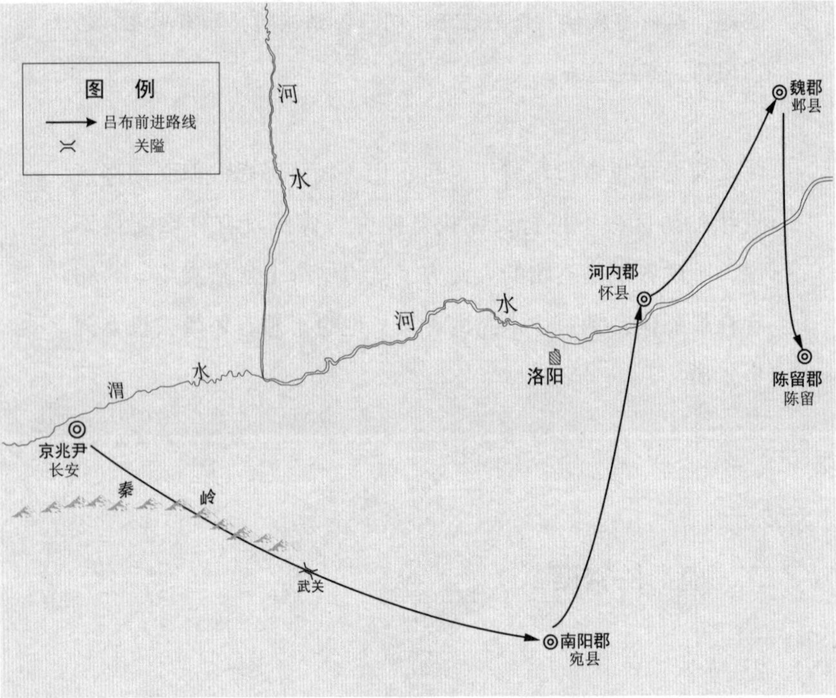

图7　吕布奔逃路线示意图

问清是吕布本人后，他们报上了自己的名号，原来是附近的陈留郡太守张邈的人，受张邈派遣，专门在此迎候。吕布与张邈素昧平生，他顶多知道这个人是当年参加酸枣会盟的首领之一，放在数年之前，彼此当分属水火不相容的两个阵营。张邈找他，不知道是什么事。吕布还听说，张邈是袁绍的人，如果接受袁绍的命令在此等候自己，那一定不是什么好事。但吕布很快否定了这个判断，因为如果是那样的话，张邈何苦先礼后兵，不如直接在此埋伏下重兵，待自己经过时打个冷不防。

吕布决定走上一趟，会一会张邈。之所以做出这样的决定，是因为去投张杨本来也是无奈之举，除此之外实在没有更好的去处。吕布见到张邈，受到了热情款待，心里的疑问也随之打消。吕布与张邈谈得很投机，二人密谈了很久，谈话内容谁也不清楚，只知道吕布要走的时候二人已经有点难分难舍了。《三国志·吕布传》记载：

吕布之舍袁绍从张杨也，过邈临别，把手共誓。

张邈与吕布共誓何事？史书没有具体交代，留下了想象的空间。好朋友分手，可以握手而别、挥手而别，也可以洒泪而别，至于“把手共誓”而别，那一定有个约定。什么约定？暂时谁也不知道。张邈的反常之举迅速被情报人员报告到袁绍那里，袁绍大怒。《后汉书·吕布传》记载：“绍既怨邈，且闻与布厚，乃令曹操杀邈。操不听，然邈心不自安。”《三国志·吕布传》的记载稍有不同，没有说袁绍的密令，只是说张邈自己担心曹操终有一天会因为袁绍而杀了他，因此也十分不安。推测起来，可能的情况是张邈听说吕布路过，主动联络，二人确有密谈及共誓，原本是秘密活动，却被袁绍侦知，袁绍授意曹操除掉张邈，张邈也获知了此事，因此不安。

问题是张邈为何要联络吕布，难道不知道此刻的吕布正是袁绍急于除掉的人？张邈当然知道，但他结交吕布自有别的考虑，从以后形势的发展看，这是一系列预谋中的一环。张邈这个人，史书中记载简略，我们对他的了解较为有限。关于他的性格，突出的一点是个“侠”字，但凡是侠士，一般都比较仗义，性格也比较直。张邈就是这样的人，做朋友能两肋插刀，朋友有困难一定会帮，有缺点也会不客气地指出来。曹操当年只身来到陈留郡，如果没有张邈的帮助便什么都做不成，张邈待曹操就是一个“侠”字，只要是朋友，帮人就帮到底。如果换成袁绍来，估计也一样，这与韩馥形成鲜明对比。

但张邈又是一个直脾气，他很欣赏臧洪，原因就是二人脾气相投，都属于敢爱敢恨也敢说的人。《后汉书·吕布传》记载，袁绍当了盟主后“有骄色”，张邈心直口快，“正义责之”，让袁绍在众人面前下不了台，得罪了袁绍，袁绍很不高兴。加上这次吕布事件，袁绍对张邈的不满进一步加深，密令曹操除掉张邈是完全有可能的。

而且，这里面可能还隐藏着一个让人不易觉察的阴谋。在袁绍眼里张邈和曹操都是他的同盟，替他缓解南线袁术、陶谦所造成的压力，使他可以放手与公孙瓒作战。但是，张邈、曹操的发展势头却正在偏离袁绍希望的轨道，曹操得东郡，进而得兖州，在与袁术和陶谦的对抗中表现出非凡的战斗力，发展前景不可限量。张邈也不一般，在陈留郡乃至兖州都有很强的号召力，趁其他人大打出手之际，他一直埋头扩充实力，据后来陈宫在一次谈话中透露，此时的张邈已拥有“十万之众”，数目可能有水分，但即使打个对折也相当可观了。

站在这个角度分析，袁绍突然密令曹操杀掉张邈，背后的动机就不一般了。要解决张邈，不是派几个人到张邈那里宣读一下命令就能把人带走的，得先解决张邈的“十万之众”。袁绍的这个命令其实就是让曹操、张邈二人火拼，无论最终谁胜出，二人正在上升的势头都会中止。两个强大的盟友不如一个弱小的盟友，有时候就是这样的。

袁绍甚至想过，曹操也许不会接受他的这个命令，不是不忍心下手，而是曹操不认为自己能在不伤筋动骨的情况下解决掉张邈。但没有关系，袁绍还有一手，他把给曹操的密令故意泄露出去，闹得沸沸扬扬，故意让张邈知道。袁绍很清楚张邈的脾气，这人是个直筒子，说不定会先动手，同样能达到一石二鸟的目的。这样狠的招数袁绍自己未必想得出来，但此时他的手下云集了许攸、审配、逢纪、荀谌等谋士，炮制出这样的计策来并不费事。对于袁绍让自己杀张邈的命令，曹操果然置之不理，不幸的是张邈却中招了。

与此同时，还有一股凶险的暗流在曹操周围涌动着，它的制造者是陈宫。陈宫等人当初力推曹操为兖州牧，想法是引进一个强人来保卫自己的家乡。曹操确实是一个强人，袁术被他打败，陶谦也不是他的对手。但陈宫并不喜欢曹操，因为曹操不仅是强人，而且是一个喜欢惹事的强人。

曹操就任兖州牧以来战事不断，袁术打上门来当然该还击，但打跑就行了，为什么要追击呢？陶谦挑事，把他拒于州境之外也就行了，为什么要深入徐州境内上千里，一直打到陶谦的家门口？这样的战略不符合兖州本土派的利益，陈宫心中坚决反对。前线一开打，兖州这边就得供人供粮，曹操让陈宫在后方搞后勤，陈宫觉得自己给家乡人民造成了沉重负担，思想压力很大。曹操打仗为的是他自己的事业，为什么让兖州人承受代价？陈宫想不明白，所以逐渐坚定起决心：一定要想办法把曹操赶走。他没有能力做这件事，于是把联合本地实力派张邈作为突破口。害怕袁绍、曹操加害于自己的张邈，与一心想把曹操从兖州赶走的陈宫一拍即合。这个预谋早已在不知不觉中开始，甚至在曹操征徐州归来二人“垂泣相对”时就已经有了，吕布的陈留郡之行便是这个预谋的一部分。

对于张邈、陈宫之叛，有人认为边让被杀才是主要原因。边让是陈留郡浚仪县人，在何进征召天下名士时曾出过场，这个人在当时很有名望。边让确实看不上曹操，在曹操面前“多轻侮之言”，最终被曹操杀了。不过，边让死于后来的建安年间，此事记录在《后汉书·文苑列传》里：“初平中，王室大乱，让去官还家。恃才气，不屈曹操，多轻侮之言。建安中，其乡人有构让于操，操告郡就杀之。”边让被杀导致张邈、陈宫之叛的说法是没有依据的，这无非是给张邈和陈宫背叛曹操找了个借口。

三、再征徐州

兴平元年春天，曹操再次聚集兵马南征徐州。鉴于前一次征徐州时虽打到郯县城下，却没有足够的力量攻城，致使整个行动没能达到预期目标，所以这次再征徐州，曹操做了大量的准备工作。曹操不仅将能抽调出来的人马悉数带上，而且向冀州的袁绍请求增援。袁绍倒也爽快，派朱灵率三营人马前来，听从曹操指挥。朱灵字文博，冀州人，后来成长为曹魏的一代名将。朱灵所率领的三营士兵人数不详，朝廷中央军之一的北军有五营，每营有一千多人，如果袁绍派来的援军是参照北军编制的，那么三营有五千人左右。

曹操留下夏侯惇、荀彧、陈宫、程昱等人，让他们分率不多的守军留在兖州，其他人都随他出征。曹操和其手下大多数人的家眷在鄄城，由荀彧、程昱留守；夏侯惇驻守在黄河上的重要渡口和战略要地濮阳；陈宫负责处理地方日常政务并督办粮草，为前线提供后勤支持。在曹仁的建议下，曹操决定改变主力部队的攻击路线，派少部分人由兖州刺史部的济阴郡、山阳郡向徐州刺史部的彭城国、下邳国方向佯攻，而主力绕到泰山郡，攻击徐州刺史部北面的两个郡国：琅邪国和东海郡。陶谦的大本营郯县就在东海郡。

这个进攻路线可以避开陶谦重兵把守的彭城防线和下邳防线，攻击其相对薄弱的北部地区，并且直捣其大本营，令陶谦措手不及。果然，曹军主力突然从泰山郡杀出后，防守在徐州北部的徐州军始料不及，琅邪国的五座城池被曹军接连攻占。《三国志·武帝纪》记载，曹军攻下这几个地方以后“所过多所残戮”。这说明，曹军诞生之初军纪有些混乱，这与其人员组成的复杂性以及来不及进行严格训练有关，曹操后来十分重视军纪，这种状况才有了好转。对于曹军在徐州北部地区的破坏行动，历代史家多给予批评。比如：

夫伐罪吊民，古之令轨；罪谦之由，而残其属部，过矣。（孙盛）

以报仇兴师，实志在并兼，所过杀戮，所以不能定徐。（何焯）

兖州甫定，遽兴忿兵，几失根本，操之不危幸矣。（韩菼）

史书没有记下被曹军残害的是哪五座城池，分析起来应该是琅邪国西南部的缯国、即丘、开阳、临沂、阳都等。其中开阳是琅邪国治所，也是曹操夫人卞氏的老家。而阳都一般认为是现在的山东省沂南县，当时这里住着一个十四岁的少年，他目睹了这场战争，对于打到家门口的这些外地军队，心中充满了厌恶，这个经历潜移默化地影响到他今后的政治取向，从而使曹魏在未来的岁月里增添了一个可怕的对手。这个少年，名字叫诸葛亮。

曹军北线的进攻出乎陶谦意料，陶谦赶忙派人给驻守在小沛的刘备送信，让他火速增援郯县。同时，陶谦也调集人马，准备应战。上次保卫郯县的战斗结束后刘备没有回青州，而是留了下来，陶谦表奏刘备为豫州刺史，增派了四千名丹阳兵给他，让他驻扎在小沛。小沛是汉代对沛县的别称，即今江苏省沛县，属豫州刺史部沛国。这里虽然与徐州刺史部彭城国近在咫尺，却是豫州刺史部的地界，这让刘备这个豫州刺史倒也实至名归。陶谦对刘备如此优待，甚至不惜拿出自己最嫡系的家乡兵补充刘备的实力，做的不是亏本买卖。陶谦认为刘备很有能力，对他寄予了厚望，希望他能替自己抵挡曹操。从地图上看，小沛这个地方的位置十分微妙，它属于豫州刺史部的辖区，却远离豫州刺史部的中心地带，像一把剑插在兖州刺史部与徐州刺史部的中间。

陶谦又送官又送人，说白了就是想让刘备给他当盾牌，曹军一旦来攻，有一个缓冲区。这个思路后来刘备、吕布也都用过。吕布走投无路时投奔刘备，刘备如法炮制，让吕布守小沛给他当盾牌；后来刘备被吕布暗算，也走投无路，反投吕布，吕布一样把他安排在小沛，作用仍然是盾牌。若干年后，仍旧走投无路的刘备南投刘表，刘表接纳了他，把他安排在新野，那个地方处在曹操和刘表势力的接合部，是小沛的翻版，刘备依然是盾牌。

刘备屯驻小沛期间，纳本地人甘氏为妾。读者都知道刘备

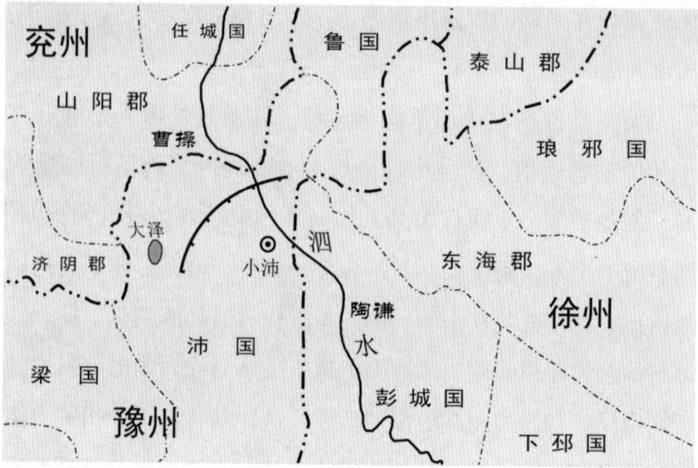

图8　小沛地理位置示意图

说过一句话："兄弟如手足，妻子如衣服。"这句话很容易引起争议，但可以不去理会它，因为在正史中刘备从来没有说过这样的话。但也有人说，刘备对待"妻"和"子"的确像对待衣服一样，想扔就扔，危险一来只顾自己跑路。这是实情，他一生至少四次"弃妻子"，不过不能完全责怪刘备，因为每一次出现这种情况都有特殊的原因。史书记载的刘备的第一位妻子就是甘氏，不是正妻，而是妾。《三国志・先主甘皇后传》记载："先主甘皇后，沛人也。先主临豫州，住小沛，纳以为妾。先主数丧嫡室，常摄内事。"根据这段话推断，刘备不仅娶过正室，而且不止一次，甚至也不是两次，否则不能说"数丧"。在纳甘夫人为妾之前刘备的正妻先后去世了，原因史书未讲。这段话还揭示出一个问题，那就是甘夫人的出身，虽然没有直接交代，但从刘备仅纳其为妾而不是娶为正室这一点看，她的出身一般。不过刘备对甘夫人很信任，家务事都交给她来管。

现在，曹操率军从琅邪国攻入东海郡，直逼郯县城下，而充当盾牌的刘备率所部也从小沛赶过来，陶谦命手下将领曹豹率军出城与刘备会合，在郯县东郊与曹军展开激战。战斗在郯县附近的沂水两岸展开，虽然对于这场战斗没有留下更多的文字记载，不过我们仍然可以推测出双方的参战阵容：曹操方面应该有曹仁、曹洪、曹纯、夏侯渊、于禁以及还是基层军官的史涣、典韦、乐进等人；陶谦方面应该有刘备、曹豹以及关羽、张飞等人。曹操和刘备亲自指挥了这场战斗，以后他们直接交手的战斗还有很多场，像大多数情况那样，胜利属于曹操。曹军占领了距郯县仅四十里的襄贲，曹操有了落脚点，攻打郯县更方便了。

困守在郯县城里的陶谦日子很难过。说起来，陶谦手下的能人也有不少，王朗、陈珪、陈登、赵昱、薛礼、麋竺、张昭等都曾是陶谦的属下，孔融、郑玄也曾投奔过他，但他用人失度，不亲信正直君子，反而任用曹宏、笮融等小人，结果王朗到南方另谋高就，赵昱、薛礼被排挤到外郡任职，张昭被抓起来差点丢了命。陶谦最大的问题就出在用人上，否则他也不会这么早就退出历史的舞台。此时陶谦最亲信的人，就是那位崇信佛教的笮融。《后汉书·陶谦传》记载有笮融信佛礼佛的排场：

初，同郡人笮融，聚众数百，往依于谦，谦使督广陵、下邳、彭城运粮。遂断三郡委输，大起浮屠寺。上累金盘，下为重楼，又堂阁周回，可容三千许人，作黄金涂像，衣以锦彩。每浴佛，辄多设饮饭，布席于路，其有就食及观者且万余人。

但是，笮融又是一个十足的小人，在下面暗算同事，对上则欺骗陶谦，又欺压百姓，贪污腐化。笮融经常拿佛教经义来对付陶谦，把陶谦弄得一头雾水，但又觉得笮融特别有本事，很多重大决策都听笮融的意见。陶谦问笮融，曹操要是再次攻打徐州，会从哪个方向来？笮融煞有介事地说要问问佛，结果昏天黑地弄一通，告诉陶谦说曹操会从西边来。陶谦深信不疑，把重兵摆在彭城、下邳一线，结果吃了大亏。陶谦让人找笮融来问问这是怎么回事，下面的人回来报告，说笮融早已不知去向。派人去查，发现笮融前几天就领着手下一万多人逃往广陵郡。陶谦气得要命，却无可奈何。眼见曹操大兵压境，陶谦也想学笮融，撇下徐州不管了，溜回丹阳郡老家养老去。如果没有后面发生的事，陶谦还真就那么做了，但关键时刻曹操那边出了大事，给了陶谦以喘息之机。

四、背后的一刀

曹操率主力离开兖州后，陈宫认为时机已到，也不去管督办粮草的事情了，直接跑到陈留郡找张邈密谋。张邈自己本可以挑这个头，他也有这样的号召力，但正如郑泰分析的那样，张邈是一个侠士，却没有成为霸主的雄心，他跟陈宫商议，还是秘密把吕布接来，尊吕布为新的兖州盟主。

此时吕布在哪里？史书没有明确记载。上次分手后，吕布又去投奔张杨，但没有关于他这一段时间活动的任何记录，也许吕布没有到达张杨那里，而是随便找了个地方躲了起来，等待张邈、陈宫这边的消息。吕布再次到达兖州后，张邈派手下人刘翊通知留守鄄城的荀彧，说吕布将军听说曹将军攻打陶谦，特来帮忙，请提供粮草。

张邈这样做有点令人费解，吕布的政治立场已基本明朗，他是袁绍要抓的人，曹操是袁绍的盟友，吕布怎可能帮助曹操呢？不用说荀彧，就连一般人都看得出来问题。张邈要想背后给曹操来一刀，最有效的方法是突然发动袭击，迅速攻占鄄城、濮阳等战略要地，虏获曹操等人的家眷，生擒或杀死荀彧、夏侯惇、程昱等人，兖州的其他地方便可不攻自破。刘翊找荀彧要粮草，东西没要到，反而给荀彧报了信。荀彧和程昱在鄄城，夏侯惇守濮阳，距鄄城不足百里。荀彧跟程昱一商量，马上判断出张邈可能已经发起了反叛，吕布也来到了兖州，情况十分危急。荀彧迅速做出两项部署：一是派人火速前往徐州前线给曹操报信；二是派人通知夏侯惇放弃濮阳，率所部到鄄城会合，固守待援。

夏侯惇接到荀彧的通报大吃一惊，若鄄城丢失，怎么向曹操交代？夏侯惇立即点齐所部人马，放弃辎重，轻军前往鄄城。结果，半路上出现了险情。刚出濮阳，夏侯惇就与吕布军相遇。吕布派人假装来投降并说有重要情况报告，骗取了夏侯惇的信任，趁夏侯惇不备之际，将其劫持，他们没有杀死夏侯惇，而是提出了另一个要求：给钱。《三国志·夏侯惇传》记载：

张邈叛迎吕布，太祖家在鄄城，惇轻军往赴，适与布会，交战。布退还，遂入濮阳，袭得惇军辎重。遣将伪降，共执持惇，责以宝货，惇军中震恐。

夏侯惇的副将是韩浩，他是王匡的旧部。韩浩让人守住营门口，然后直接面对劫持者，义正词严地指责他们是凶逆之徒。韩浩强调："且吾受命讨贼，宁能以一将军之故，而纵汝乎？"同时向夏侯惇涕泣而言："当奈国法何！"韩浩指挥手下向劫持者发动攻击。劫持的人一看硬的不行，赶忙叩头求饶，韩浩不理，把他们全部杀了，而夏侯惇安然无恙。曹操后来得知此事，对韩浩的做法给予表扬，并颁布命令要求以后遇到类似的事都按这个办法处理，强调可以将此作为"万世法"。但是，韩浩在处理这件事情上似乎并不完全恰当，当对方要求财物时他应该予以权衡，而不能一味蛮干，他说的那些话如果是一种心理战未尝不可，在对方有投降意愿的情况下，他仍然发动攻击，这就属于冒险了。夏侯惇没有死，实属命大。

刺杀夏侯惇没有成功，双方展开激战。吕布想趁机夺取战略要地濮阳，获得一个根据地；夏侯惇一心考虑着鄄城的安危，双方都无心恋战。吕布率先脱离战斗，直奔夏侯惇刚刚放弃的濮阳，将其占领，还获得了夏侯惇来不及带走的一些辎重。夏侯惇指挥人马撤向鄄城。陈宫在东郡的根基很深，在他的策动下，有很多人参与了这次叛乱，一些人就在鄄城内，暗中寻找机会里应外合。夏侯惇进入鄄城后，跟荀彧、程昱一道连夜查获想谋反的几十个人，全部处死，这才稳定了鄄城的局势。

吕布、陈宫到达濮阳后，兖州各郡县给予响应，全州共有近八十个县，没有反叛曹操的只有三个：鄄城以及东郡的范县、东阿县。《三国志·武帝纪》记载："会张邈与陈宫叛迎吕布，郡县皆应。荀彧、程昱保鄄城，范、东阿二县固守。"从这个情况看，曹操入主兖州后在地方治理方面是不成功的，他打败黄巾军保护了兖州，大家表示拥护，但此后他的主要精力在与袁术、陶谦等人作战上，这就不符合兖州地方人士的利益了，张邈和陈宫正是看中了这一点才敢公开向曹操发难的。

鄄城里加紧防守、积极备战，城外又来了一支人马，人数多达数万人，城里顿时紧张起来。荀彧等人开始以为是张邈的人，或者是吕布从濮阳回击鄄城，后来城外的人主动通报，才知道他们是豫州刺史郭贡的人，点名要见荀彧。郭贡在后世名气并不大，但从他手下至少有数万人马这一点看，他绝不是一个可有可无的角色。他是谁的人？又是怎么来的呢？

关于郭贡，史书记载较为简略，只知道他的豫州刺史是袁术表奏，应该是袁术集团的人。《三国志·荀彧传》记载：

“豫州刺史郭贡率众数万来至城下，或言与吕布同谋，众甚惧。贡求见彧，彧将往。”近一个时期，曾经担任和正在担任豫州刺史的有孔伷、周喁、孙坚、刘备和郭贡。孔伷是朝廷任命的；周喁是袁绍所表奏；孙坚是袁术所表奏；孙坚死后，孔伷也生病死了，袁术又表奏郭贡为豫州刺史；而刘备的豫州刺史是陶谦所表奏。袁术此时退到了寿春，在扬州刺史部的九江郡等地发展势力，同时派郭贡向豫州方向发展。张邈本隶属于袁绍、曹操，与袁术手下的郭贡属不同阵营，但造反后敌人的敌人就成为可供借用的朋友，基于这个道理，郭贡此番出手，可能是张邈、陈宫请过来的。此外，郭贡也可能是吕布联络的，吕布与袁术虽然闹得不愉快，但毕竟没有翻脸，同样是基于敌人的敌人就是朋友的道理，在吕布需要帮助之际，袁术也考虑帮一把，于是命郭贡前来走一趟，但袁术给郭贡下的命令肯定不是全力相助，曹操的战斗力他已领教，此番前去能站在一边造造声势，瞅着机会能捞上一把更好，千万不能动真格。

荀彧看到了这一点，所以当郭贡点名见他面谈而大家都认为太危险劝他不要去的时候，荀彧觉得可以去。《三国志·荀彧传》记载，夏侯惇有些担心，对荀彧说：“君，一州镇也，往必危，不可。”荀彧说：“贡与邈等，分非素结也，今来速，计必未定；及其未定说之，纵不为用，可使中立，若先疑之，彼将怒而成计。”荀彧认为郭贡与张邈等人交情并不是很深，现在来得这么仓促，说明他们未必是统一行动，趁着郭贡主意还没有完全打定，可以游说他，最少让他保持中立，如果不见，郭贡心中起疑，倒有可能让他跟张邈等人共同行动。

荀彧于是出城来见郭贡，正如所料，郭贡点名要见荀彧确实是一种试探，当他见到荀彧毫无惧意时，猜想城里早有准备，未必好攻，于是率兵离去。

在曹操回师之前，守住鄄城倒还有些把握，要做到这一点，范县、东阿县也得守住，以形成呼应，分散吕布等人的兵力。此时范县县令是靳允，东阿县令是枣祗，不知道他们那边的情况如何。荀彧跟程昱商量后，派程昱和兖州从事薛悌等前往范县。程昱到范县时，陈宫派的汎嶷也到了，程昱和靳允埋下伏兵，将汎嶷击杀，稳定了范县的局面。范县东临黄河上的重要支流瓠子河，陈宫率一支军队已抵达河对岸，程昱派人抢占河上的重要渡口仓亭津，使敌军暂时过不来。安排好范县的事，程昱又马不停蹄赶到东阿县，作为曹操手下日后著名的农业问题专家，此时枣祗已经率领军民做好了在城中坚守的准备。程昱、薛悌、枣祗、靳允等人在这次叛乱中不仅没有反叛，而且在关键时刻发挥了中流砥柱的作用，协助荀彧、夏侯惇守住了鄄城、范县、东阿县这三个最后的据点，为曹操回师反击赢得了时间。

五、陷入苦战

兖州生变的消息传到徐州时曹操正指挥部队攻打郯县，

与第一次出征徐州相比，这一次准备工作更充分，一路势如破竹，来增援的刘备被打败后，郯县城内早已是一片恐慌，就连陶谦本人也产生了一走了之的想法。拿下郯县，徐州全境可望，到时候西可以向豫州方向发展，南可以扩展到扬州，一幅宏伟蓝图正在曹操的脑海中形成。虽然吃了不少苦，走了不少弯路，但总算功夫不负有心人，在刚好四十岁的时候迎来事业上新的里程碑。但这个美好的前景一下子被打破了，因为张邈、陈宫背后的那一刀。

没有别的选择，只好立即撤军，即使曹操愿意赌一次，置后方于不顾，也很难拿下郯县了，毕竟手下的这些将士们大多数人的家眷、财产都在兖州，听说兖州发生叛乱，早已没有心思在这里打下去了。为了节省时间，曹操选择了距离最近的回师路线，这条路线上有一处战略要地，名叫亢父，在今山东省济宁市附近。这里处在南阳湖西岸，山势险峻，又是西去的交通要道，苏秦称之为“车不得方轨，骑不得比行”，是一夫当关、万夫莫开的所在。曹操回师，这里是必经之地，如果绕道他处，则要耽误很多时间。

曹操特别担心吕布已派人占据了亢父，所以督促大军日夜行进，等过了泗水一看，并无吕布的军队，才放下心来。《三国志·武帝纪》记载，曹操对大家说：“布一旦得一州，不能据东平，断亢父、泰山之道乘险要我，而乃屯濮阳，吾知其无能为也。”曹操认为吕布虽然抢得先机，但没有乘机占领东平国，进而占据亢父、泰山之道，凭险截击自己，而是屯驻在濮阳，从这一点看就知道他没什么谋略。有人认为曹操的这番

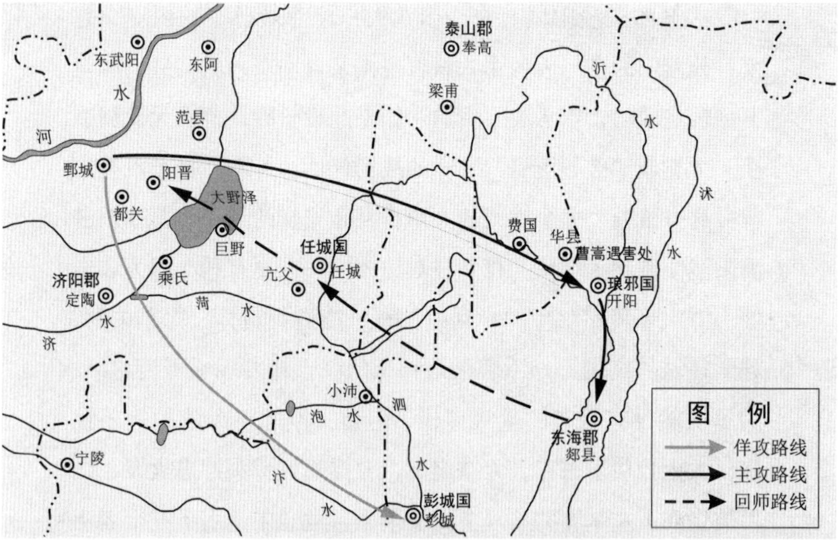

图9　曹操第二次征徐州进军及回撤路线示意图

话是自我解嘲，或者是在给部下打气，其实不尽然。吕布真要有这样的战略眼光，占领濮阳之后迅速东进，趁各地都在反叛曹操的有利时机，一举占领曹军回师的必经之地东平国，以亢父之险阻击曹操，迟滞曹军的行动，然后由陈宫联合张邈全力攻击鄄城，那将是另外一个结果。曹操庆幸吕布没有这样做，一颗悬着的心总算放了下来。

曹操没有急着去救鄄城，而是直奔濮阳，与吕布交战。这是曹操与吕布第一次面对面作战，结果曹操吃了败仗，不仅夏侯惇被射伤一只眼睛，成了“盲夏侯”，曹操自己也受了伤，差点丢了命。

一开始，濮阳城有一个田姓大户愿意做曹军的内应，趁夜打开濮阳的东门放曹军入城。曹操亲自率军入城，进去后就下令焚烧城门，以示决不后退。如果此役全胜，曹操无疑创造了一个类似“破釜沉舟”那样的战场佳话。可惜，吕布没有给曹操这个机会，那个姓田的大户是吕布安排的间谍，曹军杀进濮阳城便遭到了埋伏。打巷战对防守的一方更有利，因为攻击的一方对环境是陌生的，到处都有可能遭到暗算。曹军失利，赶紧往城外突围，好不容易杀到城门口，却发现了可笑的事，这里虽然没有吕布的重兵埋伏，但曹操刚才下令放的火还在烧，大火挡住了去路。无奈之下，曹操只好带头冲进火海，结果被烧伤了左掌，并从马上掉了下来。危急中，手下一个名叫楼异的司马把曹操扶上马。楼异情况不详，史书中以后也没有再提到过他。

曹操重新上马，但更惊险的还在后面。曹操往外逃的时候遇上了吕布的人，他们把曹操拦住，却没有想到这个小个子会是大名鼎鼎的曹操，于是问他曹操在哪里。曹操随便一指说那个骑黄马的就是，吕布的人于是放下曹操去追骑黄马的人，曹操才得以脱险。《三国志·武帝纪》裴松之注引《献帝春秋》记载：

> 太祖围濮阳，濮阳大姓田氏为反间，太祖得入城。烧其东门，示无反意。及战，军败。布骑得太祖而不知是，问曰：“曹操何在？”太祖曰：“乘黄马走者是也。”布骑乃释太祖而追黄马者。门火犹盛，太祖突火而出。

拦住曹操的人不是吕布本人，因为吕布在洛阳时曾见过曹操，应该能认出他来。《献帝春秋》喜欢把历史当成小说写，颇多传奇性，这段记述就是一例。如此绘声绘色，细节和人物对话俱全，素材来源于何处呢？可能出自吕布手下那个挡住曹操去路的人，也可能是曹操本人讲述。吕布手下的那个人不认识曹操很正常，当时信息传播手段有限，名气再大的人没见过面也不会知道长什么样，可当时不知道，后来怎么就能知道呢？可见来自吕布手下那人的可能性很小。如果来自曹操本人的话，他说这件事也可能是想炫耀一下自己多么英勇和机智，可曹操应该知道，这一仗都输成这样了，哪里还值得炫耀？所以，如果不是曹操说漏了嘴，这件事情就是道听途说来的。后一种可能性更大，因为这个故事仅见于《献帝春秋》，一向喜欢记述类似传奇情节的《英雄记》都没有记载。

初战失利，曹军士气低落，曹操不顾有伤，亲自劳军，并下令营造攻城器具，继续攻城，但没有进展，双方相持了一百多天。在濮阳城西约五十里处靠近白马县一带有吕布驻守的一支部队，曹操决定趁夜偷袭，战斗较为顺利，天亮前就将敌人消灭了。正在打扫战场之际，吕布的援军赶到了，从北、东、南三面合围上来，吕布亲自冲锋，战斗进行得异常激烈。

曹操手下虽然有不少猛将，但打这种仗是吕布的长项。吕布志在必得，不肯罢手，曹军陷入苦战。尤其是吕布带领的一队骑兵，冲杀太猛，无法阻挡，让曹兵望而生畏。曹操临阵招募“陷阵”，类似于敢死队，想以此来破吕布。典韦自告奋勇应征，他挑选了几十个人，都穿上两重铠甲，拿着长矛撩戟。敌人骑兵又冲过来了，一边冲一边在马背上放箭，弓弩乱发，矢至如雨，典韦看都不看两边落下的箭支，告诉旁边的人，敌人离我们十步时再报告。不一会儿，手下人报告说只有十步了。典韦高喊离五步再报告。手下人大惧，高喊说敌人到了。典韦应声而起，他背着十几支戟，一边呼喊着，一边刺向敌骑，敌兵无不应声而倒。被典韦的英勇气概所激励，敢死队员们个个奋勇争先，与敌人展开肉搏。敌军被打退，战场形势才稍稍稳定下来。一直到天黑，曹军才完全解围。《三国志·典韦传》记载：

太祖讨吕布于濮阳。布有别屯在濮阳西四五十里，太祖夜袭，比明破之。未及还，会布救兵至，三面掉战。时布身自搏战，自旦至日昳数十合，相持急。太祖募陷阵，韦先占，将应募者数十人，皆重衣两铠，弃楯，但持长矛撩戟。时西面又急，韦进当之，贼弓弩乱发，矢至如雨，韦不视，谓等人曰："虏来十步，乃白之。"等人曰："十步矣。"又曰："五步乃白。"等人惧，疾言"虏至矣"！韦手持十余戟，大呼起，所抵无不应手倒者。布众退。会日暮，太祖乃得引去。

这段描写十分精彩，其场面之激烈、气势之雄壮堪比小说。典韦也因此战而成名，事后被升为都尉，正式进入曹军一线将领的行列。曹操让典韦率领亲兵数百人，以后每次布阵时都安排他们防护在中军周围，成为曹操的近卫部队。

在曹操回师以及与吕布相持于濮阳的这几个月里，张邈在做什么呢？史书没有这方面的记载。张邈此时应该还在陈留郡，他的弟弟、广陵郡太守张超也来帮他，如果像陈宫说的那样，张邈此时手中握有近十万人马，他这时应该有所作为。曹军的主力在濮阳前线陷入胶着状态，鄄城有荀彧把守，虽然曹操可以抽调一些人马来充实鄄城的防卫力量，但人数不会太多，因为负责鄄城防卫的夏侯惇都已经被抽走，并且在濮阳前线负了伤，说明曹操此时兵力有限，只能顾住一头。张邈如果举全力攻击鄄城，曹军将陷入两面作战的被动局面，在首尾不能相顾的情况下，全线溃败不是不可能。

但是，张邈的策略似乎只是观望。当初袁术进攻曹操，一口气快打到了东郡，势如破竹，几乎横穿陈留郡全境，说明张邈早已闪在了一旁。现在，张邈又看着吕布和曹操相持于濮阳，事实证明，这种坐山观虎斗的思维方式很害人，不仅害别人，最后也会害到自己。

这时到了兴平元年四月，天下大旱，又闹起蝗灾，粮价暴涨，谷子一斛五十万钱，豆麦一斛二十万钱，出现了人吃人的情况，白骨委积。在长安的汉献帝刘协命令侍御史侯汶调出太仓的米和豆子为难民熬粥，但杯水车薪，救不了那么多的人，结果饿死者无数。刘协怀疑有人从中克扣粮食，于是亲自坐在大锅前看着熬粥，虽然最终将侯汶治罪，但根本原因是粮食太少，灾民太多，仍然无济于事。

曹操和吕布同时陷入粮食危机。本年，兖州地区因自然灾害，夏粮严重减产，秋粮还未跟上，双方都无力再打下去了，曹操从濮阳撤军，双方暂时进入僵持状态。这次粮荒的严重程度超乎想象，《三国志·程昱传》裴松之注引《世语》记载了一件事，可以从侧面说明曹军粮食匮乏的程度。眼看粮食不够吃了，程昱是兖州本地人，他回到老家东阿县弄粮食，不是向老百姓买，因为有钱也没人肯卖，而是“略其本县”。“略”就是“掠”，就是抢。即便把全县粮食全抢光了，也仅够曹军三天的口粮。粮食分发到士兵手里，大家惊讶地发现里面有一种恐怖的东西：人脯。脯是晒干的某种东西，人脯是什么？一想便知。粮食不够，就连军中也到了人吃人的地步，普通百姓更不用说了。这件事情让程昱的个人形象大受影响，曹操建立魏国以及曹丕称帝后程昱担任的职务都是卫尉，以他的资历和贡献早就应该再升一级，进入三公行列，但由于“人脯事件”，程昱至死都没有成为三公，只是在死后被追赠了一个车骑将军的头衔。现在，这场粮食危机让曹操和吕布之间的激烈对抗暂时得以缓和，双方都知道，要想取得胜利，先得解决生存问题。

六、袁绍趁火打劫

兴平元年秋天到来之前，全国大部分地区出现了严重的饥荒，在这场饥荒中有无数人饿死，要不是这一年九月发生了一件不可思议的事，被饿死的百姓还会更多。《续汉书·五行志》记载，这一年九月“桑复生椹，可食”。桑葚是桑树的果实，也叫桑实、乌葚、桑果、桑子、葚子等，可生吃，也可以晒干食用。中国很早便有养蚕的传统，中原、华北地区种植桑树更多，桑木一身是宝，后世有一首民谣说：“人吃桑椹甜如蜜，蚕食桑叶吐黄纱；桑皮造纸文官用，桑木雕弓武将拉。”桑树一般春夏之季生桑葚，秋天桑葚又生出一茬来则十分罕见，也因此救了很多人的命。

在兖州，曹操和吕布一边嚼着桑葚一边想着下一步的打算。他们就像两个一流的拳击手，每个人都打了几百个回合，体力已严重透支，现在需要休整。但他们也都明白，对手不会给自己机会，让自己缓过劲来再打。曹操退军到鄄城，与这里负责守城的荀彧以及养伤的夏侯惇会合。荀彧向曹操报告了一件事：吕布、张邈叛乱发生得很突然，兖州有不少官吏分布在各地，吕布、张邈等人把他们的家眷抓起来作为人质，加以要挟，要他们离开曹操，荀彧感到这件事情很棘手。

曹操说尽孝是人之常情，不能因为我而让大家都背上不孝的罪名，凡是这种情况，都让他们走吧。兖州别驾毕谌是东平国人，吕布占领东平国后把他的母亲、弟弟以及妻子儿女都抓了起来做人质，毕谌临走前曹操亲自找他谈话，对他前面做的工作表示感谢，让他放心离去。毕谌感激不已，向曹操叩首，并表示自己只是因为母亲的缘故而离开，心会一直在这里。说得很激动，曹操抓住毕谌的胳膊，二人都流下了眼泪。

曹操与荀彧、毛玠、戏志才等谋士分析了形势，大家普遍觉得情况很严重，因为迄今为止，曹军占据的仍然只有鄄城、范县、东阿等三个据点，兖州的其他七十多个县大部分掌握在张邈、吕布联军手中。当秋粮收完，对手的后勤保障将更优于自己，长期拉锯下去将使自己更被动。由于有强大的后勤支持，张邈、吕布可以动员更多的人参军，敌众我寡的局面将进一步突出。所以，于今之计是尽快发起进攻，决出胜负来。曹操也明白，现在已经没有别的路可走，必须速战速决，消灭吕布或者将其赶走。但是，从此时的实力对比来看，实现这一目标又是不可能的。

思来想去，也许只能向袁绍求援了，这是曹操最不愿意做的事，虽然此时他仍被视为袁绍集团的一部分，二人有多年的交情，一块诛杀过宦官，反对过董卓，一块从洛阳出逃，但在曹操的心里，天底下最不愿意求的人就是袁绍。袁绍妄自尊大、自以为是，头上顶着祖上留下来的光环，仪表堂堂，谈吐雍容，随便站在哪里立即就有一大片人响应，在这些方面曹操都与他相反：出身不好，长相较差，还常被人误解。

但是没有办法，只有袁绍能帮自己，只有袁绍有实力帮自己。曹操写了一封信，派人送到邺县，向袁绍求援。袁绍的回信很快到了，奇怪的是，信中不谈如何出兵援助，而是大谈兖州形势如何危险，顺带说不如把家眷送到邺县来，这里更安全些。这明显是趁火打劫，是袁绍提出的交换条件，让曹操把家眷送到邺县当人质。曹操看了这封信，顿觉一种屈辱感涌上心头。

袁绍可能有点后悔当初让曹操轻易把家眷接走，没有人质在手里，虽然名义上是头领，但心里还是不踏实。袁绍可能喜欢这样控制手下的人，多年以后当曹操的事业又一次陷入低谷时，他还会提出这样的要求。袁绍这个人性格很执着，想干一件事，纵使失败了也念念不忘，一定要把事情干成。另立新帝，一次不成，又来一次；想把曹操的家眷当人质，提了一次不成，后面找机会又提。但是，事情就是这样的，该成的自然会成，不该成的怎么弄都成不了。不过，这一次曹操准备答应袁绍。不是曹操愿意，而是他除此之外已经没有更好的办法了。如果不是有个人恰好从外面办事回来，听说这件事后赶紧来劝曹操改变主意，卞氏和曹昂、曹丕、曹彰、曹植等人就要去邺县生活了。

这个人是程昱。张邈、陈宫叛乱以来程昱成了最忙的人，作为曹操阵营中的东郡人，程昱利用自己在本地的影响力，一边忙着巩固最后的几个据点，一边替曹军搞后勤。最近，程昱被曹操任命为东平国相，一直在外地，刚回来就听说了这件事。程昱认为此时万万不可走这个下策，就赶紧来见曹操。程昱认为："夫袁绍据燕、赵之地，有并天下之心，而智不能济也。将军自度能为之下乎？将军以龙虎之威，可为韩、彭之事邪？今兖州虽残，尚有三城。能战之士，不下万人。以将军之神武，与文若、昱等，收而用之，霸王之业可成也。愿将军更虑之。"《三国志·程昱传》裴松之注引《魏略》还记载了程昱另外的话："昱愚，不识大旨，以为将军之志，不如田横。田横，齐一壮士耳，犹羞为高祖臣。今闻将军欲遣家往邺，将北面而事袁绍。夫以将军之聪明神武，而反不羞为袁绍之下，窃为将军耻之！”

尽管记载有所不同，但大意相同，结果也相同：曹操深以为然，打消了原来的念头。这是一次颇为重要的谈话，它的核心不是程昱讲的这些道理，这些道理曹操怎能不知？最终使曹操改变想法的是程昱的态度，以程昱为代表的一批东郡本地人关键时刻给曹操以坚定支持，重新给了曹操以信心和决心，让他决定对袁绍的要求置之不理。曹操也考虑到，现在自己需要袁绍，袁绍何尝不同样需要自己？兖州处在南北对攻的要冲，自己在这里挡住了袁术的进攻，拖住了吕布、张邈，对袁绍而言这是相当重要的。曹操决定跟袁绍赌一把，兖州如果真丢了，看谁更着急。

七、发起冬季攻势

袁绍没等来曹操的家眷，有些生气。不过袁绍是个聪明人，对兖州的局势坐视不管将带来可怕的后果，吕布如果消灭了曹操，袁绍在南线将直接与吕布、袁术两个强大的对手照面。袁绍决定给曹操以支援，他命令青州刺史臧洪率部进入东郡，不久后任命其为东郡太守，驻扎在东武阳，以黄河以北为基地，伺机进攻濮阳等方向的吕布军主力。

原青州刺史焦和死后，臧洪与公孙瓒任命的青州刺史田楷在今山东半岛一带展开争夺，参与这一地区争夺的，前期还有平原国相刘备，后期还有北海国相孔融。孔融后来被黄巾军赶出了青州，跑到陶谦那里避难。臧洪率领一支人马进入东郡后，袁绍又任命儿子袁谭为青州刺史，这说明臧洪还算不上袁绍的嫡系，袁绍命令臧洪援助曹操却并不完全信任他，派袁谭来监督。袁绍自以为得计，但这个决定不久就会使他付出惨重的代价。

袁绍下达的第二道命令是让朱灵率领上次支援曹操的三营数千人马直接归曹操指挥，协助曹军从鄄城、东阿一带向北攻击，对濮阳的守敌实施南北夹攻。袁绍对曹操的支持十分重要，有人甚至认为曹操被吕布打败，已无法在兖州立足，又一次投奔袁绍，这才有了转机。《昭明文选·为袁绍檄豫州》李善注引谢承《后汉书》记载：

操围吕布于濮阳，为布所破，投绍，绍哀之，乃给兵五千人，还取兖州。

推测起来这种可能性是存在的，只是后来被亲曹的史家们所淡化。《三国志·程昱传》称“绍使人说太祖连和”，其实是一种委婉的说法，清代学者姚范就指出：“绍是时盖欲招操而臣之也。云‘连和’者，旧史讳之，而承祚仍其文耳。袁、曹是时未构兵，何连和之有？”

从兴平元年冬天开始，约三个月的时间里，在袁军和曹军的夹击下，吕布在濮阳渐渐不支。濮阳虽是战略要地，却有一个缺陷：离张邈的主力太远。曹军处在吕布和张邈之间，将二人隔断，濮阳与黄河北岸的袁军主力又太近，地理位置十分不利。吕布决定放弃濮阳，这或许是他错误的第一步，正确的选择应该是守住濮阳，由张邈从后面对曹军实施包抄，那将是一场混战，结果如何很难料定，但一定会比后来的结果要好些。从兵法上讲，守和撤都蕴含着战机，但该守的时候撤了，或者该撤的时候还继续坚守，都是大忌。吕布要撤出濮阳是有机会的，他可以在当年夏天撤往济阴、陈留郡一带与张邈会合，巩固一块根据地来与曹操对峙，现在敌人围上来再撤，等于从战场上败下来，路线就由不得你选了，损失也会更大。

吕布由濮阳撤出后，退到了济阴郡的乘氏县一带，或许这是吕布错误的第二步。这里靠近巨野泽，那时候此处是面积数千平方公里的天然湖泊，周围河网纵横，吕布擅长的骑兵突袭战术在此根本无法施展。乘氏当地人李进倾向于曹操，他指挥一支类似民团的武装居然将吕布击退。吕布退到山阳郡，这是他错误的第三步。

吕布此时进军的方向仍然应该是陈留郡，山阳郡境内多山，泗水、济水等河流在其间流过，吕布应该尽可能向平原地区转进。陈留郡辖区地势平坦，面积广阔，从史书记载看曹军似乎很少在那一带活动，因为那里是张邈控制的地盘。吕布不往西进，而选择向东，离友军越来越远。

吕布之所以向乘氏进军，可能是想与济阴郡太守吴资会合。之前说过，吴资参与了关东联军的内斗，跟袁绍、曹操并不是一条心。吕布来兖州后，吴资立即投靠了吕布。济阴郡的治所在定陶，吕布在乘氏失利后应该立即进军定陶，但他又折向了山阳郡。曹军更快一步，很快打到定陶城下，吴资奋力还击，曹军攻城不利。这时候，已进入山阳郡的吕布似乎才明白过来，向定陶回援，曹操围点打援，先置定陶于不攻，坚定吕布驰援的决定，然后在吕布进军的路上设下埋伏，将吕布击败，最后一举攻克定陶。

定陶战役后曹军继续扩大战果，命曹仁、曹洪、夏侯渊、于禁以及典韦等人分兵扫平各县，将济阴郡占领。之后，曹军将攻击的重点转向山阳郡，寻找吕布主力进行决战。山阳郡最北面的巨野县是吕布的一个重要据点，吕布手下的薛兰和李封在此守卫。已投奔曹操的李乾就是巨野人，曹操之前派李乾回老家安抚民众，吕布抢先一步派薛兰、李封占领了巨野。薛兰、李封把李乾打败并抓了起来，他们试图招降李乾，李乾不从，于是被杀。曹操进攻巨野，将薛、李二人击破，全部斩杀。曹操收集李乾的旧部，让李乾的儿子李整继续率领。不久李整也死了，曹操又让李乾的侄子李典统领这支部队。这支由山阳郡人为主组成的军队以后发展到数千人，一直由李典率领，立下不少战功。

在发动巨野战役期间，曹操估计吕布还会来救，于是又重演围城打援技法，在吕布进军的路上设伏，再次将吕布击破。撤出濮阳后，吕布已经接连打了四次败仗，他终于明白照这样打下去根本不行，这时候才想起来要与张邈联合行动，派陈宫前往陈留郡向张邈求援。

这一时期的张邈最不可思议，坐视盟军被打得落花流水而不管，没有见到他有任何行动。张邈似乎认为守住陈留郡就可以高枕无忧了，他亲率主力守在陈留郡的治所陈留县（今河南省开封市东南），让他的弟弟、前广陵郡太守张超守在离陈留县不远的雍丘县（今河南省杞县）。此时济阴郡被曹操占领，陈宫冒险从中穿过，跑到陈留郡，说动张邈派出一万人由陈宫率领支援吕布。当时的主战场已移至山阳郡，陈宫率军抵达山阳郡与吕布会合，他们这支生力军的到来让战场局势发生了改变。

曹操亲自在山阳郡指挥作战，吕布、陈宫很快摸到了曹操本人的位置，率人马杀了过来。《三国志·武帝纪》裴松之注引《魏书》记载，此时在曹操身边的人马只有不到一千人，敌我对比至少是10∶1。事情来得太突然，曹操险些丧命。曹操的人马都干什么去了？由于战事发展得太快，曹军的战线拉得太长，很多将领率人马在各地作战。综合曹军一些将领的传记可以看出，曹仁此时在攻打句阳的吕布部将刘何，于禁先在须昌攻打吕布的部将高雅，后又转战到寿张、离狐。

面对敌人的突袭，曹操沉着应战，迅速调集周围的部队投入战斗，顶住了敌人的压力，然后发起反击，反将吕布、陈宫打败。《魏书》像写传奇故事一样描述了此战的经过：此时曹操身边不到一千人，屯营守卫力量十分薄弱，面对数倍于己的敌人，曹操命令妇女们都登上屯营的城墙守卫，把精壮士兵集中起来迎敌；屯营的西面有一个大堤，大堤的南面是一片茂密的树林，吕布率军来到，看到树林，怀疑里面有埋伏，大概他最近被曹军打怕了，便对手下说曹操多诈，这里肯定有埋伏，于是率军离曹军屯营十里处扎寨；第二天吕布又来，此时曹操把队伍隐藏在大堤内，派一半兵力在堤外，吕布率军进攻，曹操派少数人迎击，等敌人逼近，伏兵杀出堤外，吕布大败，曹军缴获了吕布的鼓车，一直追到吕布大营才回军。《三国志·武帝纪》裴松之注引《魏书》记载：

于是兵皆出取麦，在者不能千人，屯营不固。太祖乃令妇人守陴，悉兵拒之。屯西有大堤，其南树木幽深。布疑有伏，乃相谓曰："曹操多谲，勿入伏中。"引军屯南十余里。明日复来，太祖隐兵堤里，出半兵堤外。布益进，乃令轻兵挑战，既合，伏兵乃悉乘堤，步骑并进，大破之，获其鼓车，追至其营而还。

鼓车是古代作战时一种可移动的军事配置，通常由数十人牵引，上边放置大鼓、响锣等，配备擂鼓、敲锣的人员，通常置于进攻部队的后方，跟随部队一起移动，用以激励士气和传达军令。吕布连鼓车都丢了，说明败得很狼狈。

不过，上面这一段写得虽然很生动，却不真实，如果有人拿这个当作案例来指挥打仗，结果肯定打不垮敌人，自己反而会全军覆没。打仗不能离开一些基本常识，在这些常识中有一条是很重要的，那就是除非有极特殊情况，在阵地战中区区几百人是打不败上万人的，更不要说对方是吕布、张辽、高顺这样一流的猛将了。曹军获胜是有可能的，但不是这样的打法。面对远远强势于自己的敌人，曹操可选择的只有两条路：一条是突围，承认自己失败，能不能安全冲出去全靠命了；另一条是固守待援。曹操身边的人马虽然不多，但附近的人马不会离得太远，曹操再弱智也不可能只带几百人深入敌后。曹操应该选择固守，等大批曹军闻讯赶到，再一举把吕布击退。在固守的过程中，曹操倒可以施展“空营计”这样的心理战，用以扰乱吕布的判断。

其实，曹操的战绩不用《魏书》来虚构就已经十分耀眼了。在之前几个月里，曹操指挥大军一路杀来，打得有章有法，完全是像给对手上战术课。随着山阳郡内的战事进入尾声，兖州八郡中的东郡、济阴郡、山阳郡、东平国基本为曹军所控制，任城国、济北国、泰山郡的一部分也落到了曹军手中。吕布与张邈联合作战失败，吕布在兖州已无法立足了。

第七章

势力调整

194—195年

一、东武阳的悲剧

短短不到一年时间，吕布从兖州全线溃败，结果出乎很多人的意料。吕布没想到，张邈没想到，袁绍也没有想到。一直驻守在陈留郡的张邈这才意识到，吕布失败后曹军的下一个攻击目标就是自己了。曾经的挚友，为了反董大业并肩作战的盟军，这么快就要在战场上刀兵相见了。张邈想到这儿，一定会老泪纵横。张邈的年龄不详，郑泰把他称为“东平长者”，想必他比曹操和袁绍大得多吧。

果然，曹操把吕布赶出兖州后没有追击，而是挥师西进，冲着张邈来了。张邈自知不是曹操的对手，于是放弃了陈留郡的陈留县，让他的弟弟张超守住雍丘，他去搬救兵。如果换成别人，或许会考虑另一个选择：放弃陈留郡，追随吕布。但张邈在此经营多年，乡亲、部下以及众人的家眷、财产都在这里，将这些弃之不顾，张邈又下不了决心。

现在能给张邈帮助的人只有一个：袁术。此前在洛阳，张邈与袁术也有交情，作为袁绍的敌人，袁术有对自己出手相救的可能。张邈决定亲自跑一趟，去碰碰运气。可惜，张邈已经没有机会见到老朋友袁术，因为他在半路上被自己的部下杀死了。《三国志·张邈传》记载："二年间，太祖乃尽复收诸城，击破布于钜野。布东奔刘备。邈从布，留超将家属屯雍丘。太祖攻围数月，屠之，斩超及其家。邈诣袁术请救，未至，自为其兵所杀。"还有另外一种说法，《三国志·张邈传》裴松之注引《献帝春秋》称，张邈到了袁术那里，但袁术并没有派兵来，这是意料之中的事。张邈于是滞留在了袁术那里，后来袁术称帝，张邈还劝阻过他。裴松之提出："按本传，邈诣术，未至而死。而此云谏称尊号，未详孰是。"推测起来，张邈到达袁术处的可能性也很大，只是属于他的历史舞台已经没有了，此后也再无作为。

兴平二年（195）八月，曹军围住了雍丘，城里有张邈的弟弟张超以及张邈的家眷。雍丘是一座古城，春秋时称杞国，"杞人忧天"的典故就出自这里。凡是做过国都的城池都比较坚固，雍丘也是这样，曹军攻城数月，没能将城攻破。雍丘城防坚固的另一个佐证是唐朝天宝年间的雍丘之战。天宝十五年（756），唐朝的真源令张巡率军民两千多人守卫雍丘，安禄山手下的令狐潮率四万多人来攻，从二月打到七月，前后三百多场战斗，居然没有把雍丘打下来，守军反而利用偷袭将敌军击溃，创造了古代城池攻防作战以少胜多的典范战例。

如果守城的人觉得自己逃无可逃、去无可去，就会拼死抵抗，激发出来的战斗力也会相当惊人，雍丘城里现在的情况正是如此。他们大都是本地人，早就听说曹军每攻下一座城都会大肆杀戮，所以在他们心中唯一的选择就是誓死抵抗，同时把希望寄托在张邈搬来救兵上。《三国志·臧洪传》记载，救兵迟迟不到，张超给大家鼓劲："唯恃臧洪，当来救吾。"张超在广陵郡任太守时发现臧洪是个人才，延揽到自己手下。不过，众人都认为臧洪此刻在袁绍手下，是不可能来的。张超说："子源，天下义士，终不背本者，但恐见禁制，不相及逮耳。"子源是臧洪的表字。奉袁绍之令驻扎在黄河北岸东武阳的臧洪听说曹操率军围困了雍丘，大吃一惊，马上向袁绍请求，要袁绍给曹操下令停止进攻。袁绍当然不予接受，让他原地待命，不得擅自行动。

兴平二年十二月，曹军在经历了五个月的进攻后，终于将雍丘城攻下，乐进在此战中立下头功，第一个登上城墙。《三国志·乐进传》记载："从击吕布于濮阳，张超于雍丘，桥蕤于苦，皆先登有功。"雍丘城破，张超自杀，曹操下令夷灭张邈三族。据《汉书·刑法志》，"三族"一般包括父母、妻室儿女、同胞兄弟姐妹。消息传到东武阳，臧洪无比悲痛，他光着脚在地上走来走去，号啕大哭。臧洪宣布，与袁绍正式脱离关系。《三国志·臧洪传》记载："洪闻之，果徒跣号泣，并勒所领兵，又从绍请兵马，求欲救超，而绍终不听许。超遂族灭。洪由是怨绍，绝不与通。"袁绍闻讯大怒，亲自率兵来攻。奇迹出现了，小小的东武阳硬是打不下来，居然让袁军在城下苦攻了一年之久。

其间，袁绍让陈琳给臧洪写了一封信，责备他忘恩负义，让他明智一些，尽早投降。陈琳也是广陵郡人，跟臧洪是同乡。陈琳的文笔十分厉害，他写的信一定慷慨激昂、有理有据。但是，陈琳的这封信没能保存下来，因为历史学家们觉得对方的回信更精彩。这封长达一千多字的长信保存在《三国志·臧洪传》中，写得声情并茂、义正词严，信中说做人要讲忠义，自己所“忠”的是在长安的朝廷、所“义”的是曾经的主人张超，而袁绍做人做事十分虚伪，不值得追随。信中还讲到三件具体的事情：

昔张景明亲登坛歃血，奉辞奔走，卒使韩牧让印，主人得地；然后但以拜章朝主，赐爵获传之故，旋时之间，不蒙观过之贷，而受夷灭之祸。吕奉先讨卓来奔，请兵不获，告去何罪？复见斫刺，滨于死亡。刘子璜奉使逾时，辞不获命，畏威怀亲，以诈求归，可谓有志忠孝，无损霸道者也；然辄僵毙麾下，不蒙亏除。仆虽不敏，又素不能原始见终，睹微知著，窃度主人之心，岂谓三子宜死，罚当刑中哉？

张景明即张导，前面提到过，他是袁绍从韩馥手中夺取冀州的功臣，按照臧洪在信中所说，张导向长安的朝廷上了拜章，被朝廷赐予爵位，这件事引发袁绍的强烈不满，竟将张导杀了；吕布投奔袁绍，为袁绍立下战功，但差点被袁绍暗害，这件事前面已经说过；刘子璜事迹不详，他奉袁绍之命出使，但超过了时限，又思念双亲，于是脱离了袁绍，也被袁绍杀了。臧洪用这三个人的遭遇来说明袁绍是一个不讲情面、为人虚伪的人。裴松之猜测刘子璜可能就是因为犯了小的过错被袁绍处死的虎牙将军刘勋，但没有依据。

袁绍看到臧洪的信，知道他不可能投降，于是增兵继续攻城。《三国志·臧洪传》记载，臧洪见城池肯定会被攻破，对身边的人说："袁氏无道，所图不轨，且不救洪郡将。洪于大义，不得不死，今诸君无事空与此祸！可先城未败，将妻子出。"将吏士民均垂泣道："明府与袁氏本无怨隙，今为本朝郡将之故，自致残困，吏民何忍当舍明府去也！"没有人愿意逃命，都愿意追随臧洪。臧洪先后派了几批人出城找救兵，其中有一个名叫陈容的同乡，是一名书生，是跟随臧洪一块从家乡广陵郡出来的，很仰慕臧洪。陈容一出城就被袁绍抓住，扣了起来。

东武阳被围困长达一年之久，城里基本上没有可吃的东西了。《三国志·臧洪传》记载，一开始还能挖个老鼠什么的，后来连弓上的牛筋都给煮了，最后全城只剩下三斗米，身边的人想拿它煮点粥给臧洪吃，臧洪流着泪说："独食此何为！"便让大家一块吃。臧洪还做出一个惊人的举动："杀其爱妾以食将士。"但是，城最终被攻破了，袁军进城后发现城里死者枕藉，共七八千人，没有一个背叛臧洪。臧洪被抓，袁绍一直很欣赏他，有意留他一条生路。袁绍说："臧洪，何相负若此！今日服未？"臧洪虽然饿得发晕，但还是抖擞精神，当着将士的面将袁绍痛斥了一番。袁绍无奈，下令把臧洪杀了。陈容也在场，马上冲着袁绍叫道："将军举大事，欲为天下除暴，而专先诛忠义，岂合天意！臧洪发举为郡将，奈何杀之！"袁绍不想再杀陈容，让人把他拖出去。陈容不干，高声道："宁与臧洪同日而死，不与将军同日而生！"袁绍无奈，下令把陈容也杀了。

臧洪因为重节义历来受到推崇，陈寿评价他有"雄气壮节"。但客观说，臧洪的行为也有很大问题。张超固然对臧洪有恩，但这似乎构不成反对袁绍的理由，臧洪的行为能不能完全算作忠义似乎存在疑问。明末清初学者王夫之在《读通鉴论》中指出："张邈兄弟党吕布以夺曹操之兖州，其时天子蒙尘，超无能恤，彼于袁、曹均耳。洪以私恩，为一曲之义，奋不顾身。而一郡之生齿，为之并命，殆所谓任侠者与！于义未也。而食人之罪，不可逭矣。"王夫之将臧洪的侠义称为"任侠"，其中有"任性"之意。站在袁绍的立场看，张邈、张超是对自己的背叛，臧洪要求袁绍派兵救张超，这又怎么可能呢？臧洪的想法恐怕有些天真了。东晋徐众在《三国评》中指出：

洪敦天下名义，救旧君之危，其恩足以感人情，义足以励薄俗。然袁亦知己亲友，致位州郡，虽非君臣，且实盟主，既受其命，义不应贰。袁、曹方睦，夹辅皇室，吕布反覆无义，志在逆乱，而邈、超擅立布为州牧，其于王法，乃一罪人也。曹公讨之，袁氏弗救，未为非理也。洪本不当就袁请兵，又不当还为怨雠。为洪计者，苟力所不足，可奔他国以求赴救，若谋力未展以待事机，则宜徐更观衅，效死于超。何必誓守穷城而无变通，身死殄民，功名不立，良可哀也！

徐众认为，张超固然对臧洪有知遇之恩，但袁绍能把一个州交给臧洪，也算是臧洪的知己亲友，二人虽不是君臣关系，但袁绍是盟主，既然受命于他，也不应该再有二心。袁绍与曹操结盟，张邈、张超、吕布、陈宫背叛曹操，等于背叛了袁绍。曹操讨伐他们，袁绍不去救是合情合理的，臧洪向袁绍提出的请求有些过分。徐众认为，臧洪的悲剧在于他只认死理而不会变通。

东武阳事件对袁绍的打击是沉重的，长达一年的时间里袁军主力被拖在南线，在北线只能处于守势，看着公孙瓒在易水河畔大修防御工事，而西面的张燕、于扶罗等又趁机闹事，给袁绍制造了不少的麻烦。假如没有臧洪事件，兴平二年这段时间袁绍可以专心对付公孙瓒，让公孙瓒来不及修筑易水防线，袁绍解决幽州问题就可能提前。一年后，当汉献帝回归中原时，袁绍就不会因为受制于公孙瓒而无法分身了，抢得历史先机的或许应该是他。最终，袁绍虽然也消灭了臧洪和公孙瓒，但在时间进程上刚好落后了一步，正所谓“一步没跟上、步步跟不上”：袁绍打臧洪的时候，公孙瓒有了喘息之机；袁绍打公孙瓒，给曹操迎接汉献帝留下了机会。袁绍当初免去臧洪的青州刺史一职让儿子袁谭接任，之后派臧洪担任东郡太守，这是一个看似高明实为败笔的安排，最终付出了沉重代价。

二、毕谌与魏种

从兴平元年下半年到兴平二年夏天，不到一年的时间里，曹操率军纵横驰骋于兖州大地，所向披靡，攻无不克，战无不胜，与刚从徐州回师时判若两人。形成这个局面，首先是因为曹操制定了正确的战略，在极端劣势的情况下没有被对手弄得惊惶失措，而是收缩防线，集中兵力，固守战略要地，寻找机会，发动反击。其次是袁绍的支持，袁军在黄河北岸的行动进一步动摇了吕布固守濮阳的决心，在军粮匮乏、远离友军的情况下，吕布决定向南运动，进入了他不擅长作战的河湖交叉的济阴郡、山阳郡一带，给曹操取胜创造了有利条件。再有，就是对手接二连三的失误，在整个战役中，张邈作为吕布的友军，应该明白唇齿相依的道理，但他迟迟没有具体的军事行动，在与吕布的配合上态度消极，吕布被赶走，他也无法在陈留郡再待下去。

此外，还有一个内在原因，那就是曹军的逐渐成熟。曹操手下的将领经过两次徐州之战以及与袁术作战而逐渐成长起来，曹军从最早的硬冲硬打、常吃败仗，到现在声东击西、游刃有余，对战场形势的把控能力已有新的跃升，在争夺兖州期间，曹仁、乐进、于禁、李典、程昱等均有率军独立作战的记载，曹军由最初独立的一支军事力量，已经发展成为一个相互呼应、配合作战的集团军。如今，吕布、陈宫被赶走，张邈、张超被杀，兖州刺史部所辖的八个郡国重新回到曹操手中。

兴平二年十月，汉献帝下诏正式任命曹操为兖州牧，曹操终于有了合法身份，这是他一仗一仗打出来的。当曹操派王必历尽千辛万苦前往长安进贡的时候，就是想得到这样的确认，用自己对皇室的忠心换来一份肯定，但控制长安朝廷的李傕等人对曹操没有好感，在他们眼中曹操比袁术、刘表、陶谦差得远。尽管丁冲、钟繇等人从中斡旋，但曹操也只得到了几句冠冕堂皇的慰问而已。

现在，曹操靠自己的实力打败了袁术，重创了陶谦，打跑了吕布，统一了整个兖州，终于赢得了长安朝廷的重视，得到了朝廷的主动任命。《曹操集》中收录有《领兖州牧表》，是曹操接受兖州牧后的谢表。在这份上表中，曹操回顾了爷爷曹腾、父亲曹嵩以及自己深受皇恩的情况，表示自己将效忠皇室，继续努力进取。在《太平御览》中还保存了曹操以兖州牧的身份向汉献帝进贡的记载，贡品多是兖州当地的土特产，包括两顶缝帐、十斤丝缕、两箱枣和油柿。曹操还说“山阳郡有美梨”，所以进献的物品中还有“甘梨二箱”。在很多人心目中曹操是汉室的奸臣，但至少到此时，曹操的内心对汉室都是充满敬意的，这发自于内心，不是刻意伪装出来的。即使在以后的岁月里，曹操也很少说汉室的坏话，相较于同时期那些空发议论的人，曹操对汉室的贡献更大。与袁术、袁绍那样对当今天子充满敌意的人相比，曹操似乎也应该受到尊敬。

在张邈、陈宫叛乱中，兖州有不少官民跟随他们背叛了曹操。曹操重新取得兖州后，很多人心存不安，不知道曹操会不会追究。针对这种心理，曹操通过重用毕谌让他们打消了顾虑。

如前所述，毕谌因为母亲被叛军扣留而离开了曹操，曹操与他话别时还流了泪，毕谌表示绝不会依附吕布。但是，毕谌一离开曹操就投靠了吕布。吕布失败后，毕谌被抓，大家都认为毕谌这一回算是完了。没想到曹操并没有追究他的责任。曹操说一个人能做到对亲人尽孝，还会不忠君吗？这正是我所要的。不仅如此，曹操还让毕谌做了鲁国相。《三国志·武帝纪》记载：

初，公为兖州，以东平毕谌为别驾。张邈之叛也，邈劫谌母弟妻子；公谢遣之，曰："卿老母在彼，可去。"谌顿首无二心，公嘉之，为之流涕。既出，遂亡归。及布破，谌生得，众为谌惧，公曰："夫人孝于其亲者，岂不亦忠于君乎！吾所求也。"以为鲁相。

曹操对毕谌的安排很恰当，不追究反而褒奖，让过去反对过曹操的人吃了定心丸：连毕谌都能得到原谅，我们还怕什么呢？但是毕谌毕竟有投敌行为，让他继续在自己身边处理机要大事，曹操已经信不过了。于是，曹操安排毕谌到外地任职，并且是到鲁国任国相，这里是孔子的故乡，孔子主张孝，但更主张忠，他有一个著名的思想是"移孝入忠"。曹操让毕谌到鲁国去，就是让他继续思考忠与孝的关系。

与毕谌情况类似的还有魏种。曹操对魏种很赏识，担任兖州牧后曹操有资格推荐孝廉，他推荐了魏种。《三国志·武帝纪》记载，兖州反叛时，曹操说："唯魏种且不弃孤也。"后来听说魏种竟然也参加了叛乱，曹操大怒："种不南走越，北走胡，不置汝也！"叛乱平息后魏种也被抓了，捆着带到了曹操面前。但是，曹操的怒火却不见了，说："唯其才也！"曹操为魏种解开绳索，继续用他。后来，魏种在曹操手下一直干到了河内郡太守。曹操在处理毕谌和魏种事件上很理性，他知道必须尽快平息兖州人的不满和恐惧，弥补以前处理兖州事务的失误。

对于下一步的行动计划，曹操汲取了第二次征徐州的教训，考虑应该暂停军事行动。荀彧等人也认为，吕布投奔刘备后，他们二人未必能真心合作，如果此时攻打徐州，他们反倒会团结起来，不如先观察一段时间，让他们内斗，这是一项正确的战略选择。

现在，曹操终于可以把精力放在对兖州的治理上了，他多次向程昱、毛玠等兖州本土人士征求意见。毛玠劝曹操重视农业，发展经济，曹操接受了他的建议。经过长时间的天灾人祸，各地的经济几乎陷入崩溃，粮食和其他军需物资很难保障，要成就大业就必须解决这个问题。曹操下令在所能控制的地区着手恢复农业生产，到第二年夏收时，各地的农业生产都得到一定恢复。曹操手里积累了足够的粮食，这些粮食成了他的秘密武器，让他在后面的争雄中处处居于主动。

三、少年诸葛亮

在曹操征徐州期间，当十四岁的少年天子刘协在长安亲自监督为灾民熬粥时，远在徐州刺史部琅邪国的阳都县（今山东省沂南县），十四岁的少年诸葛亮正目睹着家乡的战乱，在惊惧中对侵略自己家乡的这些人留下了深刻印象。诸葛亮字孔明，生于汉灵帝光和四年（181），不仅与汉献帝刘协同一年出生，而且他们也是同一年去世的，说起来这也是一种缘分。

关于阳都县诸葛氏的起源有三种说法：一是说出于葛姓，在伯夷后裔葛伯的封国灭亡后，原来居住在琅邪郡诸县的葛氏一支迁往同郡的阳都县，因为阳都县已有葛姓，为了区别，就把后迁来的葛姓称为诸葛氏；二是说春秋时期齐国有熊氏之后有复姓詹葛的，总是被读为诸葛，以后干脆改成了诸葛氏；三是说秦末陈胜吴广起义时，大将葛婴屡立战功，但是被陈胜听信谗言后杀害，汉文帝时封葛婴的孙子为诸县侯，其后代就以诸葛为姓了，称诸葛氏。据《吴书》的记载，诸葛亮一族属于第一种情况，他的祖籍原来在同郡的诸县（今山东省诸城市），后来迁移至此，但这已经是很早的事了，因为葛伯是夏商之际的诸侯，到诸葛亮能追溯到的先祖诸葛丰时，诸葛氏就早已在阳都县生活了。

诸葛丰字少季，西汉初年人，以刚直而著称于世，在汉元帝时担任过司隶校尉。两汉时期历任的司隶校尉当数诸葛丰名气最大，因为他执法公正，不畏权贵，深得百姓尊重。所以，诸葛丰仅仅凭着担任过司隶校尉的资历就在《汉书》里有了自己的传记。曹操在洛阳、顿丘和济南当地方官时的所作所为，在某些方面也深受诸葛丰的影响。多年后邺县成为曹操的大本营，曹操为找不到合适的管理者而苦恼，曾感叹说哪里能找到像诸葛丰这样的人才呢。

诸葛亮的父亲名叫诸葛珪，官至泰山郡丞，品秩六百石，与县令相当。诸葛珪能做到郡丞，说明他很有才干，就像先祖诸葛丰那样是个实干型人才。而他只做到了郡丞，说明他虽然有才干，却缺少背景，或者说缺少飞黄腾达的机遇。泰山郡不属于琅邪国所在的徐州，而属相邻的兖州，不过与琅邪国相邻，由泰山郡的郡治奉高至诸葛亮的老家阳都县并不太远。史书没有记载诸葛亮幼年时是否随父亲到泰山郡生活，但两地路途不远，即使诸葛亮一直生活在故乡，父亲也可以经常回来探望。

诸葛珪有三个儿子，长子诸葛瑾，次子就是诸葛亮，下面还有一个儿子名叫诸葛均。诸葛瑾长诸葛亮八岁，诸葛亮比弟弟诸葛均大三岁。除此之外，诸葛亮还有两个姐姐。诸葛瑾少年时代便到京师洛阳求学，学业进步很快，对《毛诗》《尚书》《左氏春秋》都有一定研究。作为诸葛氏家族的长子，诸葛瑾到京师洛阳唯一的目的就是求学，目标是进太学学习。诸葛珪把长子送到洛阳读书，说明他有眼光，也说明他有这样的经济实力。

如果天下没有大乱，如果家里也没有出现后面的那些变故，诸葛亮长大后想必也会到太学求学，成为一名学者，或者由此走向仕途。可是，乱世改变命运，家庭的变故也会改变一些人。诸葛亮很小的时候父亲就去世了，他的母亲则去世得更早。父母双亡，何其不幸。关于诸葛亮父母具体死于何时，正史并没有明确的记载，明清以后编著的《诸葛忠武侯文集》《诸葛氏宗谱》以及《昭烈忠武陵庙志》提到，诸葛亮的母亲姓章，是在诸葛亮五岁时去世的，为照顾诸葛亮姐弟们的生活，远在泰山郡任职的父亲续了弦，这位继母姓氏不详，但孩子们对她都很孝顺，诸葛瑾还因为孝顺继母而为人称道。诸葛亮八岁时，他的父亲也离开了人世，原本幸福的一家接连遭受打击，这些都深深烙在了少年诸葛亮的心中，不可避免地影响到他性格的形成。

曹操两次征徐州，琅邪国已不再安全。原本是避难之所的琅邪国现在每天都有大量百姓外逃。作为长子的诸葛瑾，看着继母和弟妹们，不得不思考去留的问题。好在诸葛亮和诸葛瑾还有一位叔父，关键时刻给他们提供了帮助。

诸葛亮的叔父名叫诸葛玄，是一个很有本事的人，早年在洛阳为官，具体担任什么职务不详，应该不是特别高级的官职，因为史书没有关于他在朝廷任官的任何记载。不过，诸葛玄的地位也不会特别低，从他在洛阳交游的情况看，他有机会接触不少上层人士。诸葛玄应该是一名中级官吏，他在朝为官时正值宦官争斗、董卓乱政，就连朝廷里三公九卿这样的高级官员也说杀就杀，朝不保夕，何况他们这些人呢。考虑到这些情况，加上诸葛珪病故，诸葛玄回到了家乡。

诸葛玄在洛阳期间交到不少朋友，其中有两个好朋友，一个是刘表，一个是袁术。这说明，诸葛玄在朝中虽非高官，但也有一定地位，同时说明诸葛玄身上有着山东人特有的崇信重义、好结交的特点。就在诸葛玄回到家乡前后，刘表和袁术的事业各自都有了很大发展，相继成为天下有影响力的人物，其中袁术已在淮南一带发展势力，刘表则逐渐控制了荆州。袁术是一个有野心的人，他的目光不局限于淮南地区，而是盯上了江南的豫章郡。恰在这时，豫章郡太守周术死了，袁术觉得是个机会，想派人到那里发展势力。袁术想到了诸葛玄，便让人捎信给在阳都的老朋友，说自己想表奏诸葛玄为豫章郡太守，问他是否愿意去。

袁术能想到诸葛玄，至少说明三个问题：一是他们的关系确实很好；二是此前诸葛玄的官位不至于太低；三是诸葛玄是一个有能力的人，袁术觉得把这件事交给他没问题。诸葛玄接到袁术的信，没有多想就答应了下来。为了让一家人能有个躲避战乱的地方，诸葛玄决定南下。诸葛玄与诸葛瑾商量后，决定分成两路，自己先带领诸葛亮、诸葛均以及他们的两位姐姐去豫章郡上任，诸葛瑾留在家乡照顾继母，照看家中的产业。

兴平二年前后，诸葛亮随叔父诸葛玄离开生活了十五年的故乡阳都，开始了新的未知旅程。之后的情况，有不同记载。一种记载说，远在长安的朝廷听说周术死了，立即任命朱皓为豫章郡太守，这样豫章郡便有了两个郡太守。这个朱皓，是名将朱儁的儿子。面对这种情况，诸葛玄决定放弃，但他没有回老家阳都县，也没有到袁术那里，而是想到了另一位老朋友刘表，便去了荆州，依附于刘表。《三国志·诸葛亮传》记载："亮早孤，从父玄为袁术所署豫章太守，玄将亮及亮弟均之官。会汉朝更选朱皓代玄。玄素与荆州牧刘表有旧，往依之。"

另一种记载说，诸葛玄没有主动退出豫章郡，朱皓从扬州刺史刘繇那里借来兵，攻击诸葛玄，诸葛玄不敌，退守西城，西城后来发生民变，变民杀了诸葛玄，把首级送给刘繇。《三国志·诸葛亮传》裴松之注引《献帝春秋》记载："初，豫章太守周术病卒，刘表上诸葛玄为豫章太守，治南昌。汉朝闻周术死，遣朱皓代玄。皓从扬州太守刘繇求兵击玄，玄退屯西城，皓入南昌。建安二年正月，西城民反，杀玄，送首诣繇。"

相比较而言，后一种说法影响更大，很多史书都采用这个说法。《献帝春秋》相传作于汉末，作者失考，也有人说它是西晋学者袁晔所撰，由于成书时间很早，所以是记录汉末三国历史的第一手材料。但是，看样子这部书并非出自大家手笔，裴松之一向对它很轻视，斥它"轻弄翰墨，妄生异端"，中间充满了"秽杂虚谬"，甚至认为它是"史籍之罪人，达学之所不取者也"。如果结合后面发生的事情，《三国志》的说法似乎更可取。

袁术当初任命诸葛玄为郡太守，看似很风光，其实风险很大。《襄阳记》有一条记载，说襄阳城里有个"牵羊坛"，每有新任刺史到任，必先来此坛，牵着一只羊绕坛走，不管它，看它能走几圈，走几圈往往预示该刺史能干几年。现在不是太平盛世，州刺史不好当，郡太守也很难干，说走人就得走，每个人都有这样的思想准备，更何况诸葛玄的这个郡太守并非名正言顺。所以，当朝廷正式任命的郡太守到任后，诸葛玄没有理由跟他对抗到底，弃官是他的正常选择。

自动放弃了豫章郡太守一职后，诸葛玄没有回家乡，因为家乡的战乱更甚于之前，侄子诸葛瑾已偕继母离开了阳都，远赴江东避难。诸葛玄也没有选择回到袁术那里，一来袁术交给自己的事情是这样的结局，他不想再去见袁术；二来听说袁术的野心越来越大，社会上到处流传，说袁术已经暗中有了僭越称帝的打算。在这种情况下，去投靠离豫章郡不远的故友刘表成为诸葛玄自然的选择。如果诸葛玄在豫章郡被杀了，诸葛亮姐弟四人如何到的荆州又如何依附的刘表，就成了很大的问题。

而且，《献帝春秋》认为诸葛玄赴豫章郡上任不是袁术所任命，而是刘表的任命，这不太合乎逻辑。豫章郡属扬州刺史部，袁术自认为扬州是自己的地盘，还自兼扬州牧，所以会任命豫章郡太守。刘表是荆州牧，突然想起任命扬州的官员来，这个可能性不大。换成袁绍、公孙瓒、袁术这样的人，也许是可能的，但刘表一向表示忠于朝廷，是一名模范地方大员，在别人都不太搭理天子的情况下，刘表还坚持年年向朝廷进贡，深得朝廷的好感，让刘表越权任命不属于自己辖区的官员，这个说不太通。所以，正如《三国志·诸葛亮传》所言，诸葛玄是袁术任命的，他后来去了刘表那里。

四、陶谦“让徐州”

曹操忙着与张邈、吕布争夺兖州时期，对陶谦来说是一个难得的战略机遇期，他应该抓住这个空当，厉兵秣马，以备与曹操再次决战。可是，陶谦却提不起精神来，原因是病了。陶谦此时已六十多岁，比曹操大二十多岁，比袁绍、袁术大十多岁，比刘备则大了将近三十岁，是群雄中年纪较长的。在人的平均寿命大大低于现在的汉末时节，陶谦已经到了“烈士暮年”，是可以交代后事的年龄了。

一般人会把事业交给儿子。陶谦有两个儿子，一个名叫陶商，一个名叫陶应，但陶谦不想让他们接班，这两个儿子之前也没有当官。并非陶谦淡泊名利，只是他深知权力是诱惑也是陷阱，如果自己的儿子能力平平，把权力交给他们等于害了他们，所以陶谦是明智的。其时，徐州经过两次战火，曹操大军注定还会再来，陶谦更不会把这样的烂摊子交给儿子，他在寻找更合适的接班人。

陶谦手下人才济济，张昭、王朗、赵昱、麋竺、陈登等都在他手下供过职，名士孔融、许劭那时也在陶谦这里。近年来孔融一直担任北海国相一职，后来北海国被黄巾军管亥部围困，情势紧急，孔融派部将太史慈向时任平原国相的刘备求救，刘备发兵为其解了围。《后汉书·孔融传》记载，刘备帮孔融打退管亥后，孔融被刘备“表领青州刺史”。这条记载有些匪夷所思，青州刺史是公孙瓒表奏的田楷，刘备以一个国相的身份如何表奏别人当州刺史？更何况这个州刺史位子上还坐着自己的顶头上司。不过，仔细想想也是有可能的，《后汉书·孔融传》说刘备表奏孔融是在孔融来北海国上任的第六年，董卓下派孔融到北海国是初平元年，第六年是兴平二年，这时刘备已脱离公孙瓒，担任了陶谦所表奏的豫州刺史，而孔融此时也已离开了北海国，来到陶谦这里，如果表奏发生在这时，倒是说得通的。

孔融还在北海国时，袁绍派袁谭来攻，从春天打到夏天，孔融手下只剩下几百人，流矢雨集，戈矛相接，他仍然凭几读书，谈笑自若。城陷，孔融出逃，家眷做了俘虏。走投无路之下，孔融来到徐州，暂时在陶谦处栖身。孔融虽然有刘备表奏的青州刺史，但手里却没有实权也没有地盘。在政治上，孔融既不倒向公孙瓒，也不依附于袁绍、曹操，孔融的一生都坚定维护着汉室。孔融认为袁绍、曹操终究要废除汉室，所以坚决不与他们合作，有一个名叫左丞祖的属下劝孔融跟袁绍等人合作，孔融大怒，把他杀了。《后汉书·孔融传》记载：

> 时袁、曹方盛，而融无所协附。左丞祖者，称有意谋，劝融有所结纳。融知绍、操终图汉室，不欲与同，故怒而杀之。

许劭是许靖的从弟，评价曹操的那句名言“清平之奸贼，乱世之英雄”就是许劭给的。家乡动荡，许劭想到淮南避难，经过徐州时被陶谦留下，陶谦以礼相待，照顾得十分周到。

陶谦打定主意把徐州托付给别人，他把以上这些人打量一番，又都不满意。论名气，许劭、孔融最大；论学问，张昭、王朗不低；论才干，赵昱、陈登不错。但是，名气大的能力差，学问好的缺乏实践经验，有实践经验的，又让人不放心。有的人有雄才却无大略，有的人有大略但无雄才，有的人既无大略也无雄才。交班不是小事，不是一交了事，所托非人，势必连累自己及后人。

最后，陶谦想到了刘备，这个人来徐州虽晚，但雄才大略兼具，手下人马虽然不多，但战斗力很强，让他主持徐州事务，陶谦觉得比交给其他人更放心。想好后，陶谦把别驾麋竺叫来，告诉他自己可能不行了，徐州今后的大事只能交给刘备。《三国志·先主传》记载："谦表先主为豫州刺史，屯小沛。谦病笃，谓别驾麋竺曰：'非刘备不能安此州也。'"做完这番交代，陶谦就死了。历史上尽管没有"三让徐州"的复杂过程，但陶谦的确是主动将徐州"让"给刘备的。《三国志·陶谦传》裴松之注引《吴书》记载，陶谦死时六十三岁，他之前因为一些事情囚禁过张昭，但张昭还是为他写了哀辞。《三国志》对陶谦评价不高，记载了关于他的很多负面内容，有人认为这是两个原因造成的：一是陶谦性格刚直，有时显得孤傲；二是亲曹的史学家认定陶谦杀了曹嵩全家，所以加以诋毁。清代学者周寿昌就认为：

陶谦此传恐多过甚之辞，非实录。谦性刚直，谓过傲则有之，未必至于疏名士而任小人。且既举赵昱茂才、迁广陵太守，何云疏之？其任曹宏，究未闻有显擢。阙宣作乱，谦自应讨而杀，何得云与合寇钞，而复杀宣？后降其军，何得云并其众？魏武不尝降黄巾数十万为青州军邪？盖谦士卒杀曹嵩全家，为所深恨，时载记者多魏臣，不惜诬谦以媚操，故肆诋之如此。观注引《吴书》张昭等哀辞末有云“丧覆失恃，民知困穷。曾不旬日，五郡溃崩”，时谦已死，昭尚何用谄谀？乃其哀且如是，可以考其实矣。

陶谦至少是一个有本事的人，他没有把权力交给自己的儿子们，单就这一点来看就很不简单，说明他还是一个有眼光的人。陶谦临终前托付后事的麋竺，字子仲，是徐州刺史部东海郡朐县（今江苏省连云港市西南）人，世代经营垦殖和贸易，家里有仆人、奴婢上万人，家产有好几亿钱。陶谦死后，麋竺跟众人商量，多数人拥护陶谦的决定，于是大家推举麋竺、陈登、孔融等人为代表，前往小沛迎接刘备。

刘备简直不敢相信，也不敢贸然接受。刘备在徐州还没有左右时局的实力，手下只有几千人马，活动范围仅限于小沛周边。刘备表示推让，无非说自己才不足用、德未服人等，众人则极力相劝。《三国志·先主传》记载，陈登对刘备说：“今汉室陵迟，海内倾覆，立功立事，在于今日。彼州殷富，户口百万，欲屈使君抚临州事。”刘备仍不敢接受，认为袁术更有资格：“袁公路近在寿春，此君四世五公，海内所归，君可以州与之。”陈登不以为然：“公路骄豪，非治乱之主。今欲为使君合步骑十万，上可以匡主济民，成五霸之业，下可以割地守境，书功于竹帛。若使君不见听许，登亦未敢听使君也。”陈登认为袁术既骄且豪，不是治乱之主。为了说服刘备，陈登表示可以帮助刘备组织起十万军队，上可匡主济民，下可割地保境，在史册上留下英名。陈登在这里并非胡夸海口，他有这样的实力。陈登字元龙，徐州刺史部下邳国淮浦县（今江苏省涟水县）人，父亲陈珪曾任沛国相。下邳国陈氏也是一个世家大族，在徐州很有影响力。陈珪的爷爷陈亹曾任广汉郡太守，叔父陈球曾任太尉，从弟陈瑀曾任吴郡太守，另一个从弟陈琮曾任汝阴郡太守。

但是，刘备仍然犹豫，陷入思考，孔融在一旁有些着急。《三国志·先主传》记载，孔融说劝刘备："袁公路岂忧国忘家者邪？冢中枯骨，何足介意。今日之事，百姓与能，天与不取，悔不可追！"孔融认为袁术并非忧国忘家之人，顶多是坟墓中的枯骨而已，不足为道，现在百姓拥护的是有能力的人，天赐良机，不接受的话，将来后悔都来不及。刘备一向敬重孔融，见他说话，而且看到火候也差不多了，于是不再推辞，答应就任徐州刺史。

但是，也有人反对，这个人是孔融的好朋友、刘备手下的豫州别驾陈群。陈群认为袁术的力量现在还很大，如果此时去徐州就任，一定招致他的怨恨，袁术与吕布联手，即使得到徐州也难以成事。《三国志·陈群传》记载："刘备临豫州，辟群为别驾。时陶谦病死，徐州迎备，备欲往，群说备曰：'袁术尚强，今东，必与之争。吕布若袭将军之后，将军虽得徐州，事必无成。'"应该说，陈群的眼光是独到的，判断是准确的，后面的事情也正如他预料的一样。只是陈群没有告诉刘备怎么做才能抓住眼前的机会趋利避害，在可以看得见的机会面前，不可预知的风险往往显得不那么重要。另外，刘备即使放弃了这次机会，就能避免与袁术发生矛盾吗？也不一定。人已经在江湖之上，那就身不由己了。没有风险要去，有风险也得去。

不过，《三国志·陈群传》中所载陈群的这番话有事后补缀的嫌疑，因为陈群提到的吕布，那时还看不出来有到徐州抢地盘的意思，吕布正陷入与曹操的苦战中，并处于明显劣势，袁术这时要找人联手夺取徐州，恐怕还想不到与远在兖州的吕布合作。

五、刘备收留吕布

刘备被众人推举，就任的是徐州刺史而不是陶谦之前担任的徐州牧，主要原因是刘备的资历还不够。刘备来到了他曾经战斗过的郯县，与徐州各方面人士见面。短暂的激动过后，当刘备认真审视徐州的具体情况时，又有些高兴不起来了。

徐州刺史部只辖有五个郡国，从北到南依次是琅邪国、东海郡、彭城国、下邳国、广陵郡。琅邪国和东海郡的大部分地区被以臧霸为首的“泰山帮”所控制，陶谦在时也拿他们没办法，只能睁一只眼闭一只眼，只要他们不闹事就行，现在就更没有办法了。陶谦死后，臧霸领着孙观、吴敦、尹礼聚兵于琅邪国开阳县，正式打出独立发展的旗号，以臧霸为首领。《三国志·臧霸传》记载："遂收兵于徐州，与孙观、吴敦、尹礼等并聚众，霸为帅，屯于开阳。"

东海郡还有部分地区则在昌狶手中。这个昌狶，就是诸葛亮在《后出师表》中提到的昌霸，他也属于"泰山帮"，但更独立一些。徐州刺史部最南面的广陵郡，原来的太守是赵昱，后来笮融率万余名追随者南下来到这里，赵昱待笮融为宾客，摆下盛大酒席招待，笮融看到广陵郡物丰民富，怦然心动，起了歹心，在一次宴会上将赵昱杀害，袭取了广陵郡。

所以，刘备虽为徐州刺史，但能控制的只有彭城国和下邳国而已。更严重的是，徐州还隐藏着内外部危机。从内部看，陶谦虽然死了，他的嫡系丹阳兵还在，领兵的主要将领是曹豹，随时可能哗变；从外部看，在袁绍、袁术牵头的两大阵营中，刘备本是公孙瓒的属下，属袁术阵营，但现在的形势渐趋明朗，袁术阵营里的公孙瓒和陶谦，一个走向没落，一个已不存在，袁绍、曹操的势头却如日中天，自己何去何从，需要掂量。如果继续与袁术、公孙瓒联盟，那就要与袁绍、曹操成为敌人，曹操肯定会再战徐州，那时公孙瓒指望不上，袁术也未必肯帮忙，以徐州支离破碎的现状去对抗曹操以及他背后的袁绍，没有任何取胜的可能。

对刘备来说，最理想的出路是两边都不参与、都不得罪，你们打你们的，我只作壁上观。但这是幻想，各方博弈渐深，已没有逍遥于外的空间。群雄逐鹿到了这个程度，没有朋友可以，幻想着没有敌人，那是做不到的。退而求其次，就只能与最强大的一方结盟，这是刘备面前的现实选择。《三国志·先主传》裴松之注引《献帝春秋》中保存有一封以陈登等人的名义写给袁绍的信，信中写道：

天降灾沴，祸臻鄙州，州将殂殒，生民无主，恐惧奸雄一旦承隙，以贻盟主日昃之忧，辄共奉故平原相刘备府君以为宗主，永使百姓知有依归。方今寇难纵横，不遑释甲，谨遣下吏奔告于执事。

信中说上天降下灾祸，这场灾祸横扫我们徐州，徐州主事的人已经不在了，生民无主，我们担心一旦有奸雄出现，趁隙袭取，那将有损盟主您的威名，所以我们共同商议，准备推前平原国相刘备来主事徐州，使百姓有所依归，现在寇难纵横，无法亲自登门解释，特派遣下吏奔告于您。信中直接称袁绍为“盟主”，是有精心考虑的，意思大概有两层：一是袁绍是公认的关东联军盟主，是习惯相称；二是徐州已决定投靠袁绍阵营，遵袁绍为盟主。两种解释，接受其一还是都接受，就看袁绍本人的意思了。

这封信虽然以陈登等人的名义发出，但不难推测这是刘备就任徐州刺史后的一个重要动作，体现的是他的想法。刘备想投靠袁绍阵营，但不清楚袁绍的意思，这封信算投石问路，避免自己直接送上门而被拒绝的尴尬。对于刘备的好意，袁绍当然不拒绝。袁绍马上给陈登等人复信，信中写道：“刘玄德弘雅有信义，今徐州乐戴之，诚副所望也！”袁绍的态度也表明了，他同意刘备当这个徐州刺史，也接受徐州加入他的阵营。刘备这才松了一口气，这个问题解决了，北面之忧可以缓和，曹操也不会马上来进攻徐州了，至于如何向袁术和公孙瓒交代，只能走一步看一步。

对内方面，刘备主动与臧霸等人缓和关系，承认臧霸、昌狶在琅邪国、东海郡的现实利益，臧霸、昌狶等纷纷表态，他们会像拥戴陶谦一样继续拥戴刘备。为换取臧霸、昌狶等人的支持，也为了有一个更加稳定、安全的后方，刘备做出一项重大调整：把徐州刺史部治所由东海郡郯县迁往下邳国下邳县。对陶谦的旧部，刘备能拉拢的就拉拢，能包容的就包容，平衡好各方面关系。为此，刘备任命曹豹担任下邳国相，以换取陶谦旧部对自己的支持，陶谦的旧部许耽等人担任了中郎将，而关羽、张飞等还只是别部司马。

刘备担任徐州刺史的时间大约在兴平二年春夏之交。刚就任，徐州就来了一位不速之客，这就是吕布。吕布、陈宫率领残兵败将被曹操赶出了兖州，他们一路向南，来到徐州刺史部境内。曹操没有追击，原因大概有两个：一是雍丘之战进行得并不顺利，本来曹操认为趁着强大的气势，面对孤军，雍丘可一战而下，出人意料的是，雍丘军民在张邈的弟弟张超率领下斗志昂扬，宁死不降，这一仗让曹操打了好几个月；二是徐州已经是刘备在主政，刘备主动向袁绍示好，徐州由敌人变成了盟友，没有理由向新盟友开战。曹操打了一年多，也累了，需要补充休整，曹操手下的谋士荀彧、毛玠等人建议暂停军事行动，发展地方生产，恢复元气。

吕布到了徐州，来到下邳县，提出面见刘备，这给刘备出了一道难题。吕布对刘备这个突然崛起的徐州刺史未必有太多了解，但刘备却很了解吕布，吕布当时已经是天下闻名的人物，大家对他的评价褒贬共存。从褒的方面说，大家认为吕布是一员猛将，称他为“飞将”，手下有一帮能征善战的兄弟，战斗力很强；从贬的方面说，吕布先后杀了自己的上司丁原、董卓，又与袁术、袁绍等人闹翻，也许原因各不相同，吕布每一次都有自己的理由与苦衷，但一般人不会细究那些，大家只看结果，从而得出结论，觉得吕布这个人缺乏诚信，甚至没有基本的道德底线。

可是，对于吕布的到来，刘备最后仍决定欣然相迎。吕布见到刘备时一副毕恭毕敬的样子，跟刘备还拉起同乡情谊。吕布的老家是并州刺史部五原郡，在今河套平原一带，刘备的老家在幽州刺史部涿郡，今北京市以南，但吕布认为五原郡和涿郡都属于“边地”，也算老乡。吕布把刘备请到自己营帐中做客，喝完酒，邀请刘备到内帐中，请刘备坐在自己妻子的床上，然后把妻子叫出来拜见刘备，为刘备斟酒布菜。如前所述，吕布的妻子叫什么名字史书没有记载，但肯定不叫貂蝉。《三国志·吕布传》裴松之注引《英雄记》记载：

布见备，甚敬之，谓备曰：“我与卿同边地人也。布见关东起兵，欲诛董卓。布杀卓东出，关东诸将无安布者，皆欲杀布耳。”请备于帐中坐妇床上，令妇向拜，酌酒饮食，名备为弟。备见布语言无常，外然之而内不说。

刘备出生于汉桓帝延熹四年（161），比曹操小六岁，此时三十四岁。吕布生年不详，他“名备为弟”，可能比刘备年长。印象中，刘备是三绺长须飘在腮下，一副长者模样，而吕布则是英俊小生的打扮，看来是误解。对于吕布的热情，刘备给予了积极回应，答应收留吕布，让他驻守小沛。刘备能实际控制的地盘，除了徐州刺史部的彭城国、下邳国外还有豫州刺史部沛国的一部分，他还有一个豫州刺史的头衔，现在让给了吕布。

事后证明，这是一项极其错误的决定。刘备做出这个决定前并没有征求袁绍的同意，即使征求了，袁绍也不可能同意，他视吕布为敌人，恨不得派人四处追杀他，肯定不希望吕布还有翻身的可能。刘备既然已承认袁绍盟主的地位，所作所为就不能损害袁绍的战略利益，否则与袁绍之间业已建立的良好关系将不复存在。吕布还是曹操的敌人，曹操原指望刘备替他解决吕布，如果那样，今后刘备自然跟曹操成为一条阵线，徐州北方的压力也就彻底不存在了。现在吕布在刘备的帮助下“起死回生”，等于宣布徐州仍然是曹操的敌人，那将迫使曹操第三次南征徐州。刘备还应该从张邈的身上汲取教训。张邈、陈宫想反叛曹操，原来可以自己干，因为想借用吕布的名气所以拉他来结伙，但最后一事无成，反受牵连，可见吕布所谓的名气并不能当饭吃，他的野心和善变倒一次次把事情推向不可收拾的地步，这样的队友比对手更可怕。

一向精明的刘备没能看到这些吗？为什么还会做出这样的决定？一个原因，可能是刘备看中了吕布和他手下仍具备的战斗力，刘备现在可依赖的只有关羽、张飞所率领的有限兵马，徐州各路地方势力不会真心实意听他指挥，一旦有大的行动，防敌人的时候还得防内部，这是刘备焦心的事，可能在他看来，引入吕布可以平衡徐州的各路势力，让自己这个徐州刺史坐得更稳些。另一个原因，与当初陶谦的想法一样，小沛处在对抗兖州方向的最前沿，刘备觉得可以让吕布为自己抵挡曹操，因为吕布与曹操是死敌，不用担心他会阵前反水。

但是，刘备如果真有上面这些想法的话，那也是天真的想法。从后面事态发展来看，吕布不仅没有对徐州各路势力起到平衡作用，还与他们联合起来对付刘备；吕布不仅没有跟曹操拼命，二人还一度和好，亲如一人。刘备犯了一个很大的错误，说明直到这时他还是政治和外交舞台上的新手。

六、袁术失信

袁术将事业的重心放在淮南后，孙坚的长子孙策也在袁术手下效力。孙策字伯符，孙坚死时孙策年仅十七岁。当初孙坚辞去下邳丞一职加入朝廷的军队，为家眷的安全考虑，把妻子吴氏和儿女们都放在了寿春。孙坚死后，吴氏领着儿女们离开寿春，来到庐江郡舒县（今安徽省庐江县）居住。寿春靠近北面，离战乱地区更近，舒县距长江不远，相对安全些。举家迁往舒县是孙策的主意，他把母亲和弟弟们接到舒县居住，除安全考虑外还因为这里有一个好朋友。

这个人就是周瑜，字公瑾，舒县本地人。周家在舒县是第一大户，周瑜祖父的兄弟周景曾任三公之一的太尉，在士人中名望很高，曾提拔过李膺、陈蕃、杜密、荀绲、朱寓等著名党人。周景的儿子周忠此时正在长安的朝廷任职，先担任太尉，后改任卫尉。周瑜的父亲周异担任过洛阳县令。周瑜年纪不大，性格却很豪爽，喜欢结交朋友，在社会上已经有了一定名气。周瑜与孙策同年，相貌英俊，才能出众而且早熟，听说孙策的名声，专程从舒县到寿春拜访，于是互相推让着结为异姓兄弟。周瑜劝孙策迁居舒县，孙策答应了。到舒县后，周瑜把府里最好的南大宅让给他们住，两家成为通家之好。《三国志·孙策传》裴松之注引《江表传》记载："有周瑜者，与策同年，亦英达夙成，闻策声闻，自舒来造焉。便推结分好，义同断金，劝策徙居舒，策从之。"

孙坚死后孙策承担了家庭的重任，他把父亲的灵柩移送到老家吴郡的曲阿安葬。按规定孙策可以继承父亲乌程侯的爵位，但他却主动让给了四弟孙匡。处理好父亲的后事，孙策又带着母亲和兄弟们渡过长江，到了位于长江北岸的江都县（今江苏省扬州市广陵区），因为周瑜向他推荐了一位高人，说这个人很有眼光和头脑，建议他向此人当面请教。父亲死后，正在上升的孙氏事业突然中断，下一步何去何从？孙策还没有明确的打算，不知道该怎么办。

周瑜推荐的这位高人名叫张纮，字子纲，徐州刺史部广陵郡（治所在今江苏省扬州市广陵区）人，早年上过太学，拜名师韩宗专习经学，成为一名学者，但他不读死书，喜欢把书本知识活学活用，视野开阔，看问题很有见解。孙策跑去找张纮，正逢张纮因为母丧在家守孝。见到了张纮，说明来意后，却被张纮婉言拒绝了。《三国志·孙策传》裴松之注引《吴历》记载，孙策很着急，甚至流下了眼泪，对张纮说："君高名播越，远近怀归。今日事计，决之于君，何得不纡虑启告，副其高山之望？若微志得展，血雠得报，此乃君之勋力，策心所望也！"孙策请张纮务必给自己出个主意。孙策的真诚打动了张纮，张纮帮孙策分析了形势，指出了孙策下一步的行动方案。张纮说：

昔周道陵迟，齐、晋并兴；王室已宁，诸侯贡职。今君绍先侯之轨，有骁武之名，若投丹阳，收兵吴会，则荆、扬可一，雠敌可报。据长江，奋威德，诛除群秽，匡辅汉室，功业侔于桓、文，岂徒外藩而已哉？方今世乱多难，若功成事立，当与同好俱南济也。

张纮认为，从前周朝国运衰落，但是有齐国、晋国一起来光复它，这是诸侯王应尽的职责，现在你继承了孙坚的事业，又有骁勇善战的名声，如果现在投奔丹阳郡，在江南的吴郡、会稽郡一带发展，那么扬州、荆州日后都不在话下，你的家仇也可以得报，之后据守长江，奋威德，诛除群秽，匡扶汉室，功业岂不跟当年的齐桓公、晋文公一样？张纮表示，如果真是这样，他愿意结盟同好，渡江辅佐孙策。孙策听完，茅塞顿开，觉得前途一下子光明起来。这是一次很重要的谈话，被认为是孙吴版的“隆中对”，因为这次谈话的地点在广陵郡的江都，也被称为“江都对”。

张纮说得没错，不要在袁术那里耽误时间了，应该及时向长江以南发展，开创新的事业。陈温死后，朝廷派刘繇担任扬州刺史，袁术把他赶到了江南。当时扬州刺史部在江南有四个郡，郡太守分别是吴景、许贡、王朗和华歆，他们多是朝廷任命的，政治上没有明显倾向，现在朝廷鞭长莫及，他们便各自为政，因为群龙无首，所以一团乱象。袁术想一口吞下扬州，但又有些力不从心，其他势力相距较远，暂时无法染指，所以张纮劝孙策南渡长江，以条件较为成熟的丹阳郡为基地，统一江南，之后虎视荆、扬，成为一方霸主。孙策认为有道理，于是把母亲和兄弟们接到江都，托付给张纮照料，之后跑到寿春，见到袁术，想要回父亲留下来的旧部，再渡江南下。孙策之所以将母亲、弟弟从舒县接出来，是因为他给周瑜安排了一个新任务，命他先期渡江，以接应自己。周瑜要离开舒县，孙策只得将母亲和弟弟们接走。

从感情上说，袁术很欣赏孙策，他曾经对人说：“使术有子如孙郎，死复何恨？”但是，从理智上说袁术压根不愿意归还孙坚的旧部。不答应，就得找些理由拖着，但孙策不停来找，袁术于是出了个主意，说丹阳郡是一个出精兵的地方，你的舅舅在那里当郡太守，你不如到丹阳郡去募兵吧。孙策无奈，渡江去了丹阳郡。

丹阳郡太守吴景是孙策母亲吴氏的弟弟，孙策的舅舅，孙坚起事后孙氏族人也借势起家，吴景因为姐夫孙坚的带动逐渐成长为郡太守。孙策在舅舅帮助下很快募得几百人，但是他带着这支队伍到泾县一带时，遭到当地土匪祖郎的袭击，队伍被打散，孙策险些丧命。孙策只得回到寿春，隔三岔五去找袁术要父亲留下的队伍，袁术烦了，就把孙坚当年队伍里还没有被拆散的一千多人还给了孙策，同时开出了条件，让孙策带着这些人去平定九江郡，答应事成之后任命他为九江郡太守。孙策给袁术出了力，拿下了九江郡，但袁术却任命陈纪为九江郡太守，同时让孙策再帮他平定庐江郡，并且特别说明，上次食言是自己不对，这次一定任命孙策为庐江郡太守。孙策又帮助袁术平定了庐江郡，但袁术像是得了失忆症，再也不记得当初说过的话，任命刘勋为庐江郡太守。这个刘勋，不是袁绍不久前杀死的部将刘勋，而是青州人，曾任沛国建平县县长，年轻时与曹操是朋友，此时已投靠袁术。

遇到袁术这种毫无信誉可言的人，孙策很无奈，更加下定决心彻底离开袁术，按照张纮的建议到江南发展。《三国志·孙策传》裴松之注引《江表传》记载，孙策又找到袁术，对他说："家有旧恩在东，愿助舅讨横江；横江拔，因投本土招募，可得三万兵，以佐明使君匡济汉室。"孙策提出，孙氏在江东一带还有一定号召力，自己愿意到江南去，协助舅舅吴景平定江南各郡，到时候至少可为袁术募得三万甲士，助其完成大业。袁术同意了，准许孙策渡江。袁术之所以很痛快地答应下来，是因为他知道江东现在有刘繇、王朗等人，孙策难能有什么作为。《江表传》记载："术知其恨，而以刘繇据曲阿，王朗在会稽，谓策未必能定，故许之。"

七、孙策渡江南下

兴平二年年初，孙策渡过长江，开始了拓疆之旅。长江是一条自西向东流向的大江，但流到安徽境内时有一段向东北方向斜流，古人习惯以此段长江为标准确定东西和左右，把今天安徽省芜湖以下的长江下游南岸地区即苏南、浙江北部、皖南部分地区以及今江西的赣东北称作江东。古人以东为左，以西为右，故江东又被称为江左，江西则称为江右。

为显示对孙策的支持，袁术表奏孙策为折冲校尉，代理殄寇将军。不过，除了这些虚名，实质性的支持很少。孙策渡江时手下士卒仅一千多人，骑兵更不到百人，此外还有几百人愿意追随他。《三国志·孙策传》记载："术表策为折冲校尉，行殄寇将军，兵财千余，骑数十匹，宾客愿从者数百人。"不过，正如孙策说的那样，孙氏在江东的确有不小的影响力，听说乌程侯的儿子回来了，许多人都跑来投奔。孙策渡江的地点在九江郡历阳（今安徽省和县），孙策到达那里时手下已聚集起数千人。

孙策在历阳渡江，是早就做出的布局。周瑜的从父周尚也担任着丹阳郡太守一职，推测起来这一职务可能是刘繇任命的，而吴景的丹阳郡太守是袁术表奏的，二人在丹阳郡各有一定势力范围。之前周瑜提前渡江，就是前往丹阳郡找周尚。孙策到达历阳，马上派人给周瑜报信，周瑜率领从周尚那里借来的一支人马迎接孙策。在江北，历阳附近还有两个要地，分别是横江、当利，孙策将这两个地方都攻占了。《三国志·周瑜传》记载："瑜从父尚为丹阳太守，瑜往省之。会策将东渡，到历阳，驰书报瑜，瑜将兵迎策。策大喜曰：'吾得卿，谐也。'遂从攻横江、当利，皆拔之。"孙策的母亲吴氏以及孙权等诸弟这时已不在江都，而到了曲阿，孙策派人把他们接到历阳，先安置在江北。这样，孙策在江东的行动就没有后顾之忧了。

这时的江东，形势相当复杂：刘繇打不过袁术，渡江来到丹阳郡，袁术命令吴景阻击刘繇，刘繇退到吴郡，在曲阿一带发展，由于他是朝廷正式任命的扬州刺史，又是汉室宗亲，所以有一定号召力；吴郡太守本是盛宪，许贡是他手下的都尉，后来盛宪因病离职，许贡接任，盛宪的郡太守是朝廷任命的，许贡的郡太守可能也得到了朝廷的确认，对孙策来说，许贡与刘繇一样也是敌人；会稽郡在吴郡南面，是一个大郡，郡太守王朗也是朝廷正式任命的，在政治上不属于袁术集团；豫章郡郡治在南昌县（今江西省南昌市），名士华歆在这里当郡太守，他的情况有些像王朗，由朝廷任命。

除了他们，江东境内有几股山贼、宗帅也很有实力：一是山贼严白虎，“白虎”是他的绰号，真名不详，他的祖籍是孙氏的食邑地吴郡乌程县，他和弟弟严舆聚众万余人，屯聚于乌程等地；二是地方实力派邹他、钱铜、王晟，邹他和钱铜也是吴郡人，王晟是嘉兴人，担任过交州刺史部合浦郡太守，跟孙坚关系还挺好，这几个人分别聚众数千到一万多人，结成同盟，也盘踞于吴郡境内；三是丹阳郡地方宗帅祖郎，他在地方上也很有势力，拥兵自重，孙策之前到丹阳郡募兵时在泾县附近被袭击，就是祖郎干的。以上这些势力，或官或匪，或明或暗，都不容小觑，孙策所能依靠的只有丹阳郡太守吴景和担任丹阳郡都尉的孙贲，不仅袁术不看好他，在当时大多数人眼里，也并没有把他当回事。

孙策渡江后，首战目标选择的是扬州刺史刘繇。袁术一向不满刘繇，早有吞并之意，选择攻打刘繇可以获得袁术最大程度的支持。同时，在这些割据势力中，刘繇不仅官职最高而且影响力也很大，打败刘繇，可以迅速在江东立威。

不过，刘繇并非等闲之辈，他有两个盟友和一个帮手，并不好对付。两个盟友分别是彭城相薛礼和下邳相笮融，一个帮手是太史慈。彭城和下邳都属于江北的徐州刺史部，薛礼和笮融先后跟徐州刺史陶谦闹翻，分别率所部南下，薛礼所部此时屯扎在秣陵（今江苏省南京市江宁区），笮融所部此时屯扎在秣陵县以南，他们与曲阿的刘繇结成同盟，互成掎角之势。

太史慈字子义，青州刺史部东莱国黄县（今山东省龙口市）人，曾任郡里的奏曹史，后来得罪上司而避难辽东。孔融担任北海国相期间听说太史慈很有名气，多次派人拜望太史慈的母亲，送上厚礼。后来黄巾军起事，将孔融包围起来，太史慈刚好从辽东回来，就主动跑到孔融那里效力，之后冒死突围，向附近的平原国相刘备求援，救了孔融一命。《三国志·太史慈传》记载，太史慈个子很高，美须髯，猿臂善射，弦不虚发，是一名神射手。孔融后来无法在北海国立足，南下徐州，太史慈无事可做，想起同郡的刘繇在扬州任刺史，就跑来找他，刘繇"使慈侦视轻重"（侦察敌方虚实）。

孙策进攻刘繇设在牛渚的大营，取得胜利，得到许多粮谷、战具，刘繇退往曲阿。之后，孙策攻击秣陵附近的笮融，斩首数百级，笮融闭营不出；又攻击秣陵的薛礼，薛礼突围而走；于是回过头来再攻笮融。这场战斗进行得十分激烈，在作战中孙策被流矢击中，伤到大腿，不能骑马，被大家用步舆推着回营。有人报告笮融说孙策中箭已死，笮融大喜，派部将于兹攻击孙策，孙策一面派人迎战，一面在敌人后面设伏，大破敌兵，又斩首千余。

打败笮融和薛礼后，孙策率兵东进，进攻刘繇，先后攻克了刘繇控制的湖孰、江乘等地，刘繇无法立足，率余部从长江乘船逃往豫章郡辖下的彭泽。孙策不去追击，而重点肃清吴郡境内的大小势力。在发生于神亭的一场交战中，孙策与太史

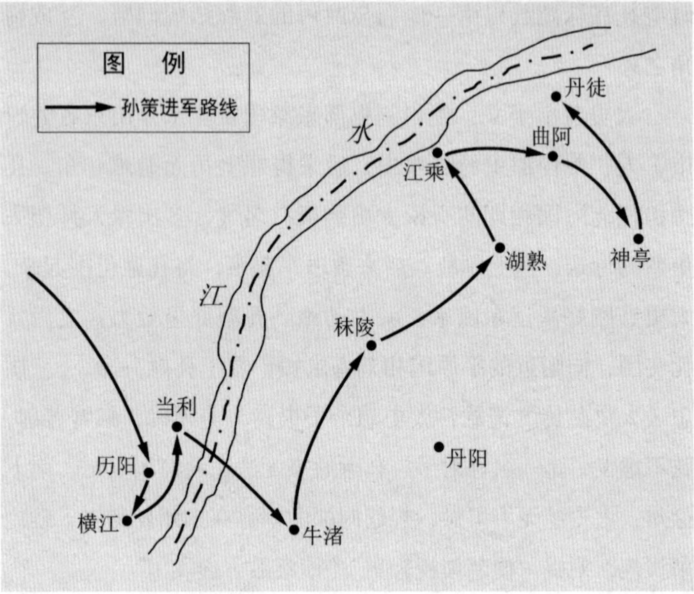

图10　孙策渡江及开拓江东（早期）示意图

慈相遇，当时太史慈是一个人，而孙策身后有十三个人，其中包括韩当、黄盖等人。太史慈毫不畏惧，上来便斗，孙策刺向太史慈的战马，二人互有胜负，孙策夺得太史慈挂在脖子后的手戟，而太史慈抢走了孙策的头盔。《三国志·太史慈传》记载：

扬州刺史刘繇与慈同郡，慈自辽东还，未与相见，暂渡江到曲阿见繇，未去，会孙策至。或劝繇可以慈为大将军，繇曰："我若用子义，许子将不当笑我邪？"但使慈侦视轻重。时独与一骑卒遇策。策从骑十三，皆韩当、宋谦、黄盖辈也。

慈便前斗，正与策对。策刺慈马，而揽得慈项上手戟，慈亦得策兜鍪。会两家兵骑并各来赴，于是解散。

之前说过，汉末三国时期较少发生主将之间的“单挑”，但也不是完全没有，特殊情况下也有过几次，孙策与太史慈之间的这场战斗就是典型的一次。笮融后来也到了豫章郡，跟刘繇发生了矛盾，二人内讧。再后来刘繇病死，笮融被部下所杀。太史慈则到了芜湖山中，自称丹阳郡太守，驻扎在泾县，设屯立府，附近一带的山越纷纷归附。

站稳脚跟后，经过丹徒等战役，孙策又一一消灭了盘踞在吴郡各地的许贡、严白虎以及邹他、钱铜、王晟等部，除王晟与孙坚有旧交，又有吴夫人帮助说话而免于一死外，其他诸人及其族人都被杀。吴郡全境被孙策控制，孙策任命部将朱治为吴郡太守，下令整顿军纪，不得侵犯百姓，受到百姓的欢迎。《三国志·孙策传》记载：“是以士民见者，莫不尽心，乐为致死。”

第八章

流血归途

195年

一、汉献帝的成人礼

在群雄打得不可开交的时候，远在长安的汉献帝迎来了成人礼。兴平元年新年刚过，十四岁的汉献帝刘协在长安加元服，下诏大赦天下。汉族的成年礼，男子称冠礼或加元服，女子称笄礼。男子通常在二十岁时行冠礼，然而天子为早日执掌国政，多提早行礼，传说周文王十二岁时便行此礼。对于帝王而言，冠礼具有特殊意义，周代实行嫡长子继承制，在位之王去世，嫡长子无论年长或年幼都可以继位，但若未行冠礼则不可亲政。

兴平元年二月一日，有关部门上报，说天子加冠礼后应迎娶皇后。这道奏疏被少年天子驳回，因为他想到了自己的母亲，心情很沉痛。汉献帝连母亲死后安葬在哪里都不知道，怎么有心情去选美？《后汉书·皇后纪》记载，汉献帝亲自拟了一份诏书回复群臣："朕禀受不弘，遭值祸乱，未能绍先，以光故典。皇母前薨，未卜宅兆，礼章有阙，中心如结。三岁之戚，盖不言吉，且须其后。"汉献帝提出，自己的母亲去世后一直没有占卜选择墓地，礼仪规章有缺，每想到此心中就十分难受，在三年守丧期间不能谈论婚事，所以立皇后一事就等等再说吧。

汉献帝的母亲王美人被何皇后害死，尸体被抬到洛阳郊外草草埋葬了，这件事情发生在十多年前，早已过了三年守丧期，汉献帝之所以这样说，是想给自己的母亲讨个说法。几天后，太尉朱儁、司徒淳于嘉、司空张喜共同上奏：“春秋之义，母以子贵，宜改葬皇妣，追上尊号，如穆宗、敬宗故事。”于是上尊号给王美人，称灵怀皇后，改葬文陵。文陵是汉灵帝刘宏的陵墓，远在洛阳，所谓改葬也只是空谈，但给个说法很重要。王美人有一个哥哥名叫王斌，汉献帝命人将他找到。王斌带着家眷来到长安，汉献帝赐给宅第田业，拜为奉车都尉。

办完这件事，汉献帝心中才感到些许安慰，同意立皇后。众臣选不其侯伏完的女儿伏寿为皇后，之前伏寿已被立为贵人。伏完是前司徒伏湛的七世孙，徐州刺史部琅邪国东武县（今山东省诸城市）人，这时任侍中。伏完还有一个特殊身份：他是汉桓帝刘志的女婿。伏完的夫人、伏皇后的母亲是汉桓帝刘志的长女阳安公主刘华，伏完和刘华共有六个儿子，伏寿是他们唯一的女儿。因为这层关系，东汉第十三位皇帝成为第十一位皇帝的外孙女婿。随后，汉献帝下诏，升伏完为执金吾。

在一些忠诚于汉室的朝臣不懈努力下，东汉朝廷仍按以往的制度、典仪运转着，但这些都是形式，真正的权力掌握在李傕、郭汜、樊稠等凉州军阀手中。董卓死后，“凉州军阀”这个概念已不再单指董卓的旧部，新近被朝廷收编的征西将军马腾和镇西将军韩遂也属于这一阵营。马腾驻扎在关中地区的郿坞，韩遂驻扎在金城，他们与董卓以及李傕等人之前并没有关联，向前追溯的话，他们一个是匪，一个是兵。

兴平元年年初，马腾到长安公干，顺势率部移住到了长安东郊的灞桥。马腾因为私事想走一下李傕的后门，结果李傕不理，马腾觉得很丢面子，于是翻脸。这只是表面的，背后隐藏着更大的玄机，因为马腾此行隐藏着一个阴谋，就是之前提到过的刘焉的儿子刘范所参与的那场政变，参与这场政变的还有侍中马宇、谏议大夫种劭、中郎将杜禀等人。见李傕等人没给自己面子，马腾便以此为由公开翻脸。李傕等希望息事宁人，动员韩遂前来调解。狼和狐狸干架，不请老虎当裁判，却请来了另一只狐狸。韩遂于是堂而皇之地离开金城进入关中，一到这里，就公开与马腾站在了一起。

兴平元年二月，马腾、韩遂的联军进军到长安以西五十里的长平观，他们的计划是，由马宇等人在长安城里做内应，一举把李傕等人赶出去。不巧的是，马宇等人的计谋败露，马宇、种劭以及刘范等逃了出来，带着一部分政变武装退守到槐里（今陕西省兴平市）。李傕命郭汜、樊稠和自己的侄子李利等人率兵与马腾交战。失去内应的马腾、韩遂不敢在长安周围久留，向凉州撤退。郭汜、樊稠进攻槐里，马宇、种劭等参与政变的人被杀。

马宇等人的计划是如何败露的？史书没有明确记载，《后汉书·刘焉传》说是从刘范这里泄露出去的。看到事情败露，刘范先逃到了马腾的军营，之后又逃到了槐里，这两个地方在不同的方向，刘范此去可能是给槐里的政变武装传达马腾的某项命令。《三国志·刘焉传》裴松之注引《英雄记》记载，刘范同时还向父亲刘焉求救，刘焉派遣一个名叫孙肇的校尉率领五千名蜀兵前来助战。但是，一来一往需要很长时间，孙肇还未到槐里，刘范跟马宇等人就一同被杀了，刘焉留在长安的另一个儿子刘诞随后也被杀。议郎庞羲与刘焉有通家之好，主动送刘焉的几个孙子入蜀。刘焉失去了两个儿子，悲痛不已。哪知祸不单行，绵竹这时发生了大火，刘焉的住所被焚毁，四周的民房也烧掉不少，刘焉只得把州治所迁到成都。双重打击下，他因发背疮而死。

李傕等人既恨马腾和韩遂，又害怕他们卷土重来，于是以汉献帝的名义赦免了参与此次叛乱的人员，重新任命马腾为安狄将军，任命韩遂为安降将军。二人的军职都比之前降了一格，算是惩戒，此事暂时告一个段落。不过，在这次军事行动中还发生了一些事，动摇了李傕、郭汜、樊稠等人的根基。

二、韩遂的反间计

李傕、郭汜、樊稠之间其实早有矛盾，他们都可以开府，也就是组建各自的办事机构，加上三公，这样朝廷之下就有了六个办事机构，大家都想揽权，尤其是人事权，结果六家机构都负责官员选拔。《后汉书·董卓传》记载：“合为六府，皆参选举。”都来管，实际上都没法管，而且他们之间的权力也并不均衡。比如，一个职位空缺，首先要看李傕推荐的是谁，如果李傕没有推荐，再看郭汜的，最后看樊稠的，轮到三公，说话也就不怎么起作用了。《后汉书·董卓传》李贤等注引《献帝起居注》记载：

傕等各欲用其所举，若壹违之，便忿愤恚怒。主者患之，乃以次第用其所举，先从傕起，汜次之，稠次之。三公所举，终不见用。

群龙治水，自然矛盾丛生。李傕、郭汜、樊稠之间逐渐有了矛盾，因为虽说共同执政，但李傕常以老大自居，让樊稠、郭汜心生不满。李傕的侄子李利仗着叔父撑腰，平时趾高气扬，不太听郭汜、樊稠的招呼，让郭汜和樊稠很看不惯。袁宏《后汉纪·孝献皇帝纪》记载，李利在对战韩遂、马腾的过程中“战不甚用力”，郭汜没吱声，樊稠却忍不住了，当面教训李利道：“人欲截汝父头，何敢如此！我不能斩卿邪？”李利受辱，回去向李傕告状，“傕见稠勇而得众心，亦忌之”。看到李傕与郭汜、樊稠之间发生了矛盾，韩遂在退回凉州之前又顺手使了一次离间计，让矛盾彻底爆发。

马腾、韩遂失败后，樊稠一直追杀到陈仓（今陕西省宝鸡市陈仓区)，韩遂突然派人给樊稠送了一封密信，信中说：你我都是凉州出来的，咱们又没有什么个人恩怨，虽然有一点小小的不和，但主要利益还是一致的，以后难免还要打交道，天下改朝换代的事谁能说得准，干吗不留条后路？樊稠想了想，觉得有道理，就命令士兵撤退。樊稠还应邀与韩遂在战场上相见，他们各自催马来到阵前，靠得很近，别人只能看到他们言谈甚欢，却听不清说什么，二人有说有笑，说了很久才告别。《后汉书·董卓传》记载：

遂、腾走还凉州，稠等又追之。韩遂使人语稠曰："天下反覆未可知，相与州里，今虽小违，要当大同，欲共一言。"乃骈马交臂相加，笑语良久。

在二人"亲切互动"的时候，李利就在一旁看着。回来后，李利立即向叔父李傕报告了整个过程。李傕怀疑樊稠与韩遂之间有什么说不清楚的事，就通知樊稠来议事。樊稠与韩遂之间其实没有任何秘密，所以他毫无戒备地来开会，结果被李傕杀害了。《三国志·董卓传》裴松之注引《九州春秋》记载："傕以是疑稠与韩遂私和而有异意。稠欲将兵东出关，从傕索益兵。因请稠会议，便于坐杀稠。"杀死樊稠的是李傕手下的骑都尉胡封，他是李傕的外甥。一同被杀的还有与樊稠关系密切的凉州军将领李蒙。两位高级将领一同被杀，凉州军的内讧开始了。

樊稠死得很冤，真要密谋什么，有当着几万名将士面的吗？韩遂的离间计使得很漂亮，没准给一个人留下了深刻印象，这个人就是贾诩。贾诩如果当时也在现场，他一定记住了这一幕。十六年后，曹操领兵西征潼关，他的对手也是凉州军阀，不过换成了马超和韩遂。曹操问计于贾诩，贾诩微微一笑，只说了"离而间之"四个字，曹操便意会了。两军阵前同样上演了这一幕，曹操约韩遂拉家常，引起马超的疑心，又造成了凉州军阀之间的内讧。曹操的这一招并不新鲜，发明人正是韩遂自己。

这么明显的计谋李傕识破不了吗？其实也未必。李傕大概也看出来这是敌人的一计，但他与樊稠之间的矛盾由来已久，加上樊稠打仗勇猛、爱护部下，很有威望，让李傕更加心存不满，一场火并早已在所难免，现在正好有一个借口，在宁可信其有不可信其无、宁可错杀也不能漏网思想的指导下，李傕还是下决心把樊稠除掉了。

李傕做这件事情时一定没有跟郭汜商量。郭汜素来跟樊稠关系不错，樊稠被杀，郭汜立刻有了兔死狐悲之感，二人表面相安无事，但私底下都在做着刀兵相见的准备。樊稠的死也让凉州军将领们变得疑神疑鬼起来，大家都担心，说不定自己哪一天也会稀里糊涂地被人给算计了。凉州军真正的危机来了，但李傕毫无察觉，依然挥霍着权力。

兴平二年前后的大饥荒波及关中地区，为了筹集军粮，凉州军在关中地区公开抢劫，他们本来军纪就糟糕，现在更成为民害，大量难民出逃，关中地区人口急剧下降。由此造成了物资的缺乏，就连汉献帝宫中的日常供应以及文武百官穿衣服都成了问题。汉献帝想从御库里调一些布来做衣服，李傕不同意，说宫人们已经有衣服了，为什么还要再做？汉献帝只好自力更生，下令卖掉了一百多匹马，又让朱儁想办法弄了些绢绸，准备给大家做新衣服。李傕得到消息，说我们正缺这些东西呢，就把钱和绢绸给截走了。贾诩听说后，劝李傕不要这样，李傕压根不听。

朱儁之前拒绝陶谦等人尊自己为太师的计划，只身来到长安，先担任太尉一职，后因为日食而被罢免。朝廷派马日磾、赵岐等人赴关东宣达罢兵诏时朱儁也被选中，被任命为代理骠骑将军，准备持节镇抚关东，但未能成行，后改任大司农。朱儁选择了皇甫嵩走过的道路，但他与皇甫嵩的出发点却不一样。当初属下劝朱儁与陶谦合作，朱儁认为李傕、郭汜、樊稠均是平庸无用的人，缺乏谋略，又势力相当，其内乱必然复生，到那时可乘其不备突然行动，将他们一网打尽。《后汉书·朱儁传》记载：

会李傕用太尉周忠、尚书贾诩策，征儁入朝。军吏皆惮入关，欲应陶谦等。儁曰："以君召臣，义不俟驾，况天子诏乎！且傕、汜小竖，樊稠庸儿，无他远略，又执力相敌，变难必作。吾乘其间，大事可济。"遂辞谦议而就傕征，复为太仆，谦等遂罢。

朱儁的预言应验了，李傕、郭汜、樊稠之间果然发生了内讧，但朱儁却未能借机将李傕、郭汜铲除，因为实权仍牢牢掌握在后者手中。朱儁虽是一代名将，多谋善断，也极具胆魄，但他只身来到长安，不掌握军队，看着李傕、郭汜等人继续把持朝政，也无可奈何。

大权在握的人容易丧心病狂，李傕还差点儿干出一件荒唐事来。汉献帝的嫂子、已故少帝刘辩的妻子唐姬是豫州刺史部颍川郡人，少帝被董卓杀害后她离开洛阳回到家乡，她的父亲名叫唐瑁，曾任会稽郡太守，想让女儿再嫁。唐姬与少帝感情很深，发誓不嫁。后来，李傕的军队在与关东联军作战时路过唐姬的家乡，把唐姬虏获，辗转带到了长安。李傕看到唐姬很漂亮，想霸占，唐姬坚决不从。贾诩听到消息，赶紧报告给汉献帝。汉献帝大悲，派侍中带上他的信物到李傕那里才把人要来，安排专门的住处，并拜为弘农王妃。

三、"一栖不二雄"

李傕和郭汜最终动了手，导火索是郭汜的妻子。这位郭夫人嫉妒心和猜疑心都很强，一天到晚总担心哪个女人把丈夫从自己身边抢走。李傕经常留郭汜在家里过夜，这让郭夫人头痛不已，总想找个机会离间他们，让丈夫不再夜不归宿。郭夫人有这样的想法倒也能理解，一切源于爱，爱是没错的。但在这个敏感时期，双方矛盾一触即发，这样的想法有时会很可怕。

郭夫人终于等来了机会，李傕派人送来一些食物，郭夫人提前弄了些毒药放到里面，郭汜刚要吃，郭夫人突然说从外面来的食物还是检查一下为好。于是检查，果然发现了毒药。郭夫人进一步挑拨说，早就怀疑李傕了。这件事情来得很奇怪，郭汜的智商本来就很一般，不敢相信李傕真会害他，但也不敢不相信，整个人都被弄得疑神疑鬼起来。没过两天，李傕又请郭汜喝酒，郭汜因为有心事，没喝几杯就醉了。这也是常有的事，但郭汜不那么想，尽管喝得晕晕乎乎，但他仍然保持着高度警惕，自己的酒量还可以，今天怎么这样不经喝？他怀疑又是李傕搞的鬼。于是，郭汜离席，偷偷跑到厕所里，弄了点粪汁什么的喝下去，把胃里的东西都吐了出来。二人于是到了貌合神离、只差动手的程度。《三国志·董卓传》裴松之注引《典略》记载：

傕数设酒请汜，或留汜止宿。汜妻惧傕与汜婢妾而夺己爱，思有以离间之。会傕送馈，妻乃以豉为药，汜将食，妻曰："食从外来，倘或有故！"遂摘药示之，曰："一栖不二雄，我固疑将军之信李公也。"他日傕复请汜，大醉。汜疑傕药之，绞粪汁饮之乃解。于是遂生嫌隙，而治兵相攻。

先动手的是郭汜，他实在无法忍受这种煎熬了。李傕迅速展开还击，长安一带成了凉州军内斗的战场。恶人相斗，受难的还是百姓，汉献帝命令侍中、尚书等分别前往二人的军营展开调解。但这是两个任性的人，他们都表示不接受调解，非分出你高我低不可。

李傕接到报告，说郭汜密谋把天子及百官劫持到自己那边去。李傕于是先下手，命令另一个侄子李暹率领数千人包围了未央宫，要把天子及百官转移到自己的军营里。刚刚被提拔为太尉的杨彪上前分辩，认为自古以来天子就没有住到大臣家里的先例。李暹大概不认识杨彪，没好气地说这是李将军的决定，任何人不能更改。汉献帝无奈，只好跟着走。李暹只带来了三辆车，汉献帝及伏皇后各乘一辆，贾诩、左灵乘一辆，其他宫人以及百官只好徒步跟随。天子一离开未央宫，李暹的手下就蜂拥而入，到皇宫里抢夺御用物品以及尚未离开的宫女。之后，将皇宫及朝廷办事机构一把火烧成灰烬。《三国志·董卓传》记载："傕质天子于营，烧宫殿城门，略官寺，尽收乘舆服御物置其家。"裴松之注引《献帝起居注》记载：

初，汜谋迎天子幸其营，夜有亡告傕者，傕使兄子暹将数千兵围宫，以车三乘迎天子。杨彪曰："自古帝王无在人臣家者。举事当合天下心，诸君作此，非是也。"暹曰："将军计定矣。"于是天子一乘，贵人伏氏一乘，贾诩、左灵一乘，其余皆步从。

可惜，一座洛阳宫和一座长安宫，两汉近四百年来的精华所在，先后毁于凉州军人之手。汉献帝派百官到郭汜那边调停，郭汜趁机把他们扣下来当人质，被扣的包括太尉杨彪、司空张喜、尚书王隆、光禄勋邓渊、卫尉士孙瑞、太仆韩融、廷尉宣璠、大鸿胪荣部（又作“荣邵”“管郃”等）、大司农朱儁、将作大匠梁邵、屯骑校尉姜宣。《三国志·董卓传》裴松之注引《献帝起居注》记载，郭汜召集众人商议如何进攻李傕，杨彪当场质问为何劫持天子和朝廷高官。郭汜大怒，拔刀要杀杨彪。董卓在时杨彪也曾当面顶撞，董卓当时只是发发狠话而已，并未动刀动剑，可见凉州军的素质一代不如一代了。幸好边上有人赶紧上来劝住，郭汜才愤愤不平地停下手。

被扣的大司农朱儁是一代名将，也是朝廷功臣，从来没受过这样的窝囊气，竟活活被气死了。就在不久前，朱儁的儿子、朝廷任命的豫章郡太守朱皓被笮融所杀。记载汉末历史的典籍中还经常提到交州刺史朱符，有人认为他是朱儁的儿子、朱皓的哥哥，依据是南北朝时梁僧祐所著《弘明集》中的一句话：“（牟子）会被州牧优文处士辟之，复称疾不起。牧弟为豫章太守，为中郎将笮融所杀。”这里说的是汉末佛学家牟子被交州刺史朱符征辟的事，“州牧”指的是朱符，“牧弟”指的是朱符的弟弟，虽然没有指出这个弟弟的姓名，但说他担任豫章郡太守并被笮融所杀，显然是朱皓。《弘明集》中还说，朱符听说弟弟被杀，想派遣骑都尉刘彦率兵前往豫章袭击笮融，但长途兴师恐为外界猜疑，就请牟子同行以说服沿途各郡，但牟子遭遇母丧，未能成行。可能因为朱符在交州声名不佳，所以提到朱儁时较少提及他。

为对付李傕，郭汜秘密联系了李傕部将张苞，准备背后下手。李傕那边也没闲着，他招来了羌人、胡人充当“雇佣兵”进攻郭汜，先赏给他们一些刚刚从皇宫里抢来的金银财物，并承诺事成之后赏给他们宫女。

兴平二年四月二十五日，郭汜首先发起进攻，一路杀到李傕大营的门口。一阵乱箭，就连汉献帝御帐的帷帘都被射中了，有一支箭还贯穿了李傕的左耳朵。混乱中张苞临阵反水，去烧李傕的营帐，但不知何故，死活点不着火，李傕指挥部将杨奉展开反击，打退了郭汜和张苞。李傕看大营不安全，就把汉献帝一行转移到他在长安城北的另一处军营里，汉献帝与外界的联系完全隔绝。这里条件极差，正常的饮食都供应不上，汉献帝还好一点，一天勉强有两餐可吃，但其他人只能有一顿没一顿的了，饿得个个一脸菜色。汉献帝向李傕要五斛米和五具牛骨，打算赏赐给身边的人吃，李傕不给，反而教训说已经给你早晚两顿饭了，还要米做什么？汉献帝再要，李傕就让人送来几根已经发臭的牛骨头。汉献帝大怒，打算派人质问李傕，侍中杨琦在旁边，劝汉献帝还是算了，因为李傕分明知道自己犯的错很多了，已经不在乎了。杨琦还报告了一个情况，说李傕想把天子送往黄白城。《三国志·董卓传》裴松之注引《献帝起居注》记载：

是日，傕复移乘舆幸北坞，使校尉监坞门，内外隔绝。诸侍臣皆有饥色，时盛暑热，人尽寒心。帝求米五斛、牛骨五具以赐左右，傕曰：“朝铺上饭，何用米为？”乃与腐牛骨，皆臭不可食。帝大怒，欲诘责之。侍中杨琦上封事曰：“傕，边鄙之人，习于夷风，今又自知所犯悖逆，常有怏怏之色，欲辅车驾幸黄白城以纾其愤。臣愿陛下忍之，未可显其罪也。”帝纳之。

黄白城即秦朝的曲梁宫，在长安以北，今陕西省三原县境内。《水经注·渭水》记载：“迳黄白城西，本曲梁宫也。”李傕之前在黄白城囤积了一些物资，准备将那里建成自己未来的大本营。三公之中唯一留在汉献帝身边的是司徒赵温，听说李傕想把汉献帝送到黄白城，写信质问李傕。这封信收录在《后汉书·赵温传》中，言辞颇为激烈，说李傕等人“屠陷王城，杀戮大臣”，令“人在涂炭，各不聊生”。李傕看完大怒，要杀赵温。李傕的从弟李应曾是赵温的属下，劝了又劝，李傕才稍微消点气。

李傕似乎有点神经错乱的征兆，他找了一批巫士、神女做法术，又在军营门口修建了一座董卓庙，经常用三牲进行祭祀。李傕见到汉献帝，一会称“明陛下”，一会又称“明帝”，弄得汉献帝丈二和尚摸不着头脑，只好含糊其辞地随便应付着。他还经常在营门口以及朝廷各办事机构门外装神弄鬼，完事之后进去向汉献帝请安。大家看李傕，见他背着三把刀，手里还拎着一条长鞭和一把刀，还以为他要行凶，侍中、尚书也都抄起刀剑围到汉献帝身边，以防不测。李傕反倒很纳闷：这些人要干吗？便有些不高兴，侍中李祯跟他是老乡，平时很熟，看出来他不高兴，赶忙上前打圆场，说了不少称赞李傕的好话，李傕才感到舒服点。其实，李傕带的那些东西都是刚才祭鬼神仪式用的，他来见汉献帝的目的是告郭汜的状。李傕一说起郭汜的不是便滔滔不绝，说得义愤填膺，别人连话都插不上，汉献帝只好唯唯应付。如此这般，李傕隔三岔五必然要来上一回。《三国志·董卓传》裴松之注引《献帝起居注》记载：

傕性喜鬼怪左道之术，常有道人及女巫歌讴击鼓下神，祠祭六丁，符劾厌胜之具，无所不为。又于朝廷省门外，为董卓作神坐，数以牛羊祠之，讫，过省阁问起居，求入见。傕带三刀，手复与鞭合持一刃。侍中、侍郎见傕带仗，皆惶恐，亦带剑持刀，先入在帝侧。傕对帝，或言"明陛下"，或言"明帝"，为帝说郭汜无状，帝亦随其意答应之。傕喜，出言"明陛下真贤圣主"，意遂自信，自谓良得天子欢心也。虽然，犹不欲令近臣带剑在帝边，谓人言"此曹子将欲图我邪？而皆持刀也"。侍中李祯，傕州里，素与傕通，语傕"所以持刀者，军中不可不尔，此国家故事"。傕意乃解。

李傕这个人看来领导能力有问题，张苞反水的事情刚过，手下另一位将领杨奉也要反叛他，准备直接下手将他除掉。这一次又提前泄露，杨奉不得已脱离了李傕。袁宏《后汉纪·孝献皇帝纪》记载，参与密谋的还有一些朝臣，包括侍中杨琦，黄门侍郎丁冲、钟繇，尚书左丞鲁充，尚书郎韩斌以及军吏杨帛等，"会傕以他事诛帛，奉将所领归汜"，结果失败了。《三国志·董卓传》还提到宋果，有人认为宋果与杨帛或许为同一个人。

李傕和郭汜在长安附近打内战，几个月里死了上万人。皇甫嵩的侄子皇甫郦这时也在长安，任谒者仆射，汉献帝听说他以能言善辩著称，就派他出面调停李、郭二人的矛盾。袁宏《后汉纪·孝献皇帝纪》记载，皇甫郦先去找郭汜，郭汜愿意停战，再找李傕，李傕却不愿意。李傕说："我有诛吕布之功，辅政四年，三辅清净，国家所知也。郭多，盗马虏耳，何敢欲与吾等邪？必诛之。君观吾方略士众，足办郭多不？多又劫质公卿，所为如是，而君苟欲左右之邪？"郭汜又名郭多，之前做过盗马贼，李傕看来很瞧不起他。皇甫郦说："昔有穷后羿恃其善射，不思患难，以至于毙。近者董公强，将军所知也，内有三公以为主，外有纵横以为党，吕布受恩而反，图之斯须之间，身首异处，此有勇而无谋也。今将军身为上将，抱钺持节，子孙亲族，荷国宠荣。今汜质公卿，而将军胁主，谁轻重乎？张济与郭多、杨定有谋，又为冠带所附。杨奉，白波帅耳，犹知将军所为非是，将军虽宠之，犹不输力也。"李傕仍不从，呵斥皇甫郦。皇甫郦回来向汉献帝报告："傕不从诏，乱语不顺。"侍中胡邈在场，对皇甫郦说："李将军于卿非常也，又皇甫公为太尉，将军力也。是言何谓乎？"皇甫郦见胡邈为李傕说好话，不以为然："吾累世受恩，又常在帷幄，君辱臣死，就为李傕所杀，志无顾也。"皇甫郦不知道的是，胡邈是李傕推荐的，汉献帝担心皇甫郦的话传到李傕那里，就让皇甫郦赶紧走。胡邈果然将话传给李傕，李傕派虎贲王昌传唤皇甫郦，准备杀他。王昌则暗中让人告诉皇甫郦赶紧逃命，回来向李傕报告说“追之不及”。

看到李傕、郭汜内斗不息，凉州军的另一位重量级人物坐不住了，这就是张济。当初李傕、郭汜、樊稠把持朝廷，把张济排斥在权力核心之外，让他驻守在弘农郡的陕县（今河南省三门峡市陕州区）。眼看闹成这个样子，张济从陕县来到长安进行调停。百官的调停可以不理，但张济的面子不能不给。在张济撮合下，李傕、郭汜同意和解，并愿意交换各自的儿子互为人质。眼看和平的曙光不远了，但还是出了问题，这一回问题出在李傕的妻子身上。这位李夫人非常喜欢儿子，听说要送到敌人那里当人质，当即就不干了，交换儿子互为人质的计划就此搁浅。

一天，汉献帝正一个人生闷气，忽然听到营门外人声嘈杂，喊声不断。汉献帝让人出去打听，才知道是李傕找的那些雇佣兵，一个个在营门外高喊：皇上是不是在里面？李将军答应给我们的宫女在什么地方啊？汉献帝又气又怕，不知如何应对。《三国志·贾诩传》记载，侍中刘艾出了个主意，说贾诩这个人看起来还不错，在凉州军中也有一定威望，不如请他出面解决此事，汉献帝同意。刘艾找到贾诩一说，贾诩答应下来。贾诩摆下酒宴，请雇佣兵的头目们吃饭，代表天子允诺封给他们侯爵，又赏赐他们不少东西，这些人才心满意足，打道回府。

失去雇佣兵的支持，李傕实力大减。张济趁机提出了新的调解方案：双方不再互换儿子为人质，改换女儿为人质，同时鉴于长安已经残破，粮食供应也极为困难，张济愿意把天子及百官接到他的弘农郡去。激战了数月，李傕和郭汜都有点打不动了，对于新的调解方案，他们表示同意。这样，被扣押在郭汜军营里的百官们重新见到了天子，大家一致认为，必须趁着李傕、郭汜没有反悔之际立即离开长安。

四、逃出长安

兴平二年七月里的一天，汉献帝携文武百官离开长安，这个时间大约是在曹操把吕布赶出兖州的前后。汉献帝一行出了长安城东面最北边的城门宣平门，正要过护城河桥，郭汜手下数百人在桥上阻拦，问车上是不是天子。相持之下，李傕手下的数百人也到了，眼看就是一场厮杀。侍中刘艾情急之下高声说车上就是天子，侍中杨琦还高高举起车帘，让众人看到车上的汉献帝。汉献帝质问拦路的士兵，这些人才慢慢散去。过了护城河，外面乱哄哄的，都是兵卒，看见确实是天子，一齐欢呼“万岁”。就这样，汉献帝一行总算离开了长安城。汉献帝在长安一共待了六个年头，每天过的都是胆战心惊的日子，这段时间可以说是东汉王朝最黑暗的一页。不过，对于今天的古都西安来说这段经历又非常重要，西安现在被称为“十三朝古都”，这十三个朝代里就包括短暂迁都在此的东汉。

护送汉献帝一行的主要是张济所部，除此之外还有杨定、杨奉和董承所部，他们也都是凉州军将领，手里都有一定人马，他们初步商定的目的地是弘农郡，之后再想办法回洛阳。弘农郡在今洛阳市以西，汉献帝一行行进的路线大约相当于出今西安市沿陇海铁路一直往东走。

杨定在凉州军中的地位仅次于李傕、郭汜、樊稠等人，被封为安西将军，他跟樊稠十分要好，樊稠被杀后杨定一直心中不安，想尽快远离李傕，所以在汉献帝东迁的问题上给予大力支持，并愿意一同东进。杨奉原是李傕的部将，临阵反水，自然不愿意留下来，也愿意护驾东行。董承是汉灵帝刘宏的母亲董太后的侄子，论起来是汉献帝的表舅，何进上台后侥幸没被清算，董卓掌权后时来运转，因为董卓一度跟董太后攀过亲戚，董承也就成了董卓的"本家"，出于这个缘故，董卓对董承很关照，让他到自己女婿牛辅的军中带兵，是汉献帝此时唯一能拉上血缘关系又能和凉州军说上话的人。汉献帝对董承很看重，董承对汉献帝也忠心耿耿。汉献帝纳董承的女儿为贵人，董承不仅是汉献帝的表舅，还成了岳父。

为保证东归的顺利，汉献帝下诏擢升杨定为后将军，杨奉为兴义将军，董承为安集将军。为了让郭汜痛快放行，汉献帝还擢升郭汜为车骑将军。但是，汉献帝一行刚离开长安，郭汜就反悔了。郭汜发现天子还有很高的利用价值，掌握天子就能发号施令、随意拜官封爵，跟自己当皇帝差不多，所以他不想失去对天子的控制，提出让汉献帝一行改去长安以北不远的高陵，那里是他的地盘。但是天子和百官们都不愿意去这个地方，他们只想尽快离开长安，所以一致坚持去弘农郡，张济等人也表示支持，双方相持不下，论势力又旗鼓相当。

汉献帝使出了最后一招：绝食。郭汜担心事态恶化，同意汉献帝一行一边往前走一边再商量。就这样，汉献帝一行到达了长安以东的新丰（今陕西省西安市临潼区）。郭汜还不甘心，他表示不去高陵也行，但天子必须留在关中，他想让天子迁都到郿坞。郿坞是董卓生前修筑的城堡，打算养老的地方。郭汜的想法还没有正式提出，侍中种辑提前得到了消息，秘密通知杨定、杨奉、董承等人，把他们的人马悄悄集结起来，准备跟郭汜硬拼。

离开长安，郭汜的实力就不占优势了，他害怕出意外，就离开了军队，仓皇逃到附近的终南山里，后来又到了李傕的军营。郭汜的做法看来有些奇怪，即使目的没达到，也不至于逃跑，更不至于逃到对手那里。《三国志·董卓传》解释了原因："郭汜复欲胁天子还都郿。天子奔奉营，奉击汜破之。"原来，郭汜的迁都建议提出后遭到众人的一致反对，郭汜动了手，想劫持汉献帝，但杨奉等人随后率兵攻打，将郭汜打败。郭汜没有多少人马了，只好依附李傕。虽是仇家，但现在有共同的敌人，李傕还是接纳了郭汜。

在新丰，张济觉得自己护驾有功，也过问起朝政来。袁宏《后汉纪·孝献皇帝纪》记载，张济暗示尚书，想撤掉河西郡太守刘玄的职务，改由自己的人去担任。汉献帝说："玄在郡连年，若有治理，迨迁之；若无异效，当有召罚，何缘无故征乎？"几位尚书均谢罪。汉献帝下诏："济有援车驾之功，何故无有表而私请邪？一切勿问。”张济接诏，免冠徒跣谢罪。后将军杨定想请侍中尹忠担任自己的长史，汉献帝不同意，下诏：“侍中近侍，就非其宜，必为关东所笑。前在长安，李傕专政。今朕秉万机，岂可复乱官爵邪？”汉献帝这时虽然只有十五岁，但“每事出于胸怀，皆此类也”。

汉献帝一行在新丰待了两个月，到这一年的十月初才继续东进，来到华山脚下的华阴，在此迎候的是凉州军将领段煨，他的军职是宁辑将军。段煨是“凉州三明”之一的前太尉段颎的族弟，后来成为董卓手下重要将领之一，此时驻扎在潼关附近，听说天子路过，特意到华阴迎驾。段煨为汉献帝一行准备了充足的食物、衣服及各种器物。作为名将之后，段煨对天子的感情较一般的凉州军将领深得多，所以迎驾的态度很积极。

但是，在段煨迎驾时发生了意外。袁宏《后汉纪·孝献皇帝纪》记载，这时突然有人喊了一声：“段煨欲反！”汉献帝循声看去，见是侍中种辑。汉献帝问：“煨属来迎，何谓反？”种辑回答：“迎不至界，拜不下马，其色变也，必有异心。”敢情是“察颜观色”得到的结论，并没有证据。原来，杨定跟段煨曾有过矛盾，段煨的心里对杨定很忌惮，迎车驾时都不敢下马，只是在马上作了个揖，而种辑偏偏跟杨定关系很好，所以高喊段煨要造反。太尉杨彪等人不同意种辑的看法，认为段煨不会造反，愿以死相保。但是杨定和董承认为段煨会造反，还胁迫弘农郡督邮说：“今郭汜将七百骑来入煨营。”这一下把汉献帝搞糊涂了，不敢轻易进入段煨的军营，只好“露次于道南”。

杨定等人随即向汉献帝请令，要求讨伐段煨。汉献帝说段煨还没有谋反的迹象，为什么攻击他？杨定派去的人不甘心，仍然苦苦纠缠，一直到半夜都不走，汉献帝仍然不松口。杨定、杨奉、董承不管，直接向段煨展开攻击，双方势均力敌，打了十多天也没分出胜负来。段煨继续供应天子及百官饮食起居，毫无二心。汉献帝派人从中调解，杨定等人勉强接受，暂时休兵。

这一闹，耽误了东归的时间，同时也提醒了长安的李傕和郭汜。这二位如今已尽释前嫌，和好如初，他们突然明白过来，当初是如此愚不可及，让天子脱离了自己的掌握，于是挥兵向华阴杀来，想重新夺回天子。李傕、郭汜打的旗号是援救段煨，这一招有点阴损，因为他们跟段煨本不是一伙的，通过造这个势，让段煨更加受到怀疑，把水搅得更浑。杨定不仅跟段煨有怨，跟李傕也有仇，眼看李傕气势汹汹杀来，有点害怕，竟然离开自己的部队跑到荆州投奔刘表去了。

杨奉、董承保护天子一行赶紧东进，张济不知何故又与杨奉、董承起了矛盾，这时站在了李傕、郭汜一边。杨奉、董承护卫天子一行在前面跑，李傕、郭汜、张济带兵在后面追。追到弘农郡内的东涧，终于追上。双方激战，董承、杨奉大败，文武百官和士兵死伤不计其数，天子的御用品、符节、皇家档案丢得满山涧都是。激战中，杨奉和射声校尉沮儁拼死力战，汉献帝才得以逃脱。沮儁受伤坠马，李傕问手下这个人还活着吗。沮儁听到，大骂李傕。李傕大怒，沮儁被杀，年仅二十五岁。汉献帝后来追赠沮儁为弘农郡太守，表彰其英勇事迹。袁宏《后汉纪·孝献皇帝纪》记载：

济、汜、傕追乘舆，卫将军杨奉、射声校尉沮儁力战，乘舆仅得免。儁被创坠马，傕谓左右曰：“尚可活否？”儁骂之曰：“汝等凶逆，逼劫天子，使公卿被害，宫人流离，乱臣贼子，未有此也。”傕乃杀之。儁时年二十五，其督战訾置负其尸而瘗之。济等抄掠乘舆物及秘书典籍，公卿以下妇女死者不可胜数。

汉献帝一行逃到了一个名叫曹阳（今河南省三门峡市陕州区境内）的地方，众人只能在田野中露宿。董承、杨奉假装与李傕、郭汜、张济和解以争取时间，暗地里派人渡过黄河，向活跃在这一带的白波军首领李乐、韩暹、胡才以及南匈奴右贤王栾提去卑求援。这是东汉历史上最不堪回首的一幕了，堂堂一国之君，不得不向曾经被视为流寇、土匪、异族首领的人求救，但除此已没有更好的办法了。李乐、韩暹、胡才等人类似于黑山军的张燕、于毒、眭固，常年在潼关、中条山和太行山一带打游击，现在听说皇帝走投无路到了门口，立刻带兵来接应。他们的想法很朴素：天子是奇货，先弄到手里再说。

李乐等人率数千人马渡过黄河，与李傕、郭汜、张济的联军交战，结果把李傕等人打败。董承提出边撤边往前赶路，李乐和董承护卫天子在前，杨奉、胡才等人断后，开始撤退。李傕等重新整顿人马，又杀了上来，这一回杨奉等人大败，死伤惨重。光禄勋邓渊、廷尉宣璠、少府田芬以及新上任的大司农张义战死，司徒赵温、太常王绛、卫尉周忠、司隶校尉荣部被俘，李傕本打算把他们全部处死，经过贾诩的苦苦相劝才作罢。这里的周忠，是周瑜的堂叔父。

天子一行人狼狈不堪地逃到了离黄河更近的陕县，追兵紧跟着也到了。此时，天子的虎贲、羽林卫士加起来不到一百人，李乐、董承的兵力损失也很大，凉州军日夜不停地在城外鼓噪，城里的人胆战心惊，只想早点逃出去。商议如何逃，大部分人主张顺黄河滩东下，找到黄河上的渡口，之后渡河到黄河以北的白波军控制区。从地图上看这倒是一条捷径，但实际上它是一条死路，因为里面充满了危险。幸亏太尉杨彪就是弘农郡本地人，对这里的地形很熟悉，他说从这里往东有一个地方叫三十六滩，那里十分险要，根本无法通过。侍中刘艾曾在陕县当过县令，他证实杨彪的话没错。于是，决定直接在陕县附近强渡黄河，命李乐先行探路，准备船只。

随后，汉献帝以及百官悄悄出城，开始向黄河边上徒步行进。大家形迹匆匆，都怕走晚了命就没了，所以多余的东西都没带，只有皇后伏寿的哥哥伏德例外，他一手搀扶着妹妹，另外一边夹着十几匹绸缎。大家有点纳闷：什么时候了，还舍不下这点布？可很快大家都将明白过来，这些绸缎是如此重要，救了很多人的命。

一行人向黄河边上奔命，一路上拥挤不堪。就连皇后的卫士们也只顾往前跑，大家把路都堵住了，符节令孙俨（一作

“孙徽”）急了，在人群中挥着刀，一通乱剁，皇后伏寿衣服上都溅满了血。

总算来到黄河边，但大家都傻了眼，黄河的大堤太高，离水面足有十多丈，相当于好几层楼那么高，无法下去。这时伏德把随身携带的绸缎拿过来，董承又弄来几个马笼头，就用这些东西捆扎成一个简易的坐辇。行军校尉尚弘（一作“向弘”）力气大，他背着汉献帝坐在辇上，上面的人拉着往下吊。其他人用剩余的绸缎接起来陆续往下滑，排不上号的索性跳了下去。李乐弄来的船很有限，装不下那么多人，大家一拥而上，都想往上挤，董承、李乐只好用暴力阻止。有人仍然不愿意放弃，跳到水里死死抓住船帮不放，船上的人举刀乱剁，船舱里到处是砍断的手指。只有少数人上了船，保住了一条命。停留在岸边的人遭到随后赶来的追兵的劫杀。此时已是农历十二月底，是黄河中下游最冷的时候，这一段的河道虽然没有结冰，但异常寒冷，有人活活冻死。袁宏《后汉纪·孝献皇帝纪》记载：

上与公卿步出营，临河欲济。岸高十余丈，不得下。议欲续马辔系帝腰。时后兄伏德扶后，一手挟绢十匹。董承使符节令孙俨从人间斫后，左灵曰：“卿是何等人也！”以刀扞之，杀旁侍者，血溅后衣。伏德以马辔不可亲腰，以绢为辇下。校尉向弘居前，负帝下至河边。余人皆匍匐下，或有从岸上自投，冠帻皆坏。既至河边，士卒争赴舟，董承、李乐以戈击披之。

侥幸上了这条船的只有几十人，除汉献帝外的其他人有：皇后伏寿，董贵人，宫人郭氏、赵氏，太尉杨彪，宗正刘艾，执金吾伏完，侍中种辑、罗邵，尚书文祯、郭浦，御史中丞杨众，侍郎赵泳、王稠，尚书郎冯硕，中官仆射伏德，羽林郎侯折，卫将军董承，南郡太守左灵，还有几名随从。参与谋除董卓的卫尉士孙瑞已经逃到河边，却未能上船，被乱兵所杀。从李傕、郭汜等董卓旧部反攻长安开始，至此时，因各种原因遇难的朝廷高官如下：

司徒：王允

太常：种拂

光禄勋：邓渊

卫尉：士孙瑞

太仆：鲁馗

廷尉：宣播

大鸿胪：周奂

少府：田芬

大司农：朱儁、张义

大长秋：苗祀

谏议大夫：种劭

司隶校尉：黄琬

左冯翊：宋翼

右扶风：王宏

侍中：王盖、马宇、常洽

治书御史：刘诞

城门校尉：崔烈

越骑校尉：王颀

步兵校尉：魏桀

射声校尉：沮儁

左中郎将：刘范

中郎将：杜禀

以上仅为史书所记载的人物，这是一份长长的浸透血泪的名单，是东汉王朝不堪回首的一页。现在，只要能渡过黄河，就可以依靠这条大河的阻挡暂时摆脱紧追不舍的凉州军。

李傕不甘心，派斥候去追赶，董承害怕他们放箭伤着汉献帝，就在船上找了条被褥当盾牌，护在汉献帝周围。从曹阳到陕县，这一路是汉献帝东归以来最悲惨的一幕，消息也很快传遍了全国，举国震惊。有人甚至传说汉献帝不仅遇险，而且已经遇难了。身在寿春的袁术听到这个消息，第一次动了自立为皇帝的念头。

五、受困于大阳

不管怎么样，汉献帝一行总算到达了黄河北岸。这里距李乐的军营很近，汉献帝一行进驻军营，这个地方名叫大阳（今山西省平陆县境内）。黄河是一道天险，估计李傕的人一时半会不会发起渡河攻击，汉献帝一行暂时安全了。不过，吃饭却成了问题，李乐本来就不富裕，现在还要供应汉献帝及百官的饮食，顿时一筹莫展。正在此时，送粮食的人来了。

来的是建义将军兼河内郡太守张杨，他听说汉献帝东归渡过了黄河，正朝自己所在的方向行进，便赶紧派一支人马前来接应。张杨是个细心人，估计汉献帝一行现在面临最大的问题是没有吃的，于是让接应的这几千人每人都背上足够的粮食，这真是雪中送炭。张杨的地盘在河内郡，大阳在河东郡境内，河东郡太守名叫王邑，是朝廷任命的，前太尉刘宽的学生，他也随后赶到，送来了一些布帛，正值冬季，这也是现在急需的物资。

汉献帝下诏封王邑为列侯，拜韩暹为征东将军，李乐为征西将军，胡才为征北将军，张杨为安国将军。王邑和张杨好歹是朝廷任命的官员，而韩暹等人不过是东游西逛的流寇，仅仅因为关键时刻搭了一把手，不仅把身份洗白，而且一跃成为朝廷的高级将领，真是“来得早不如来得巧”。就这样，汉献帝一行在董承、杨奉、李乐、胡才、韩暹、王邑等人护卫下，暂时停驻在黄河北岸的大阳。

在黄河南岸，李傕、郭汜和张济的联军还没有走，他们手里有在黄河岸边俘虏的百官、宫人，以及此前在弘农郡俘虏的司徒赵温等人，汉献帝特别惦记这些人的安危，派太仆韩融到对岸与李傕等人谈判。李傕接受和谈，把俘获的赵温等官员

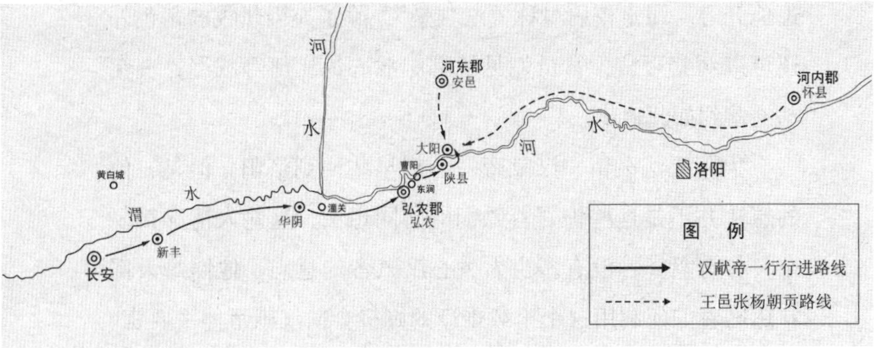

图11　汉献帝东归路线（截至195年）示意图

以及宫人放了回来，并送还了一部分缴获的御用器物。李傕等通过和谈得到了什么不清楚，此后他们也没有再向这边发起进攻，说起来还是实力问题，折腾了这么长时间，他们现在已经实力大损，后勤保障也严重不足，汉献帝能宽恕他们的罪行，不把他们当逆臣，有个台阶下，这伙人就撤了，他们陆续回到了关中。

大阳是一个名不见经传的小地方，因为汉献帝的到来而充当了“临时国都”的角色，只是条件实在有限，汉献帝及百官的日常起居、办公只好因陋就简。张杨虽然送来不少粮食，但此时聚集在这一带的部队越来越多，后勤供应很快又成为一大难题。在汉献帝议事的地方，外面只围着篱笆，汉献帝与大臣们议事时士兵们都挤在外面看，这些兵卒前不久还是朝廷眼中的叛军，刚刚被收编，一点军纪都没有，一边看一边嘻嘻哈哈。司隶校尉荣邵长得有点怪，成为取乐的对象，每次他进去向汉献帝汇报工作，门口的人都向他扔东西，逗他开心。司隶校尉号称“三独坐”，除了充当州牧的角色外还可以纠察百官，官员们见了都胆战心惊，何等威严，现在却沦落到如此地步。

大阳无法久留，汉献帝一心想早些回到洛阳。但是，他的想法并不是这些护驾首领们的共同想法，这些人情况很复杂，各有盘算，没有多少人关心汉献帝的意志，他们每天都在琢磨着如何利用这个千载难逢的好机会向汉献帝伸手要官。不仅给自己要，还给手下的人要，就连各位将领的私人医生、卫士等，一眨眼也都成了校尉这样的高官，负责刻制公章的御史们忙得不可开交，最后只好改用锥子往上面画字。《三国志·董卓传》裴松之注引《魏书》记载：

乘舆时居棘篱中，门户无关闭。天子与群臣会，兵士伏篱上观，互相镇压以为笑。诸将专权，或擅笞杀尚书。司隶校尉出入，民兵抵掷之。诸将或遣婢诣省阁，或自赍酒啖，过天子饮，侍中不通，喧呼骂詈，遂不能止。又竞表拜诸营壁民为部曲，求其礼遗。医师、走卒，皆为校尉，御史刻印不供，乃以锥画，示有文字，或不时得也。

这还不够，这些人整天琢磨如何斗法，如何把别人甩掉，让自己成为最终的受益者，终于又爆发了内讧。为平息纷争，河内郡太守张杨亲自来到大阳，提出迅速护送汉献帝到洛阳的计划，但得不到其他人的响应，张杨一怒之下走了。对于汉献帝下一步的行动，大家其实并没有更好的办法。

护驾的各位首领的内讧继续扩大，韩暹攻击董承，董承不敌，逃到河内郡找张杨搬救兵去了。胡才联合杨奉又来攻击韩暹，被汉献帝劝阻。几路人马势均力敌，谁也不服谁，但谁也无法一口把对手吃掉。未来怎么办？众人面面相觑，不知如何是好。

汉献帝能做的就是给各地有实力的人写诏书，让他们到大阳来迎驾，现在能想到的有刘表、袁术等人。汉献帝不喜欢袁绍，但他的势力最强，又离这边最近，想必也给袁绍写了。还有一个人，汉献帝一直对他怀有好感，很想让他来，只是不知道他现在的情况怎么样，这人就是吕布。吕布奉汉献帝的诏书亲手杀了董卓，给汉献帝留下美好印象。汉献帝也给吕布写了诏书，诏书是汉献帝亲笔写在一块木板上的，听说吕布在兖州、徐州一带，就派人前往那里试试。

都想到了，唯一漏掉的人是曹操，这是为什么呢？不是汉献帝对曹操的实力有怀疑，也不是他对曹操怀有敌意，朝廷已任命曹操为兖州牧，承认了他的实力和合法身份，成见是不存在的。只是在当时很多人看来，曹操并不是一个独立的势力，他是袁绍集团的一部分。曹操这种身份上的尴尬存在了很多年，从起兵到现在，袁绍不仅表奏了曹操的职务，还给人给钱，曹操遭遇失败时都是到袁绍那里避难，遇到困难时也是向袁绍求援，从这一点上看，大家可能会觉得曹操的地位跟臧洪等人差不了太多，形同袁绍的部将。

汉献帝派人将诏书分别送往各地，之后能做的只有等待。那些接到诏书的人，那些平日里口口声声忠诚于汉室、一个个都声称是汉室忠臣的人，他们会来吗？望着天上的阴云，望着屋外被寒风刮起的枯草，劫后余生的人们个个心情沉重。

兴平二年即将过去，新的一年即将到来。正月初一的正旦节是一年中最隆重的节日，预示着新的希望与开始，也预示着春天的到来。可是，在离黄河不远的大阳，人们还看不到一丝春天的气息。

附录

历史大事记（190—195年）

汉献帝初平元年（190）

一、关东联军讨伐董卓

正月，关东部分州郡起兵讨伐董卓，共推渤海太守袁绍为盟主。袁绍自号车骑将军，与河内郡太守王匡屯河内；冀州牧韩馥留邺县，给其军粮；豫州刺史孔伷屯颍川郡；兖州刺史刘岱、陈留郡太守张邈、广陵郡太守张超、东郡太守桥瑁、山阳郡太守袁遗、济北相鲍信与曹操屯酸枣；后将军袁术屯鲁阳。

二、董卓提议迁都长安

二月，董卓见关东联军气势甚盛，对洛阳形成威胁，于是提出迁都长安，杨彪、黄琬等大臣一再劝阻。董卓免去杨彪、黄琬的职务，并将当初举荐袁绍、刘岱等人的周毖、伍琼杀死。

三、董卓杀害弘农王刘辩

迁都前，董卓派李儒鸩杀了废帝弘农王刘辩。董卓又与众臣议论要发大军对抗关东联军，被郑泰劝阻。

四、汉献帝一行到达长安

三月，董卓胁迫汉献帝迁都长安，驱迫洛阳百姓数百万口同行。途中百姓遭军队抄掠践踏，加上饥饿劳累，死者不计其数。董卓下令将洛阳的宫殿、官府、民房等全部烧毁，方圆二百里化成一片灰烬。汉献帝与朝廷到达长安后暂居京兆府舍，后稍葺宫室而居之。董卓此时还未到长安，朝政皆委于司徒王允。

五、董卓杀太傅袁隗

因为袁绍、袁术起兵反对自己，董卓大杀袁氏未能逃走的亲族，太傅袁隗以下五十余口遇害。

六、曹操兵败荥阳

曹操见酸枣诸军皆畏敌不进，于是率本部五千余人和鲍信、鲍韬以及卫兹等部进兵，准备进据成皋。至荥阳附近的汴水时与董卓部将徐荣遭遇。双方激战一天，曹操等大败。曹操身中流矢，鲍信负伤，鲍韬、卫兹等战死。曹操返回酸枣，见关东联军将领们每日置酒高会，不思进取，于是南下募兵。

七、朝廷征刘虞为太傅

四月，董卓控制的朝廷征幽州牧刘虞为太傅，因遍地兵荒马乱，幽州与长安之间道路不通，诏书无法送达。

八、董卓铸小钱

六月，董卓废五铢钱，改铸小钱，取洛阳、长安的铜人、钟虡、飞廉、铜马等铸钱。由此钱贱物贵，谷物价格暴涨。

九、王匡兵败

冬季，王匡派从事韩浩率领兵马驻守在孟津，并派泰山兵到河阳津驻守。董卓故意虚张声势，王匡误以为敌军会从平阴渡河，因而死守河岸。董卓以精锐部队经小平津渡河，到达王匡后方发起袭击，王匡所部几乎全军覆没。

十、 公孙度割据辽东

徐荣推荐同乡公孙度任辽东郡太守，公孙度到任后，认为汉室即将败亡，乃自称辽东侯、平州牧。

十一、 刘表任荆州刺史

荆州刺史王叡被孙坚所杀，董卓以朝廷名义任命北军中候刘表为荆州刺史。刘表前往荆州赴任，在蒯越、蒯良等人帮助下很快控制了荆州。

汉献帝初平二年（191）

一、 袁绍等人谋立刘虞为帝

正月，袁绍、韩馥等以汉献帝年幼且控制在董卓手中为由，欲废掉汉献帝，推举宗室、幽州牧刘虞为帝。袁绍等遣原乐浪郡太守张岐等上尊号于刘虞，刘虞坚辞不受，此事作罢。

二、 朝廷擢升董卓为太师

二月，朝廷擢升董卓为太师，位在封国国君、亲王之上。

三、 孙坚大败董卓，攻入洛阳

二月，孙坚移军梁东，进攻董卓。初战失利，孙坚仅与数十骑败逃。孙坚收合军队，与董卓所部大战于阳人聚，斩董卓部将华雄，董卓军大败。袁术担心孙坚势大，不供应孙坚军粮。孙坚连夜赶回鲁阳，严词切责，使袁术继续调发军粮。董卓见孙坚勇猛，让李傕向孙坚提亲求和，被孙坚严词拒绝，孙坚率军进至洛阳近郊。董卓亲自出战，与孙坚大战于洛阳诸帝陵间，不敌，败退至渑池一带。孙坚进至洛阳，又击败董卓部将吕布，攻入洛阳，分兵在渑池等地截击董卓。孙坚命人打扫汉室宗庙，修复园陵，在一口井中发现了传国玉玺。

四、董卓抵达长安

四月，董卓到长安，三公、九卿到郊外迎接。党羽打算再提高董卓的身份，比照周朝开国宰相姜尚前例尊称“尚父”，经蔡邕劝阻后作罢。

五、董卓杀害名将张温

十月，太史望气，说当有大臣受戮而死。董卓使人诬陷卫尉张温，称他与袁术暗中相通，于是将张温笞杀于集市，以应预言。

六、应劭、公孙瓒击败青州黄巾军

十一月，青州黄巾军攻入泰山郡，郡太守应劭迎击，黄巾军战败，转入渤海郡。公孙瓒与黄巾军战于东光，黄巾军再次战败。公孙瓒俘虏黄巾军七万余人，车甲财物不计其数。

七、孙坚战死

十二月，袁术派孙坚进攻刘表，刘表遣部将黄祖迎战，双方战于樊城、邓县之间。孙坚打败黄祖，将襄阳围住。刘表夜遣黄祖潜出发兵，孙坚与战。黄祖败走，入岘山。孙坚乘胜追击，黄祖的部下从竹木间暗杀孙坚，孙坚重伤不治而死。孙坚的侄子孙贲率部依附袁术，袁术表奏孙贲为豫州刺史。

八、袁绍夺取冀州

袁绍见冀州牧韩馥才干平庸，起意谋取冀州，以为立足之地。袁绍唆使公孙瓒攻打冀州，韩馥出战不利，惶恐不安。袁绍乘机派人向韩馥陈说利害，韩馥不顾部下极力反对，将冀州牧让与袁绍。袁绍进入冀州，以韩馥为奋威将军，自领冀州牧。袁绍招冀州名士田丰为别驾，审配为治中，以许攸、荀谌等为谋士，自此势力大盛，南据黄河，北依燕代，虎视中原。

九、曹操立足东郡

本年秋，黑山军进攻魏郡、东郡等地，东郡太守王肱不敌，袁绍派曹操引兵入东郡，借以发展自己的势力。曹操大破黑山军，袁绍表奏曹操为东郡太守。曹操起兵以来苦无地盘，至此有了一块立足之地。

十、刘备任平原相

刘备因为曾与公孙瓒同在卢植处求学，故往依公孙瓒。不久，公孙瓒因刘备与其将领田楷镇抚青州有功，以刘备为平原相，关羽、张飞为别部司马。常山人赵云率本众投奔公孙瓒，刘备深加结纳。

十一、袁绍与公孙瓒交恶

公孙瓒的从弟公孙越在与袁绍部下周昂交战时中流矢而死，公孙瓒迁怒于袁绍，出兵进攻冀州，许多郡县反叛袁绍，归附公孙瓒。袁绍畏其兵威，授公孙瓒另一从弟公孙范为渤海郡太守，公孙范至郡，反以渤海郡之兵进攻袁绍。公孙瓒以部将严纲为冀州刺史，田楷为青州刺史，单经为兖州刺史，一时兵盛。

汉献帝初平三年（192）

一、袁绍与公孙瓒战于界桥

正月，袁绍亲率大军反击公孙瓒，两军大战于界桥，结果公孙瓒大败，只得引军而回。之后，公孙瓒整军再次进攻袁绍，两军大战于龙凑，公孙瓒又被袁绍击败。公孙瓒实力大为削弱，退回幽州。

二、王允与吕布等密谋诛杀董卓

四月，汉献帝有疾新愈，大会群臣于未央宫。董卓乘车而入，自军营至皇宫间陈兵夹道，命吕布等护卫于前后。王允、吕布之前已开始密谋除掉董卓，于是抓住此次机会，在北掖门内将董卓杀死。长安百姓闻讯歌舞于道。董卓的弟弟董旻、董璜等及宗族老少皆被杀死，董卓被暴尸于市。

三、王允杀蔡邕

董卓死后，司徒王允主持朝廷事务。王允找借口，下令将时任左中郎将的名士蔡邕处死。

四、曹操就任兖州牧

四月，青州黄巾军攻击兖州，兖州刺史刘岱迎战，结果战败被杀。在东郡人陈宫、济北相鲍信等人力主下，兖州官员、士人推举东郡太守曹操为兖州牧。曹操上任后率军攻击黄巾军，在寿张发生激战，将黄巾军逼退，鲍信战死。朝廷任命金尚为兖州刺史，被曹操击退。

五、董卓旧部反攻长安

董卓被诛后，部将李傕、郭汜、张济、樊稠等忧惧不安，遣使到长安乞求赦免。王允执掌朝政，不予赦免。贾诩劝李傕等攻取长安，以免坐以待毙。李傕等率军数千西行，沿途收拢残兵，众至十余万。遂围攻长安。

六、王允被杀，吕布出逃

长安守军有人叛变，引李傕军入城。吕布与李傕在城中接战不利，领数百骑接王允出逃。王允不肯去，吕布突围而走。李傕、郭汜等驻军于皇宫南宫门外，杀鲁馗、周奂等大臣，又纵兵杀掠，官民百姓死者万余人。王允下城门，被李傕等抓获，之后被诛杀，李傕等控制了朝廷。李傕、郭汜、樊稠等共执朝政，张济出屯弘农郡。

七、刘表派人赴长安进贡

十月，荆州刺史派人来长安进贡，朝廷擢升刘表为镇南将军、荆州牧，封成武侯。

八、袁术攻击袁遗

十二月，扬州刺史陈温去世，袁绍派袁遗任扬州刺史，被袁术打败。袁遗逃到沛国，被士兵所杀，袁术表奏陈瑀为扬州刺史。

汉献帝初平四年（193）

一、曹操击破袁术

正月，袁术收宛县一带黑山军余部和南匈奴于扶罗以为己助，进军陈留郡，并准备进攻曹操。曹操率军迎战，袁术不敌。曹操挥师追击，在襄邑、宁陵等地连败袁术。

二、袁术占据淮南

三月，袁术大败于曹操，失掉根据地南阳郡，退至淮水流域。袁术进攻寿春，驱逐扬州刺史陈瑀，自称扬州刺史，兼徐州牧，遂据淮南。不久，李傕等人控制的朝廷拜袁术为左将军、假节，封阳翟侯。

三、袁绍大败黑山军

六月，袁绍进军朝歌，进攻黑山军于毒部。围攻五日，斩于毒，杀黑山军万余人。袁绍循山而进，击破黑山军髭丈八、刘石、青牛角等部，又与黑山军张燕部大战于常山。袁绍联合吕布，共同攻击张燕。吕布的部下凶暴蛮横，袁绍无法忍耐，准备将吕布除掉。吕布躲过暗杀，投奔河内郡太守张杨。

四、曹操进攻徐州

曹操的父亲、前太尉曹嵩在徐州境内遇害，曹操以为父亲报仇为名自兖州出兵徐州。曹军连下十余城，至彭城与徐州牧陶谦展开激战。曹军大胜，斩首万余级，陶谦退守郯县，守城不敢出。陶谦向公孙瓒求救，公孙瓒派刘备等支援陶谦。不久，曹军因军粮不继而退军。陶谦给刘备加兵数千，使其屯驻小沛，并表奏刘备为豫州刺史。

五、公孙瓒大败刘虞

十月，刘虞与公孙瓒矛盾逐渐尖锐化，刘虞率兵十万攻打公孙瓒，并下令不准骚扰百姓，不许损害民居，始终久攻不下。公孙瓒招募精兵，顺风势放火，趁势杀入刘虞兵营。刘虞大败，被公孙瓒俘虏。后来汉献帝派使者给刘虞增加封地，令其督统六州，升公孙瓒为前将军，封易侯。公孙瓒诬陷刘虞与袁绍密谋称帝，胁迫朝廷使者斩刘虞及其妻子、儿女于蓟市。

汉献帝兴平元年（194）

一、马腾、李傕相攻

三月，征西将军马腾欲入长安朝见汉献帝，驻军于灞桥，因李傕拒绝其请求，遂与侍中马宇、左中郎将刘范、谏议大夫种劭、中郎将杜禀等人合兵进攻李傕，两军相持多日。与马腾同据凉州的镇西将军韩遂闻知，带兵至长安为其和解，但随即与马腾等攻击李傕。两军大战于长安以西的长平观，马腾、韩遂失利，退回凉州。朝廷以马腾为安狄将军，韩遂为安降将军。

二、曹操再次进攻徐州

曹操留荀彧、夏侯惇、程昱守兖州，自己再次率兵征讨徐州。陶谦部将曹豹及刘备屯兵在郯县以东，拦截曹操兵。曹操击破曹豹、刘备，攻拔襄贲。

三、张邈、陈宫等叛曹操

陈留郡太守张邈以及陈宫乘曹操再次进攻徐州之际发起反叛，迎立吕布为兖州牧，兖州郡县纷纷响应。留守兖州的荀彧闻讯，急令夏侯惇回军固守鄄城，又令程昱等镇守范县、东阿县，拒城坚守，等待曹操回军。曹操在徐州听说后方生变，火速撤兵回救。之后，曹操与张邈、吕布、陈宫等围绕兖州展开激烈争夺。

四、关中谷价再次暴涨

夏天，关中发生严重旱灾，谷价再涨，升至五十万钱一斛，出现人相食的惨剧。汉献帝令侍御史侯汶出太仓贮米做粥施舍饥民，侯汶克扣粮米，饥民死者如故。汉献帝生疑，亲自在御座前量米做粥，遂知有诈。汉献帝派人追查，将侯汶治罪。

五、刘备任徐州刺史

陶谦病重，嘱其别驾麋竺迎接刘备主政徐州。陶谦死后，麋竺等人至小沛迎接刘备。刘备出任徐州刺史，移屯下邳。

汉献帝兴平二年（195）

一、李傕、郭汜相攻

李傕、郭汜、樊稠共执朝政后互相猜忌，矛盾渐起。李傕素忌樊稠勇武而得众心，将樊稠刺杀。李傕、郭汜起兵相攻，汉献帝派人讲和，皆不从。郭汜与安西将军杨定谋劫汉献帝，李傕闻讯，抢先将汉献帝迎至其营，又纵兵抄掠宫中。汉献帝使太尉杨彪、司空张喜等大臣至郭汜处讲和，郭汜不从，反将杨彪等扣留。郭汜起兵攻打李傕，李傕劫汉献帝至其北坞，隔绝内外。李傕与郭汜相攻连月不断，死者以万计。

二、李傕任大司马

闰五月，汉献帝任命车骑将军李傕为大司马，位在三公之上。

三、张济赴长安调停

六月，张济自陕县至长安为李傕、郭汜调停，同时欲使汉献帝移居弘农郡。李傕部将杨奉倒戈，李傕所招羌、胡之兵亦因汉廷许以封赏各自散去，兵势大减，于是听从张济之议，与郭汜罢兵讲和。

四、汉献帝离开长安东归

七月，郭汜自称车骑将军、开府如三公，李傕率军出屯池阳。汉献帝以张济为骠骑将军、杨定为后将军、杨奉为兴义将军、董承为安集将军，随即离开长安东归。

五、曹操包围雍丘

曹操与张邈、陈宫、吕布等争夺兖州，逐渐占据上风。曹操将张邈的重要据点雍丘包围，张邈突围，前往淮南找袁术搬救兵，未果。

六、曹操任兖州牧

曹操被兖州士民推举为兖州牧，一直未得到朝廷承认。曹操击败张邈等人后，朝廷正式任命其为兖州牧。

七、汉献帝在曹阳遇险

汉献帝逃出长安后，准备返回洛阳，一路上历尽艰辛和险情。

至十二月间，汉献帝一行来到曹阳。李傕等率兵追击，大败杨奉、董承等护驾军队。杨奉、董承假装与李傕讲和，暗中向白波军首领李乐、韩暹、胡才及南匈奴右贤王求救。李乐等率兵赶来，与杨奉等大破李傕等军。汉献帝继续东进，至陕县结营固守。汉献帝身边卫士已不足百人，李傕的部下围营喧哗喊叫，形势危急。太尉杨彪使李乐夜渡黄河，寻得渡船，接汉献帝过河。汉献帝终于渡过黄河。

八、孙策渡江开拓江东

孙策率所部数千人助其舅父吴景进击扬州刺史刘繇，之后东渡长江，攻下牛渚山刘繇军营，又连破多地，直捣刘繇占据的曲阿。刘繇出战，大败，退至丹徒。孙策占据丹阳郡、吴郡等地，威镇江东。

主要参考书目

1. 范晔撰、李贤等注,《后汉书》,北京:中华书局,2016
2. 王先谦,《后汉书集解》,北京:中华书局,1984
3. 陈寿,《三国志》,北京:中华书局,1959
4. 卢弼,《三国志集解》,上海:上海古籍出版社,2009
5. 梁章钜,《三国志旁证》,福建:福建人民出版社,2000
6. 司马光等,《资治通鉴》,上海:上海古籍出版社,1980
7. 荀悦、袁宏,《两汉纪》,北京:中华书局,2005
8. 李兴和点校,《袁宏后汉纪集校》,昆明:云南大学出版社,2008
9. 熊明辑校,《汉魏六朝杂传集》,北京:中华书局,2017
10. 周天游辑注,《八家后汉书辑注》,上海:上海古籍出版社,2020
11. 吴树平校注,《东观汉纪校注》,北京:中华书局,2008
12. 王利器校注,《风俗通义校注》,北京:中华书局,1981
13. 常璩,《华阳国志》,北京:商务印书馆,1958
14. 孙星衍等辑,《汉官六种》,北京:中华书局,1990

15. 郦道元,《水经注》, 上海：上海古籍出版社，1990

16. 马端临,《文献通考》, 北京：中华书局，1986

17. 欧阳询等,《艺文类聚》, 北京：中华书局，1965

18. 萧统编、李善注,《文选》, 北京：中华书局，1977

19. 李昉等,《太平御览》, 北京：中华书局，1960

20. 熊方等,《后汉书三国志补表三十种》, 北京：中华书局，1984

21. 徐天麟,《东汉会要》, 上海：上海古籍出版社，1978

22. 钱仪吉,《三国会要》, 上海：上海古籍出版社，1991

23. 严可均辑,《全汉文》, 北京：商务印书馆，1999

24. 严可均辑,《全三国文》, 北京：商务印书馆，1999

25. 曹操,《曹操集》, 北京：中华书局，1974

26. 易健贤译注,《魏文帝集全译》, 贵阳：贵州人民出版社，2009

27. 王夫之,《读通鉴论》, 北京：中华书局，1975

28. 陶元珍,《三国食货志》, 上海：商务印书馆，1935

29. 严耕望,《两汉太守刺史表》, 上海：上海古籍出版社，2007

30. 谭其骧主编,《中国历史地图集》, 北京：中国地图出版社，1982